Nouvelle grammaire communicative

A Communicative Grammar Worktext with Written and Oral Practice

Phil Turk

Geneviève García Vandaele

National Textbook Company
a division of NTC/CONTEMPORARY PUBLISHING COMPANY
Lincolnwood, Illinois USA

Cover designed by Nick Panos

The publishers would like to thank the following for permission to reproduce material in this volume:
© Editions de LA TABLE RONDE, 1977, p. 141, p. 149; Cosmopolitan/B. de l'Aulnot, p. 233.

This edition first published in 1997 by National Textbook Company,
a division of NTC/Contemporary Publishing Company, 4255 W. Touhy Ave.,
Lincolnwood (Chicago), IL 60646-1975 U.S.A.
First published in 1996 by Hodder Headline Plc. © 1996 Phil Turk and Geneviève García Vandaele.
7890 VL 0987654321

Contents

Introduction

Nouvelle grammaire communicative aims to provide a systematic presentation of grammar points with sufficient backup practice to ensure that the points are adequately reinforced. It assumes that students will have encountered most points in previous—probably topic-based—study, and therefore goes straight to the explanation of them.

Mécanismes—the "mechanics" of the language
The first section of each chapter sets out a grammatical rule or usage, with a clear explanation in English. This section can also be used purely for reference.

Mettez-vous au point!—"tune up"
This provides practice and reinforcement exercises on a particular grammatical point. Where possible, these exercises are set within a realistic self-contained context, and most are designed to be suitable for individual study. There is a separate answer key for self-correction. Apart from a few translation exercises, this section is in French.

... Et en route!—"over to you to exploit the freedom of the road!"
This section offers a range of more open-ended communicative activities in French, ranging from the fairly elementary to the more sophisticated, both oral and written. The activities are set in a variety of contexts in which the grammar point is likely to occur.

chapter 1

Grammar—
What Is It?

You may already be well-versed in all the grammatical terms that you need and their meanings. If so, skip this chapter. If not, read it carefully a number of times, and refer to it if you are confused when any of the terms is used in the course of this book.

Grammar is really nothing more than a framework that is used
—to try to define language and how it works, and
—to provide rules and patterns to help you, the language learner.

Like any system or area of knowledge, such as engineering, information technology, or horticulture, grammar has its technical terms that enable us to talk about, explain, and describe that subject. What follows is a brief explanation of some of the more common and useful grammatical terms that you will encounter in this book.

Phrase—a meaningful group of words (a cup of coffee, before the end of the year/ *une tasse de café, avant la fin de l'année*).

Clause—a meaningful group of words containing a verb, usually in a tense. A **main clause** is one that can stand by itself (The table was of plastic/ *La table était en plastique*). A **subordinate clause** (who was sitting at the table/ *qui était assis à table*) cannot stand alone because a **sentence** must always have a main clause.

A **sentence,** therefore, consists of a **main clause** and any number of subordinate clauses.

Vowels—*a, e, i, o, u, y* when used as an *i,* and combinations of these.

All other letters are called **consonants.**

Syllables are the simple consonant + vowel units that make up a word: ap-pe-tite, con-grat-u-la-tions/ *ap-pé-tit, fé-li-ci-ta-tions.*

Verb—a word that describes an action: to feel, I work, you play, he thought/ *sentir, je travaille, vous jouez, il pensa.* To be/ *être* is also a verb.

A **finite verb** is one that is in a **tense.** A **tense** relates the verb to time—past, present, or future— telling you when the action took/takes/will take place. There are several different tenses in French, which you will find explained, with their various names, in the body of the book. The **infinitive** is the basic form you will find in dictionaries and vocabularies: to eat, to answer/ *manger, répondre.* It is the non-finite part of the verb (that is, not in a tense).

Most tenses are known as **indicative** tenses—the "normal" form. There are also two main subjunctive tenses: these are explained fully in Chapters 31–36.

Verbs in tenses have endings (for example, *-ais, -ait, -aient*), one for each person. There are three persons:

first person singular: I/ *je;* plural: we/ *nous*
second person singular: you/ *tu;* plural: you/ *vous*
third person singular: he, she, it/ *il, elle, on;* plural: they/ *ils, elles.*

Noun—a person, name, concept, animal, or thing: the policeman, Lisa, unemployment, a cow, a plate/ *l'agent, Lisa, le chômage, une vache, une assiette.*

A **pronoun** stands in place of a noun and helps us to avoid repeating the noun: Lisa gave the plate to her mother. She gave it to her./ *Lisa a donné l'assiette à sa mère. Elle la lui a donnée.* The noun or pronoun that does the action is called the **subject** (in this case, Lisa). The person or thing that has the action done to it (the plate) is called the **object,** or more specifically, the **direct object.** The **recipient** (who is given, sent, etc., the thing in question) is the **indirect object.** As a noun, it is usually preceded by to/ *à.*

Some verbs are called **reflexive verbs,** because the doer performs the action to himself or herself. Many verbs that are reflexive in French are not necessarily so in English: to wash (oneself)/ *se laver.* The pronoun (myself/ *me,* etc.) that is used with these verbs is called the **reflexive pronoun.**

Nouns can be **singular** (that is, one whatever: a dog/ *un chien*) or **plural** (more than one: some dogs, four dogs, the dogs/ *des chiens, quatre chiens, les chiens*). In French, every noun is either **masculine** or **feminine,** whether it is alive (animate) or not (inanimate). This is called **gender.** The **article** (the word for a, the, or some) you use before the noun varies according to the gender of the noun (the table, the book/ *la table, le livre*). It can be either a **definite article** (*le, la, les*) or an **indefinite article** (*un, une, des*): the film, a film/ *le film, un film.*

Adjectives are used to describe nouns and pronouns: an interesting book, the main reason/ *un livre intéressant, la raison principale.*

Adverbs are used to describe verbs, adjectives, and other adverbs: she eats quickly, she has a very good appetite, she eats terribly quickly/ *elle mange vite, elle a un très bon appétit, elle mange affreusement vite.*

The **comparative** is used to compare adjectives and adverbs: a more important town, less slowly/ *une ville plus importante, moins lentement.*

The **superlative** is used when you describe the most or the least: the most important town, he was driving the most slowly/ *la ville la plus importante, il roulait le plus lentement.*

Prepositions tell where something or someone is in time or place: before noon, with my brother, under the table/ *avant midi, avec mon frère, sous la table.*

Conjunctions join words, phrases, or clauses to each other: bread and butter, slowly but surely, if it rains, unless it snows/ *du pain et du beurre, lentement mais sûrement, s'il pleut, à moins qu'il ne neige.*

Interrogatives are questions—like when you interrogate somebody: when? why? where? how?/ *quand? pourquoi? où? comment?*

Accents are the marks you put on or under certain letters, for example: *à, ç, é, è, ë, û.* They are all explained in Chapter 47.

Style and register—the level of formality or informality of the language you are using. This is a final note to warn you that French people are very conscious of the style or level of language that you use in any particular situation, probably more so than we are in English. Although the *tu/vous* distinction is an obvious example, it goes deeper than that. The very informal language that you would use with your French correspondent and his or her friends (*C'est pas mon prof!*) is different from the more formal language that you would use if one of their parents invited you to dinner (*Ce n'est pas mon professeur.*). Even more formal would be the type of language you would use if you were interviewing the town mayor about a project—and more formal still would be the language of your report if you wrote in the past historic.

Throughout this book, we have tried to indicate when a certain style of language would not be suitable, with exercises and activities in a variety of registers or types of language. Our general advice about familiar language is: don't use it to French people until they use it to you!

We hope we have explained the most common grammatical terms you are likely to encounter in the book.

Bon courage! Allez-y!

chapter 2

Nouns

mécanismes

A noun is a person, a name, an animal, a country, an object, or a concept, for example: woman, Marc, dog, France, chair, happiness.

Gender

All nouns in French are either masculine or feminine. There is no neuter gender, so inanimate nouns—those denoting nonliving objects or concepts—are also either masculine or feminine. Although it is possible to give some general guidelines about which sort of word tends to be of which gender, there are many exceptions, and the only really safe way is to check in a dictionary if you don't know, and to learn the gender at the time you learn the noun. It is sensible to learn all nouns with an indication of gender, preferably with the indefinite article (*un/une*) when the sense allows it. The sense may sometimes demand the definite article (*le/la/l'*), but this does not identify the gender before a vowel, for example: *l'eau*.

1. People and animals

Generally speaking, nouns denoting male beings are masculine (*un monsieur, un boulanger, un taureau*) and those denoting female beings are feminine (*une dame, une boulangère, une vache*).

- Many occupations are made feminine by simply adding -*e*, with a spelling adjustment where necessary, or by changing -*eur* to -*euse* or -*rice*:

un boulanger	baker (m)	*une boulangère*	baker (f), baker's wife
un conducteur	driver (m)	*une conductrice*	driver (f)

- However, certain nouns denoting people refer to either sex without changing their grammatical gender:

un médecin	*un ingénieur*	*une personne*
un professeur	*un ministre*	*une vedette*
un auteur	*un juge*	*une victime*

Edith Cresson fut le seul premier ministre féminin durant la présidence de François Mitterand.
Son mari est une personne inconnue dans le monde politique.
Edith Cresson was the only woman prime minister during the presidency of François Mitterand. Her husband is a stranger to the world of politics.

(You may find that the rules of gender will change as society becomes more conscious of the role of women, but these are the rules for now.)

- The words for animals other than the common domestic and farmyard ones are of only one gender, with *mâle/femelle* added if the animal's sex needs to be indicated:

  un chien   male dog   *une chienne*   female dog

  BUT

  un hippopotame (mâle)   *un hippopotame (femelle)*
  une autruche (mâle)   ostrich   *une autruche (femelle)*

2. Things, concepts, and geographical names

a) Masculine nouns

These include:

- Days, months, and seasons: *le samedi, mai, le printemps*

- Most trees and shrubs: *un pommier, un pin, un cerisier*
  (Fruit trees often add *-ier* to the fruit they bear.)

- Many elements, metals, and other chemicals: *le fer, l'or, l'hydrogène, l'oxyde de carbone*

- Metric weights and measures: *un kilo, un demi-litre*

- Languages: *le français, le russe*

- Imported nouns, especially from English: *le football, un sandwich, un T-shirt, un short, un jean*

- Nouns ending in *-acle, -age, -ail, -eau, -ou, -ège, -et, -sme, -ment*:

-acle	*un obstacle, un miracle*
-age	*un voyage, un visage, un âge*
-ail	*un travail, un éventail, l'ail*
-eau	*un seau, un château*
-ou	*un clou, un bijou*
-ège	*un collège, un manège*
-et	*un jouet, un carnet*
-sme	*le cyclisme, le socialisme, le sarcasme, un microcosme*
-ment	*un appartement, un traitement*

Exceptions that are feminine: *l'eau, une peau, une image, une cage, une page, la rage, une plage, une débâcle.*

- Nouns ending in a consonant tend to be masculine (*le Portugal, le Japon, le Cher, un port, un champ, un train, un jus, un autobus*), but there are some exceptions: *une main, une souris, une vis.*

Note: Because the letter -e is added to some nouns and most adjectives to make them feminine, there is a tendency to regard nouns ending in -e as feminine. **Beware:** A sizeable number of masculine nouns end in -e. They include:

- Those in the broader masculine categories mentioned above: *un chêne, un hêtre; l'hydrogène, l'oxyde de carbone; le russe.*

- A fair number of others, including the following selection, which do not fit into any specific grouping: *un centre, un commerce, un crime, un dictionnaire, un divorce, un domaine, un échange, un espace, un groupe, un incendie, un luxe, un manque, un mérite, un modèle, un nombre, un phénomène, un principe, un régime, un remède, un risque, un rôle, un salaire, un scandale, un service, un siècle, un signe, un style, un véhicule, un verbe, un vice, un vocabulaire, un vote.*

- Compound nouns of which the first part is a verb: *un porte-monnaie, un gratte-ciel.* (When two nouns make up the compound noun, the gender of the first one is taken: *un wagon-lit, une porte-fenêtre.*)

---

b) Feminine nouns

These include:

- Words ending in *-ion* or *-aison: une manifestation, une admission, une condition, une maison, une saison* (but not *un lion, un camion, un avion*).

- Words ending in *-té: la liberté, l'égalité, la fraternité.* (These correspond to English words ending in "-ty," such as "equality.")

- A very large number of nouns ending in *-e:*

  —continents, countries and rivers: *l'Asie, la Suisse, la Sarthe, la Seine* (but not *le Mexique, le Rhône*)

  —fruits and vegetables: *une carotte, une betterave, une poire*

  —occupations or shops ending in *-erie: une quincaillerie, la boucherie, une épicerie*

  —abstract concepts ending in *-graphie, -logie, -sophie, -nomie, -ure: la géographie, la géologie, la philosophie, la physionomie, une allure, la peinture*

  —nouns ending in *-(t)te: une devinette, une cravate, une dette*

  —nouns ending in *-ance/anse, -ence/ense: la chance, une danse, la faïence, la défense* (but not *le silence*)

- Words ending in *-ée: la fée, la soirée* (but not *le musée, le lycée*).

Plural of nouns

1. Regular plurals

The usual way to make a noun plural is to add an *-s:*

un livre	des livres
une forêt	des forêts
un homme	des hommes
une industrie	des industries

Remember, however, that the final *s* you write is not heard, and so when you are *speaking or hearing* French, you must use and listen for some other plural marker. This is usually the article or other determiner that precedes the noun, which will usually have a plural form. (Articles and determiners are dealt with fully in Chapters 3 and 13.)

une bouteille	*des bouteilles*
le restaurant	*les restaurants*
ce magasin	*ces magasins*
mon ami	*mes amis*

2. Irregular plurals

a) Nouns ending in *-s, -x, -z*

These nouns do not add an *-s*. The pronunciation of the word in the plural is identical to the singular:

un bois	*des bois*
une vis	*des vis*
le choix	*les choix*
ce nez	*ces nez*

b) Nouns forming their plural with *-x*

- Nouns ending in *-eau, -au, -eu:*

un cadeau	*des cadeaux*
un tuyau	*des tuyaux*
un feu	*des feux* (but not *pneu/pneus*)

- The following nouns ending in *-ou:*

un bijou	*des bijoux*
un caillou	*des cailloux*
un chou	*des choux*
un genou	*des genoux*
un hibou	*des hiboux*
un joujou	*des joujoux*
un pou	*des poux*

Others form the plural with *-s: un clou, des clous.*

- Nouns ending in *-al* and *-ail* form their plural in *-aux:*

un cheval	*des chevaux*
un animal	*des animaux*
le vitrail	*les vitraux*

But not *un bal, un carnaval, un festival (des bals, des carnavals, des festivals); un détail, un éventail (des détails, des éventails).*

c) Compound nouns

These can be rather erratic in forming their plural. A dictionary is your best guide. You can verify this by looking up all the compound nouns beginning with *porte-!*

However, as a general rule, if the compound is made up of a verb + a noun, nothing is added to the plural, or an *-s* may be added to the second part if it is not already plural:

un porte-avions	*des porte-avions*
un porte-crayon	*des porte-crayon(s)*

If the compound is of two nouns, both parts are made plural:

un chou-fleur	*des choux-fleurs*

mettez-vous au point!

1. M ou F?

Vous devez écrire une rédaction sur le chômage, mais vous avez oublié d'apporter votre dictionnaire. Vous avez fait une liste de quelques noms dont vous aurez besoin. Décidez du genre, en écrivant *un/une* ou *le/la* devant chacun des mots.

_____ chômeur	_____ voisin	_____ colère
_____ cheval	_____ employé	_____ inactivité
_____ bureau	_____ chef	_____ argent
_____ socialisme	_____ usine	_____ vol
_____ emploi	_____ technologie	_____ criminalité
_____ miracle	_____ année	_____ licenciement
_____ télévision	_____ travail	_____ destitution
_____ franc	_____ porte-monnaie	_____ papier
_____ poche	_____ bicyclette	_____ formulaire
_____ formation	_____ sens	_____ désespoir

2. Trouvez le féminin!

Quel sera l'équivalent féminin de ces noms masculins? Nous conseillons l'usage d'un dictionnaire pour faire cet exercice!

un cheval	_____	une victime	_____
un charcutier	_____	un témoin	_____
un patron	_____	un renard	_____
un guide	_____	un vendeur	_____
un professeur	_____	un astronaute	_____

nouns

un assassin	_____	un représentant	_____
un camionneur	_____	un coq	_____
un cheminot	_____	un agent de police	_____
un coiffeur	_____	un premier ministre	_____
un bélier	_____	un rhinocéros	_____

3. Quelle boum!

Geneviève vient de fêter son dix-huitième anniversaire. Il est 2 heures du matin, et franchement, elle a trop bu. Avant de se coucher, elle regarde tous les cadeaux assez originaux que ses amis lui ont offerts. Mais, à cause de son état d'ébriété, elle voit tout en triple! Voici ce qu'elle a reçu: vous devez écrire ce qu'elle voit.

On lui a offert	*Ce qu'elle voit*
un cheval de bois	trois chevaux de bois
un bijou	_____
un éventail	_____
un jeu	_____
un tournevis	_____
un hibou en porcelaine	_____
un journal	_____
un gâteau	_____
un lave-vaisselle	_____
une machine à coudre	_____
un manteau	_____
un vitrail	_____
un chapeau	_____
une souris en chocolat	_____
un clou	_____
un porte-monnaie	_____
un chou-fleur	_____
un feu d'artifice	_____
un hautbois	_____
une eau de toilette	_____

... *et en route!*

1. A bas l'anglais!

Les Français se plaignent souvent de l'invasion des mots anglais dans leur langue, comme *le football, le week-end.* Ecrivez tous les mots français (tous—pas seulement les noms) que vous savez être d'origine anglaise. Cherchez-en dans des journaux et des magazines français.

2. Cours de géographie

Regardez un atlas—de préférence en français, mais sinon, en anglais. Faites une liste d'une trentaine des pays du monde qui y sont nommés, en mettant les pays masculins dans une colonne et les pays féminins dans une autre. Puis, pour une vingtaine des pays principaux, écrivez la langue/les langues principalement parlée(s) dans chacun de ces pays.

EXEMPLE:

masculin	féminin	langue
le Canada		l'anglais, le français
	la Russie	le russe

3. Devinettes de genre

La classe se divise en deux équipes (A et B). Un membre de l'équipe A écrit au tableau un nom. Les membres de l'autre équipe doivent en dire le genre, et en expliquer la raison. S'ils devinent correctement, ils gagnent un point, sinon, le point va à l'autre équipe. Ils gagnent un point supplémentaire s'ils donnent une explication satisfaisante. Votre prof ou votre assistant(e) de français sera l'arbitre!

Puis l'équipe B écrit un mot, et ainsi de suite. Attention: comme il n'y a que deux genres, la première réponse doit être la seule!

nouns

chapter 3

Articles and Expressions of Quantity

mécanismes

There are three kinds of articles in French: the definite, the indefinite, and the partitive.

The definite article

The definite article (the) is *le* (m), *la* (f), *l'* (m/f before a vowel or mute *h*), and *les* (m/f plural):

le journal	the newspaper	*les journaux*	the newspapers
la rue	the street	*les rues*	the streets
l'homme	the man	*les hommes*	the men
l'usine	the factory	*les usines*	the factories

- Remember that because you don't hear the final *-s* in the plural, the article is the audible indication that the noun is plural. The *-s* of *les* is elided to the beginning of the noun if it begins with a vowel or a mute *h: les usines, les hommes.*

- Before an aspirate *h,* the article is written and pronounced in full, and the *-s* of *les* is not elided to the next word:

le haut	the top	*les hauts*	the tops
la haie	the hedge	*les haies*	the hedges

- After the prepositions *à* and *de,* the following contractions occur (*l'article contracté*):

  à + le = au: au magasin
  à + les = aux: aux magasins

  A la and *à l'* do not change: *à la rue, à l'homme.*

de + *le* = *du: du magasin*
de + *les* = *des: des magasins*

De la and *de l'* do not change: *de la rue, de l'homme.*

- The definite article is used much the same as in English, but it is also used in the following cases:

---

a) Before the names of continents, countries, regions, and mountains:

La France, la Belgique, le Luxembourg et la Suisse sont les pays francophones de l'Europe.
France, Belgium, Luxembourg, and Switzerland are the French-speaking countries of Europe.

Except when they are preceded by *en:*

En Belgique on parle aussi le flamand, et en Suisse l'allemand et l'italien.
In Belgium they also speak Flemish, and in Switzerland German and Italian.

And except when *de* + the country is the equivalent of an adjective:

les fromages de France (= *les fromages français*)
les vins d'Italie (= *les vins italiens*)

And in a number of other expressions, such as *le tour de France.*

---

b) When you talk about nouns in a general sense:

Le vin est un des produits principaux de cette région.
Wine is one of the main products of this region.

Je n'aime pas beaucoup le café.
I don't care for coffee very much.

Il ne faut pas perdre l'espoir.
We must not lose hope.

Ils ont combattu pour la liberté.
They fought for freedom.

All the above examples refer to the noun (wine, coffee, hope, freedom) in general. When the noun denotes merely a part of that class (*some* wine, *some* coffee), the partitive article is used (see examples below).

---

c) When talking of languages, except after *en:*

Le français n'est pas plus difficile que l'anglais.
French isn't any more difficult than English.

Dites-le en allemand!
Say it in German!

Note: The article is usually omitted after *parler* unless the verb is qualified:

Votre sœur parle bien le français! Oui, et elle parle espagnol aussi!
Your sister speaks French well! Yes, and she speaks Spanish too!

d) With parts of the body when they are the object of the verb:

Ouvre la bouche!
Open your mouth!

Il m'a serré la main.
He shook my hand.

Je me suis coupé le doigt.
I've cut my finger.

Elle a les yeux bleus.
She has blue eyes.

e) When giving one measure or quantity "per" another:

La vitesse maximum autorisée sur les autoroutes de France est de 130 kilomètres à l'heure.
The maximum speed allowed on French highways is 130 kilometers per hour.

Les poires sont à 12 francs le kilo.
The pears are 12 francs a kilo.

Ces paniers coûtent 75 francs la pièce. (75 francs pièce is also possible.)
Those baskets cost 75 francs each.

f) Before proper names when they are qualified by an adjective, and also before titles:

La pauvre Claire ne savait pas comment réagir.
Poor Claire did not know how to react.

Le jeune Joël est un bon exemple.
Young Joël is a good example.

le roi Louis XIV; le pape Jean-Paul II
King Louis XIV; Pope John Paul II

Note: The definite article is usually omitted before a noun in apposition (that is, a noun that gives an alternative title to another):

Bruxelles, capitale de la Belgique et de l'Union Européenne
Brussels, the capital of Belgium and the European Union

The indefinite article

The indefinite article (a/an) is *un* (m) and *une* (f). It shares its plural *des* (some/any) with the partitive article (see below).

un homme, un magasin (m)
a man, a shop

une femme, une rue (f)
a woman, a street

des hommes, des magasins, des femmes, des rues
(some) men, shops, women, streets

It is used much as in English, with the following exceptions:

a) It is omitted after *être* and *devenir* (= to become) + profession or occupation, except after *c'est:*

Je suis étudiant(e) de langues.
I'm a language student.

Il est enfin devenu annonceur à la télévision.
He finally became a television announcer.

But you must use *c'est un/une* if the occupation is qualified by an adjective:

> *C'est une chanteuse extraordinairement populaire.*
> She's a tremendously popular singer.

---

b) With the object of a negative verb (that is, after *pas*) *un/une* usually changes to *de* (see also the comments about the partitive article and expressions of quantity below):

> *Qui n'a pas de glace?*
> Who hasn't got any ice cream?

> *Il n'y a pas de restaurant dans cet hôtel.*
> There isn't a restaurant in that hotel.

The partitive article

This is *du, de la, de l', des,* and means "some" or "any." It gets its name because it denotes part of a class or object or concept, not all of it:

> *Je vais acheter du lait. As-tu de l'argent?*
> I'm going to buy some milk. Have you got any money?

> *Tu veux de la soupe? Cela te donnera de l'énergie!*
> Would you like some soup? That will give you some energy!

> *Est-ce que vous avez des enfants?*
> Do you have any children?

- Be careful, because English often has no article, whereas the partitive article must not be left out in French:

> *Il faut de l'argent et de l'inspiration pour tourner un film comme ça.*
> You need money and inspiration to make a film like that.

- *De* (invariable) is usually used rather than *des* before an adjective that precedes a noun:

> *Il y a de belles plages dans cette région.*
> There are some beautiful beaches in that area.

Unless the adjective is regarded as a common part of the noun phrase or has no particular distinguishing force:

> *Il y avait toujours des belles filles avec lui.*
> There were always some good-looking girls with him.

Expressions of quantity

De (invariable) is used after the following expressions of quantity:

assez de	enough, quite a lot of	*trop de*	too much/many
beaucoup de	much, many, a lot of	*pas mal de*	quite a few
combien de?	how much/many?	*autant de*	as much/many of ⎫
(ne ...) pas de	not any	*tant de*	so much/many of ⎭
peu de	little, few, not much/many of	*plus de*	more of ⎫ (see also Chapter 6
un peu de	a little/few of, a bit of	*moins de*	less of ⎭ on comparatives)

And all weights, measures, and containers:

un kilo de	a kilo of
une boîte de	a can of
une tasse de	a cup of

Il n'y avait pas assez de participants.
There weren't enough participants.

Il y a peu de monde à cette époque de l'année.
There are few/not many people at this time of year.

Combien de tasses de café voulez-vous?
How many cups of coffee do you want?

Comment? Pas de vin?
What? No wine?

- This rule does not apply after *bien des* (many), *encore de* (more), and *la plupart de*:

    Bien des règles ont des exceptions!
    Lots of rules have exceptions!

    Tu veux prendre encore du café?
    Do you want some more coffee?

- When *du/de la/de l'/des* means "of the" or "from the," it can be used after all the expressions of quantity listed above:

    Beaucoup des chambres que nous avons réservées sont au huitième étage.
    A lot of the rooms we have booked are on the eighth floor.

    Peu des enfants qui étaient présents ont vu le Louvre.
    Few of the children present have seen the Louvre.

    Combien des tableaux que vous avez vus vous ont vraiment plu?
    How many of the pictures you saw did you really like?

mettez-vous au point!

1. Poires Belle-Hélène

Un(e) camarade vous a donné cette recette délicieuse—mais il/elle a oublié d'y mettre les articles *le/la/l'/les; un/une; de/d'; au*. Remplacez les blancs par l'article qui convient.

Ingrédients: (pour 4 personnes) 8 demi-poires au sirop; 150 g _____ chocolat à croquer; 2 cuillerées à soupe _____ crème fraîche; ½ litre _____ glace à _____ vanille; _____ cuillerée à soupe _____ Grand-Marnier.

Cassez _____ chocolat en petits morceaux; mettez ceux-ci dans _____ petite casserole; ajoutez _____ Grand-Marnier; faites fondre _____ chocolat à feu très doux. Egouttez _____ demi-poires. Ajoutez _____ crème _____ chocolat fondu; remuez et laissez chauffer à feu doux. Répartissez _____ glace à _____ vanille _____ fond de quatre coupes individuelles. Dans chaque coupe posez deux demi-poires collées _____ une à _____ autre, debout, sur _____ glace à _____ vanille; nappez de sauce _____ chocolat et servez immédiatement.

Conseils: 1 Vous pouvez saupoudrer _____ coupes _____ amandes effilées. 2 Mettez _____ coupes vides _____ réfrigérateur avant _____ préparation; _____ glace fondra moins vite.

2. La journée mondiale de la femme

Complétez le texte suivant par l'article qui convient: soit un article défini (*le/la/l'/les*), soit un article indéfini (*un/une/des*), soit un article partitif (*du/de la/de l'/des*), soit un article contracté (*au/aux/du/des*). Attention: il y a plusieurs articles contractés!

_____ journée mondiale de _____ femme sera marquée par _____ dizaines de manifestations à travers toute _____ France à la fin de cette semaine. A Paris, _____ grand défilé féministe se déroulera à partir de 15 heures _____ samedi 25 février depuis _____ place de la Concorde jusqu'à _____ Arc de Triomphe. Toutes _____ femmes appartenant _____ monde littéraire et artistique y seront présentes. Beaucoup _____ personnalités politiques participeront également _____ défilé. Pour faciliter _____ discussion et _____ information, _____ stands seront mis à _____ disposition _____ public par _____ éditeurs afin de lui permettre de s'informer sur _____ littérature féminine et féministe. _____ soir, à 21 heures, _____ grand spectacle animé par _____ femmes _____ show-business se déroulera à Bercy avec _____ extraordinaire rétrospective _____ mouvements _____ libération de _____ femme.

... *et en route!*

1. Travaillez à deux, ou en deux équipes.

Le premier/La première pense à un personnage célèbre, et dit ce qu'il/elle est. L'autre pense à un adjectif ou une subordonnée relative pour le/la décrire.

EXEMPLE: —**Gérard Depardieu est acteur.**
—**C'est un acteur français bien connu.**
—**C'est un acteur qui a fait beaucoup de films.**

2. Qu'est-ce que tu as dans ta poche?

La classe se divise en deux équipes. Un membre de l'équipe A demande à un membre de l'équipe B, par exemple: «Est-ce que tu as un dictionnaire/une règle/des ciseaux dans ta poche (ton sac, etc)?» Il/Elle gagnera un point chaque fois qu'il/elle utilisera un article correct. Lorsque l'article ne sera pas correct, c'est au tour de l'autre équipe de poser des questions.

3. Une biographie

Ecrivez la biographie d'une personne que vous connaissez bien, ou d'une personne célèbre. Une condition: vous devez employer au moins dix expressions de quantité!

EXEMPLE: **Monsieur X était industriel. Il avait toujours beaucoup de travail, mais il gagnait pas mal d'argent. Il disait qu'il passait la plupart de son temps au bureau, mais on entendait pas mal de rumeurs qu'il dînait avec sa secrétaire. Il y avait peu de preuve pour ou contre. On sait qu'il aimait boire quelques verres de whisky...**

4. L'Europe multilingue

Regardez une carte de l'Europe, et, à l'aide d'un dictionnaire s'il le faut, faites des listes des langues qu'on y parle selon leur origine. Il faudra cinq colonnes, comme vous le voyez ci-dessous.

EXEMPLE:

langues latines	langues germaniques	langues slaves	langues celtiques	langues diverses
le français	l'anglais	le polonais	l'irlandais	le basque

Complétez la table!

5. La vente de charité

Travaillez à deux. Vous préparez la table d'une vente de charité pour une association charitable dans votre ville/village. Vous êtes aidé(e) par un(e) ami(e) français(e), qui ne parle pas beaucoup d'anglais, et qui écrit les prix sur les étiquettes. Vous lui dictez les prix des objets que vous allez vendre.

EXEMPLE: **—La confiture est à quatre-vingts centimes le pot.**
—Les pulls sont à deux dollars cinquante (la) pièce.

6. Qu'est-ce qu'il vous faut?

Travaillez à deux ou trois. En utilisant beaucoup de noms avec leurs articles, discutez entre vous ce qu'il faut pour:

1. faire une salade délicieuse
2. faire un gâteau de Noël
3. construire une étagère pour votre chambre

4. construire une maquette d'avion qui vole
5. avoir un mariage heureux
6. réussir comme professeur

EXEMPLES: (1) **—Il faut de l'huile, des tomates, etc.**
                      (5) **—Il faut de la tolérance, etc.**

chapter 4

Adjectives

mécanismes

An adjective describes a noun or pronoun: a red bus, a modern one.

The agreement of adjectives

In French, adjectives agree in gender (masculine/feminine) and number (singular/plural) with the noun(s) or pronoun(s) they describe.

---

a) Regular adjectives

The vast majority of adjectives agree as follows:

un rideau vert   *des rideaux verts*   *une nappe verte*   *des nappes vertes*

- Adjectives ending in *-s* do not add another *-s* in the masculine plural, and those ending in *-e* do not add another *-e* in the feminine singular:

    un étudiant anglais   *des étudiants anglais*
    une étudiante anglaise   *des étudiantes anglaises*

    un rideau jaune   *des rideaux jaunes*
    une nappe jaune   *des nappes jaunes*

---

b) Irregular adjectives

- Adjectives, like nouns, ending in *-al* have a masculine plural in *-aux,* but the feminine is formed normally:

    un journal national   *des journaux nationaux*
    une route nationale   *des routes nationales*

    (Note these exceptions: *banals, navals, fatals, finals.*)

- Adjectives ending in *-el, -n, -il, -eil, -ien,* and most ending in *-et* double the consonant in the feminine:

un film sensationnel	*des films sensationnels*
une vedette sensationnelle	*des vedettes sensationnelles*
un enfant mignon	*des enfants mignons*
une fille mignonne	*des filles mignonnes*
un monsieur gentil	*des messieurs gentils*
une dame gentille	*des dames gentilles*
un discours pareil	*des discours pareils*
une occasion pareille	*des occasions pareilles*
un restaurant parisien	*des restaurants parisiens*
une gare parisienne	*des gares parisiennes*
un pavillon coquet	*des pavillons coquets*
une maison coquette	*des maisons coquettes*

and also the following group:

bas/épais/gras/gros > basse/épaisse/grasse/grosse

un papier épais	*des papiers épais*
une couche épaisse	*des couches épaisses*

- Adjectives ending in *-f* change this to *-ve* in the feminine:

un pull neuf	*des pulls neufs*
une jupe neuve	*des jupes neuves*

Note: *bref/brève.*

- Those ending in *-er* have the feminine in *-ère:*

un pull cher	*des pulls chers*
une jupe chère	*des jupes chères*

- Those ending in *-x* do not add an *-s* in the masculine plural, and have their feminine in *-se:*

un mari jaloux	*des maris jaloux*
une femme jalouse	*des femmes jalouses*

Note: *doux, faux, roux > douce, fausse, rousse.*

- Many adjectives ending in *-eur* also have their feminine in *-euse,* and those ending in *-teur* have *-trice* in the feminine:

un garçon rieur	*des garçons rieurs*
une fille rieuse	*des filles rieuses*
un film évocateur	*des films évocateurs*
une scène évocatrice	*des scènes évocatrices*

Note that comparative adjectives such as *meilleur, supérieur, inférieur, antérieur, postérieur, ultérieur, majeur,* and *mineur* are all regular.

adjectives

- Those ending in *-c* have their feminine in *-che:*

  un pull blanc   *des pulls blancs*
  une jupe blanche   *des jupes blanches*

  un pays sec   *des pays secs*
  une rivière sèche   *des rivières sèches*

- The following have irregular feminine forms:

bon	*bonne*	*favori*	*favorite*
complet	*complète*	*frais*	*fraîche*
discret	*discrète*	*long*	*longue*
inquiet	*inquiète*	*public*	*publique*
secret	*secrète*		

- Note also the following adjectives, which have an irregular feminine and also a special masculine form before a vowel or mute *h:*

  beau (bel), beaux, belle, belles
  nouveau (nouvel), nouveaux, nouvelle, nouvelles
  fou (fol), fous, folle, folles
  mou (mol), mous, molle, molles
  vieux (vieil), vieux, vieille, vieilles

  Le nouvel an.
  New year.

  C'est un vieil ami.
  He's an old friend.

- Remember that the present and past participles of verbs can be used as adjectives (see Chapter 28 for more details):

  une lumière éblouissante   a dazzling light
  des oignons hachés   chopped onions

- Compound adjectives, some adjectives of color derived from nouns, those of foreign origin (mainly English), colloquial "shortened" adjectives, and *chic* do not change:

  une jupe bleu marine très chic
  des rideaux or
  une fille cool
  des profs sympa
  des parents impec

Position of adjectives

- The majority of French adjectives follow the noun they describe, as in most of the examples in the preceding section.

- A small number frequently come before the noun:

    beau, bon, court, excellent, grand, gros, haut, jeune, joli, long, mauvais, méchant, meilleur, nouveau, petit, vieux, vilain

    So do "determiner" adjectives such as *aucun, ce, autre, chaque, plusieurs, quelque, tel,* and *tout,* and the possessives *mon, ton,* etc. (see Chapters 9 and 13):

    Ce petit restaurant, avec son jeune personnel, ses jolies tables, sa bonne ambiance et ses grosses portions, sert les meilleurs repas de la ville.
    This little restaurant, with its young staff, its pretty tables, its nice atmosphere, and its large helpings, serves the best meals in town.

- Sometimes other adjectives are placed before the noun, either for effect or as a set phrase:

    Il y avait là un minable cinéma qui passait d'épouvantables westerns de deuxième classe.
    There was a seedy movie theater that showed dreadful second-rate westerns.

    Après une rude journée d'efforts, Julie se plongea dans un délicieux bain parfumé.
    After a hard day, Julie plunged into a delightful scented bath.

- A small group of adjectives have different meanings according to their position:

	before noun	**after noun**
ancien	former	ancient
(un) certain	a certain	certain (definite, sure)
cher	dear (beloved)	dear (expensive)
dernier	last (latest or final)	last (the one before this)
différent	different (varied)	different (not the same)
même	same	the very
pauvre	poor (miserable)	poor (penniless)
propre	own	clean
seul	only (one and only)	alone
simple	mere	simple (uncomplicated, easy)
vrai	real	true

    Mon cher ami, c'est un vrai plaisir!
    My dear friend, it's a real pleasure!

- Adjectives can also occur elsewhere in the sentence, particularly as the complement of verbs such as *être, sembler, paraître, devenir,* and *avoir l'air.* They have to agree in the usual way with the noun(s) they describe:

    Ma grand-mère devient un peu distraite. Elle est assez vieille maintenant.
    My grandmother is getting a bit forgetful. She's quite old now.

    En arrivant, les dames semblaient un peu contrariées, mais elles sont parties contentes.
    When they arrived the ladies seemed a little upset, but they went away happy.

- When the adjective agrees with more than one noun, it takes the masculine plural form unless all the nouns are feminine:

    Les rideaux et les nappes étaient verts.
    The curtains and tablecloths were green.

    Il y avait des nappes et des serviettes vertes.
    There were green tablecloths and napkins.

- Don't forget that when adjectives refer to personal pronouns (*je, tu, nous, vous, on*) they take the gender and number of the pronoun:

    Nous étions très fâché(e)s.
    We were very angry.

    On était très fâché/fâchée/fâchés/fâchées (see also Chapter 10).
    We/They were very angry.

    Vous en êtes content(e)(s)?
    Are you happy about it?

- An adjective can stand apart from the noun it describes, although it still has to agree with it:

    Où sont les enfants? Je ne veux pas que les petits se perdent.
    Where are the children? I don't want the little ones to get lost.

    Or it can be used as the noun:

    Avec cette politique-là, les Anglais pourraient devenir les pauvres d'Europe.
    With that policy, the English could become the poor of Europe.

- When adjectives are used as nouns they are masculine:

    L'urgent est de trouver une solution au problème.
    The pressing thing is to find a solution to the problem.

    Le plus facile, c'est de travailler au jour le jour.
    The easiest thing is to work from day to day.

Purposes

- You cannot use a noun as an adjective in French:

    La solution au scandale des billets de concert du chœur de la cathédrale!
    Cathedral choir concert ticket scandal solution!

    Usually, if the noun indicates purpose, you use *à:*

une tasse à thé	a teacup
une cuiller à soupe	a soupspoon
un pichet à eau	a water jug

    Note: *Une tasse de thé* = a cup of tea, *un pichet d'eau* = a jug of water.

Otherwise use *de* + noun:

un match de hockey	a hockey match
un terrain de football	a football field
le train de Paris	the Paris train
un arrêt d'autobus	a bus stop

- French has few adjectives to describe the materials objects are made of. The most common way of describing these is to use *en* or *de* + noun:

une chemise en coton	a cotton shirt
un anneau d'argent	a silver ring

In general, *en* is used to emphasize what the object is made of, and *de* is used when such information is taken as known or unimportant:

Il était vraiment en or, son collier? Non, il était en plaqué.
Was her necklace really gold? No, it was gold-plated.

Chantal portait une robe bleue, un collier d'or et des souliers vernis.
Chantal was wearing a blue dress, a gold necklace, and patent leather shoes.

mettez-vous au point!

1. On y mange bien!

On vous a recommandé un restaurant, «Le rendez-vous des pêcheurs», où vous voulez inviter votre correspondant(e) français(e). Lorsqu'il/elle vous demande pourquoi, vous énumérez les qualités de ce restaurant. Complétez ces explications par l'adjectif qui convient et que vous accorderez avec le sujet de la phrase.

neuf	gentil	abordable	courtois	changé
raisonnable	copieux	varié	mis	joli

1. Le menu me semble très _____.

2. Les serveuses sont très _____ et la patronne est très _____.

3. Les assiettes sont _____ et les couverts en argent sont tout _____.

4. Les prix des vins me paraissent _____ et les desserts sont très _____.

5. Malgré la qualité du menu, les prix restent _____.

6. De plus, les tables sont joliment _____ et les fleurs sont _____ tous les jours.

2. La cérémonie de l'échange de vœux

Cette cérémonie est, dans les mairies de France, l'occasion de distribuer médailles et récompenses. Voici le discours du maire d'une petite ville du centre de la France. Aidez-le à faire accorder les adjectifs contenus dans son texte.

Mesdames et messieurs, à l'occasion de la (nouveau) _____ année, je m'adresse à vous, (cher) _____ concitoyens, pour vous présenter mes meilleurs vœux, et je ne voudrais pas laisser passer cette (traditionnel) _____ cérémonie sans remercier deux (dévoué) _____ employées des services (municipal) _____, Madame Monique Fauvette et Mademoiselle Thérèse Gomez. Au service de la mairie depuis trente (beau) _____ années, (travailleur) _____, (sérieux) _____, entièrement (dévoué) _____ à leur tâche (municipal) _____, elles ont servi la mairie et la ville sans épargner leurs forces (devenu) _____ (fragile)_____. Ce n'est pas sans une (réel) _____ émotion que je tiens à les décorer de la médaille de la ville, et à leur dire, en votre nom à tous: nous vous souhaitons encore de (long) _____, (beau) _____ et (éblouissant) _____ années dans le service (public) _____ et nous espérons que nous pourrons encore profiter longtemps de votre compétence et de votre disponibilité (habituel) _____ et maintenant (légendaire) _____.

A toutes et à tous, (bon) _____ année!

3. Les soins aux malades du SIDA

Voici un extrait d'un journal médical français qui parle des soins à apporter aux malades du SIDA. Vous voudrez bien compléter ce texte à l'aide des adjectifs contenus dans la case ci-dessous. L'accord des adjectifs pourra vous guider.

persistants	médical	particulières	nouveaux	familial	social
quotidiennes	hospitaliers	médicaux	atteintes	psychologiques	mises
sociaux	solide	globale	excellente	grandissants	

L'objectif des centres _____ est d'assurer une prise en charge _____ des malades prenant en compte non seulement leurs besoins _____ mais aussi leurs besoins _____ et _____. Ceci nécessite une _____ information des intervenants sur tous les aspects du SIDA. Il faut faire tomber des tabous parfois _____.

Le suivi _____ nécessite au moins deux visites _____ du médecin et beaucoup plus des infirmières. Des techniques _____ doivent être _____ en place. Les médecins et infirmières doivent s'attacher à avoir une _____ connaissance des patients et de leur environnement _____ et _____. Face aux besoins _____ des personnes _____ par le VIH*, de _____ centres d'accueil s'ouvrent un peu partout en France.

4. La déclaration de vol

Au cours d'un voyage en France, on vous vole votre valise. Vous essayez de vous souvenir de son contenu afin de faire votre déclaration à la police, mais dans votre confusion, vous ne savez plus très bien ce qu'il y avait. Combinez chaque élément de la liste A à un élément de la liste B afin de décrire avec précision ce que contenait votre valise.

A	*B*
un pantalon	de bain
deux chemises	en nylon
un appareil	en cuir
deux objectifs	du soir
des lunettes	photo
des jumelles	en coton
deux maillots	de théâtre
cinq T-shirts	en soie
un portefeuille	de toile
des chaussures	de toilette
deux bermudas	de plongée
une trousse	grand-angle

... et en route!

1. Qu'est-ce que je vois?

Quand vous étiez petit(e), vous jouiez bien sûr à «*I spy*», donnant la première lettre d'un objet que les autres devaient deviner. Voici le même jeu, mais il faut donner l'initiale du nom et d'un adjectif qui le décrive.

EXEMPLES: **Je vois quelque chose qui commence par J.N. > une jupe noire**
C.M. > des chaussures marron

_____

* VIH = HIV.

adjectives

Si vos camarades devinent correctement le nom ou l'adjectif seul, il faut l'accepter avant de continuer. Vous pouvez jouer à un niveau simple ou plus sophistiqué selon votre choix:

Je vois quelque chose qui commence par P.I. > un professeur intellectuel

2. Quelques portraits

a. Vous allez travailler comme fille/garçon au pair dans une famille parisienne. Vous arriverez à l'aéroport Charles-de-Gaulle par avion, et on viendra vous chercher. Bien que vous ayez envoyé une photo à cette famille, vous voulez être sûr(e) que tout ira bien, alors vous téléphonez pour faire une description détaillée de votre physique et des vêtements que vous porterez. Mettez au moins dix détails avec la couleur, le tissu, etc.

EXEMPLE: **Je suis assez grand(e), j'ai les cheveux ..., je serai habillé(e) en jean ...**

b. Vous recherchez la généalogie de votre famille, et vous venez de trouver une photo ou un dessin de votre arrière-grand-mère/père. Faites une description de cette personne en employant un bon nombre d'adjectifs. Comment était-elle/il? Qu'est-ce qu'elle/il portait? Etait-elle/il typique des gens de son époque?

3. Etes-vous bon(ne) représentant(e)?

Chaque étudiant(e) apporte en classe deux ou trois objets ordinaires, par exemple, un cintre, un bic, un calendrier, une tasse à café, une laisse de chien, un album à photos, etc. Votre but est de persuader vos «clients» (vos camarades) de les acheter. Il faut donc en faire une description (la couleur, la grosseur, la matière, le mode d'emploi), en utilisant le plus grand nombre possible d'adjectifs et de phrases adjectivales.

EXEMPLE: **Cette gamme d'enveloppes est superbe! Elles sont fabriquées en plastique transparent, avec rabat auto-adhésif. Pas de problème de mauvais goûts ni de microbes nocifs après avoir léché l'enveloppe, ni de douaniers fouinards! Nous les fabriquons de toutes les dimensions, et de toutes les couleurs: grandes, moyennes, petites, brunes, blanches, grises! C'est la méthode efficace pour envoyer votre courrier!**

4. Développez votre esprit critique!

Cet exercice doit se faire au niveau abstrait. Choisissez quelque chose qui entre dans une des rubriques ci-dessous et faites-en une courte critique, en employant autant que possible des adjectifs abstraits. Vous aurez sans doute besoin d'un dictionnaire pour rechercher ces mots. Essayez de trouver dix adjectifs pour décrire chaque titre que vous choisissez, et faites attention à l'accord.

un film ou un programme de télévision
un concert
un match de football, de tennis ou de n'importe quel sport
une guerre
une de vos propres expériences
un séjour de vacances
une philosophie
un examen ou un cours d'études

une aventure
un paysage
une peinture ou une sculpture

Voici comme exemple une sélection d'adjectifs pour décrire un journal:

Ce journal est ennuyeux/intéressant/osé/simpliste/absurde/affreux/habile/astucieux/instructif/ effronté/impitoyable/moralisateur/tendentieux/pompeux/etc.

5. Le/La baby-sitter s'en va

Vous ne voulez plus être baby-sitter car l'enfant que vous gardez est intrépide, remuant, arrogant, exaspérant, etc. Ecrivez une lettre à votre employeur pour donner votre démission. Utilisez une bonne gamme d'adjectifs pour décrire ce gamin impossible!

chapter 5

Adverbs

mécanismes

Adverbs qualify parts of speech other than nouns and pronouns, most commonly:

—verbs (We finished it quickly.)
—adjectives (We found the trip extremely easy.)
—other adverbs (We got here extremely quickly.)

Adverbs have two main forms:

- Those that are single words in their own right. They can be, among other things,
  adverbs of degree: *très, assez, peu, beaucoup;*
  adverbs of time: *souvent, déjà, bientôt;*
  adverbs of place: *ici, là, partout;*
  adverbs of situation: *ensemble, debout.*

- Those that are formed from adjectives. In English you add "-ly" to adjectives, with or without minor spelling adjustments: easy > easily, quick > quickly.

Formation of adverbs

To make an adjective into an adverb in French, in the majority of cases, you add *-ment* to the feminine of the adjective:

franc > franche > franchement	frank > frankly
heureux > heureuse > heureusement	happy > happily
doux > douce > doucement	gentle > gently

- Note the following, however:

—The majority of adjectives ending in *-ant* and *-ent* change *-nt* to *m* before adding *-ment:*

apparent	>	*apparemment*
violent	>	*violemment*
courant	>	*couramment*

But not *lent > lentement.*

—Adjectives ending in *i* or *u* add *-ment* to the masculine form:

absolu	>	*absolument*
vrai	>	*vraiment*

—Some adjectives change the mute *e* to *-é,* and this change is sounded:

aveugle	>	*aveuglément*
commun	>	*communément*
confus	>	*confusément*
énorme	>	*énormément*
précis	>	*précisément*
profond	>	*profondément*

Note also these common exceptions:

bon	>	*bien*	good	>	well
mauvais	>	*mal*	bad	>	badly
meilleur	>	*mieux*	better (adjective and adverb)		
moindre	>	*moins*	less/least (adjective and adverb)		
petit	>	*peu*	little (adjective and adverb)		
bref	>	*brièvement*	brief	>	briefly
gentil	>	*gentiment*	gentle	>	gently

Adverbial phrases

Sometimes a whole phrase is used instead of an adverb:

> *Maigret examina avec soin les traces de sang.*
> Maigret carefully examined the traces of blood.

> *Nous attendons avec impatience votre prochaine visite.*
> We await your next visit impatiently (= we are looking forward to your next visit).

- A few adjectives do not have an adverbial form (for example, *charmant, enthousiaste, fâché, irrité, intéressant*). In these cases you have to use an adverbial phrase such as *d'une manière/façon* or *d'un ton* + adjective or *avec* + noun:

> *Elle a présenté le bouquet de fleurs d'une manière charmante.*
> She presented the bouquet of flowers charmingly.

> *Le président de la réunion réagit avec enthousiasme.*
> The chairperson of the meeting reacted enthusiastically.

Adjectives used as adverbs

Some adjectives are used as adverbs in combination with certain verbs:

> *Je parlais très fort, mais il ne comprenait rien.*
> I was speaking very loud(ly), but he was understanding nothing.

Note also:

aller tout droit	to go straight ahead
chanter faux	to sing out of tune
coûter cher	to cost dear(ly)
payer cher	to pay dear(ly)

parler bas	to speak quietly, keep one's voice down
refuser net	to refuse point blank
travailler dur	to work hard
voir clair	to see clearly

—*Soudain* is often used as an adverb:

Soudain, nous étions dans Paris.
Suddenly we were into Paris.

—*Fort* can be used as a slightly more emphatic form of *très:*

Ils étaient tous fort fatigués.
They were all really tired.

- Note, however:

    —*Vite* is an adverb and cannot be used as an adjective (which would be *rapide*):

    Le TGV est un train très rapide. Il roule très, très vite!
    The TGV is a very fast train. It travels very, very fast!

Adverbs of degree

A number of adverbs are used to qualify an adjective or another adverb, indicating the degree of the quality described:

très joli	very pretty
assez bon	quite good
extraordinairement bien	extremely well
bien cuit	well cooked

Note also the following construction with *si* or *tellement:*

La foule était si grande qu'il était impossible de rien voir.
The crowd was so large (that) it was impossible to see anything.

Peter parle tellement bien qu'on le prendrait pour un vrai Français.
Peter speaks so well that you would take him for a real Frenchman.

The position of adverbs

In French, adverbs that qualify a verb come as close to it as possible, usually directly after it (there is far less flexibility in their position than in English):

Nous allons souvent au théâtre.
We often go to the theater./We go to the theater often.

Le professeur expliquait soigneusement le problème à ses élèves.
The teacher was explaining the problem to his students carefully./The teacher was carefully explaining the problem to his students.

Adverbs of time usually come before a past participle:

J'ai déjà vu ce film-là.
I've already seen that film.

Nous sommes bientôt arrivés à Bruxelles.
We soon arrived in Brussels.

mettez-vous au point!

1. La foire à la brocante

Vous êtes allé(e) à une foire à la brocante en France et vous avez été fort surpris(e) par le volume sonore. Voici le récit que vous en faites à votre correspondant(e) à votre retour à la maison. Remplacez les blancs par les adverbes ci-dessous.

droit	clair	faux	net	fort (×2)	bon	cher

Oh! c'était affreux! Tout le monde parlait _____ et tout coûtait très _____. En plus,

il pleuvait et je ne voyais pas _____ avec mes lunettes. Un camelot m'a interpellé(e); il voulait

me vendre une vieille lampe. J'ai refusé tout _____ et j'ai marché _____ devant moi.

Il y avait un haut-parleur qui diffusait des vieilles rengaines chantées par des artistes qui chantaient

_____. Un peu plus loin, il y avait des marchands de fleurs. Là, au moins, ça sentait

_____, mais ils parlaient toujours aussi _____ et j'avais mal à la tête. Alors, j'ai décidé

de rentrer.

2. Le/La secrétaire est à bout de nerfs

Vous êtes le/la secrétaire du directeur/de la directrice d'une fabrique d'appareils ménagers. Vous en avez assez de l'agressivité et de l'impolitesse des clients et des fournisseurs pressés. Voici l'affiche que vous mettez à la porte de votre bureau; vous exigez qu'on la lise avant d'entrer. Afin de rendre chaque recommandation plus percutante vous cherchez à utiliser des adverbes de manière en «ment».

EXEMPLE: **Entrez dans ce bureau sans bruit.**
             N'entrez pas dans ce bureau bruyamment.

1. Entrez dans ce bureau sans agressivité, sans violence.

   _____

2. Veuillez me parler avec respect, politesse et courtoisie.

   _____

3. Ne me regardez pas d'un regard goulu. Regardez-moi avec délicatesse et douceur!

   _____

4. Expliquez-moi les choses avec simplicité. Ne me parlez pas avec des théories savantes.

   _____

5. Lisez les notices des appareils avec attention. Effectuez les opérations les unes après les autres, de manière successive.

   _____

6. Consultez-moi avec régularité.

_____

7. Présentez-moi vos produits avec des mots précis. Faites vos démonstrations sans lenteur ni vitesse excessive.

_____

8. Soyez prudent lorsque vous m'annoncez un prix.

_____

9. Dans tous les cas, ayez une attention constante.

_____

3. Conseils aux futures maîtresses d'école

Voici les conseils qu'on prodiguait autrefois aux élèves institutrices sur la façon de mener leurs classes et leurs élèves. Malheureusement les adverbes des conseils sont mélangés, et il faudra que vous terminiez chaque phrase avec le bon adverbe.

1. Chaque jour, tu corrigeras tes cahiers _____. modestement

2. Pour parler, tes élèves lèveront le doigt _____. respectueusement

3. Aux questions de tes élèves tu répondras _____. obligatoirement

4. Jamais tu ne puniras un élève _____. équitablement

5. Au contraire, tu traiteras tes élèves _____. abusivement

6. Les bagarres de tes élèves tu réprimeras _____. assidûment

7. Pendant les repas tu mangeras _____. patiemment

8. Toujours tu seras vêtue _____. immodérément

9. Jamais tu ne consommeras d'alcool _____. sévèrement

10. A ton directeur d'école tu obéiras _____. proprement

... *et en route!*

1. Faites-le comme il faut!

Travaillez à deux. L'un(e) d'entre vous doit nommer une action, et l'autre doit suggérer des adverbes qui indiquent comment on devrait la faire. Au bout de quelques minutes, tous les groupes de deux doivent faire un rapport en commun au professeur.

EXEMPLE: **prendre le dîner: lentement, poliment, ensemble, tout de suite.**

2. A l'agence de publicité

Vous travaillez dans une agence de publicité, et votre patron vous a proposé d'inventer des slogans publicitaires pour une variété de produits.

a. Voici une liste de quelques adverbes et de quelques produits. Essayez de les assortir: vous pouvez utiliser chaque adverbe ou produit plus d'une fois si vous le voulez.

Les adverbes	*Les produits*
Silencieusement	une confiture
Soigneusement	une pâte dentifrice
Efficacement	un lave-vaisselle
Exactement	un fromage
Rapidement	une cassette de français
Etonnamment bien	une autoradio
Franchement bien	une promotion de voyages
Vraiment beau/belle	une tondeuse à gazon
Spécialement content(e)	un rasoir
Facilement	un dictionnaire de français
Confortablement	un ordinateur
Clairement	

EXEMPLE: **Vous travaillerez facilement avec notre nouveau dictionnaire de français.**

_____

_____

_____

_____

_____

_____

_____

_____

_____

_____

_____

b. Travaillez en deux équipes. En utilisant encore d'autres adverbes, une équipe fait un slogan contenant un adverbe, l'autre équipe doit deviner le produit.

c. Continuez dans vos équipes. Une équipe doit nommer un produit, l'autre doit répondre avec un slogan contenant un adverbe.

adverbs

chapter 6

Comparative of Adjectives and Adverbs

mécanismes

There are various ways of comparing people, things, actions: more … than, less … than, as … as, not so … as.

Adjectives

- More … than

  In English we either add "-er" to an adjective (bigger, prettier) or use "more" before the adjective (more interesting). In French, in all but a couple of cases, you use *plus* + adjective:

  > *La France est plus grande que la Belgique.*
  > France is bigger than Belgium.

  > *Le français est plus facile que le chinois.*
  > French is easier than Chinese.

  > *La région de Paris est plus peuplée que le Périgord.*
  > The Paris area is more populated than the Périgord.

  It is not always necessary to express the object of comparison (so you don't need "than"):

  > *Je voudrais une assiette plus grande, s'il vous plaît.*
  > I'd like a bigger plate, please.

The only exceptions to the rule are *meilleur* (better), *pire* (worse), and *moindre* (lesser, lower). In modern French *pire* is used only after *être, sembler,* and similar verbs, and only in an abstract sense. You use *plus mauvais* in most cases:

> *Attendons une meilleure période de l'année.*
> Let's wait for a better time of year.

> *C'est une ville de moindre importance, où les bâtiments sont de moindre qualité.*
> It's a town of lesser importance, where the buildings are of lower quality.

> *Je connais un plus mauvais cas. Ces cas sont pires maintenant qu'il y a quelques années.*
> I know a worse case. These cases are worse now than a few years ago.

- Less ... than

  This works in the same way as the positive comparative: you simply use *moins que* + adjective:

  > *Cette jupe est moins chère que celle-là*
  > This skirt is less expensive than that one.

  > *Cette phrase est moins correcte que l'autre.*
  > This phrase is less correct than the other one.

  > *Je cherche un itinéraire moins compliqué.*
  > I'm looking for a less complicated route.

- Comparison with a number

  When the object of comparison is a number, *plus* and *moins* are followed by *de*, not *que:*

  > *Il y avait plus/moins de vingt personnes dans la salle.*
  > There were more/fewer than twenty people in the room.

- Comparison with a clause

  When the object of comparison is a clause, the verb in that clause is preceded by *ne:*

  > *Ce type a l'esprit plus vif que je ne pensais!*
  > That guy is sharper than I thought!

  > *Nous avons eu moins de temps que nous ne croyions.*
  > We had less time than we expected.

- More and more

  Note: *De plus en plus* = more and more, "... -er and ... -er"; *de moins en moins* = less and less:

  > *La route devenait de plus en plus étroite et de moins en moins facile à suivre sur la carte.*
  > The road was becoming narrower and narrower, and less and less easy to follow on the map.

- Comparing equals

  You use *aussi ... que* for "as ... as":

  > *Ce restaurant est aussi bon que l'autre.*
  > This restaurant is as good as the other.

  > *Mon vélo n'est pas aussi neuf que le tien.*
  > My bike isn't as new as yours.

Adverbs

Adverbs can be compared in exactly the same ways as adjectives:

> *Cela arrive plus fréquemment de nos jours que dans le passé.*
> That happens more frequently now than in the past.

> *Monique parle l'allemand moins couramment que le français.*
> Monique speaks German less fluently than French.

> *On mange aussi bien ici qu'ailleurs.*
> You eat as well here as elsewhere.

> *On ne mange pas si bien ici que dans le restaurant d'en face.*
> You don't eat as well here as in the restaurant across the street.

> *Ils sont arrivés plus tôt que nous ne pensions.*
> They arrived earlier than we thought.

> *Le train semblait aller de plus en plus lentement.*
> The train seemed to be going slower and slower.

- Note: *Mieux* (better) is to *bien* (well) as *meilleur* (better) is to *bon* (good). In other words, *mieux* is an adverb; it describes verbs and doesn't agree. *Meilleur* is an adjective; it describes nouns and agrees:

> *Vous parlez français mieux que moi, mais je crois que mon allemand est meilleur que le vôtre.*
> You speak French better than I do, but I think my German is better.

Pis exists as the comparative of *mal* (badly), but is now used only in set phrases: *tant pis!* (too bad!).

- More of, less of, and as much of

The comparatives of *beaucoup (de)* and *peu (de)* are *plus (de)* (more [of]) and *moins (de)* (less [of]):

> *Il y a beaucoup d'explications dans ce livre-ci, mais dans celui-là il y a plus d'exemples.*
> There are lots of explanations in this book, but in that one there are more examples.

> *Martin a cueilli de bons champignons, mais moi, j'en ai cueilli plus!*
> Martin has picked some nice mushrooms, but I've picked more (of them)!

Autant que means "as much/many (of) … as":

> *J'ai cueilli autant de champignons que lui!*
> I've picked as many mushrooms as he has!

> *Il n'a pas cueilli autant de champignons que moi.*
> He hasn't picked as many mushrooms as I did.

Note: *Autant que possible* = "as much as possible."

- The more … the more

Note the following:

> *Plus je travaille, plus je fais des progrès.*
> The more I work, the more progress I make.

> *Moins j'y pense, moins je m'en préoccupe.*
> The less I think about it, the less I worry about it.

> *Plus je travaille, moins je fais des progrès.*
> The more I work, the less progress I make.

mettez-vous au point!

1. Connaissez-vous l'Union Européenne?

Ces affirmations concernant l'Union Européenne sont toutes fausses. Essayez de les corriger en utilisant les diverses formes des comparatifs: plus que, aussi que, pas aussi que, moins que.

1. La Grèce est plus peuplée que l'Espagne.

   _____

2. L'Allemagne unifiée a une plus grande superficie que la France.

   _____

3. Le Rhin traverse moins de pays que le Rhône.

   _____

4. L'ancienne RDA est aussi industrialisée que le reste de l'Europe.

   _____

5. Il y a autant de Portugais à Lisbonne qu'en France.

   _____

6. L'Espagne est entrée dans la Communauté Européenne plus tôt que la Grande-Bretagne.

   _____

7. Le deutsche mark est aussi fort que la peseta espagnole.

   _____

8. Il y a plus de centrales nucléaires en Grèce qu'en France.

   _____

9. La Suède est plus polluée que l'Italie.

   _____

10. Les habitants de Corse parlent plus italien que français.

   _____

2. La géographie de l'Europe

A l'aide d'un dictionnaire et peut-être d'un atlas, comparez les différents pays de l'Union Européenne, le nombre d'habitants des pays et des villes, le nombre de régions, les productions, les autoroutes, les hôpitaux, etc.

EXEMPLE: **Le Royaume-Uni a presque autant d'habitants que l'Italie.**
La Grèce ne produit pas autant d'énergie nucléaire que la France.

_____

_____

_____

_____

_____

3. Il n'est jamais content

Paul est un millionaire insatisfait. Exprimez son insatisfaction à l'aide d'un double comparatif de votre choix.

EXEMPLE: **Il gagne beaucoup d'argent.**
Plus il gagne d'argent, plus il paie d'impôts.

1. Il travaille beaucoup.

   _____

2. Il se couche tard.

   _____

3. Il a trois grandes maisons.

   _____

4. Il a une voiture de sport très rapide.

   _____

5. Il fréquente les restaurants les plus chers.

   _____

6. Il est membre de plusieurs clubs de golf très chic.

   _____

7. Sa femme et ses enfants vont en vacances à Tahiti trois fois par an.

   _____

8. Il possède quatre bateaux de plaisance dans différents ports de la Méditerranée.

   _____

... et en route!

1. Moi, je suis plus parfait(e) que toi!

Voici un exercice simple et une occasion de dire dans quels domaines vous êtes meilleur(e) que vos camarades. Travaillez à deux, et échangez des observations. N'oubliez pas de faire accorder vos adjectifs!

EXEMPLE: **—Moi, je suis plus habile, plus intelligent(e), plus grand(e) que toi!**
—Toi, tu es moins sensible, moins riche et tu n'es pas si élégant(e) que moi.

2. Comment j'étais il y a 10 ans?

Apportez une photo de vous-même ou d'un membre de votre famille il y a 10 ou 12 ans. Décrivez-vous en vous comparant à aujourd'hui.

EXEMPLE: **Il y a 10 ans j'avais les cheveux plus longs ... mon père avait le visage plus rond ...**

3. Un peu de sociologie

Lancez le débat tous ensemble, ou en groupes de quatre ou cinq, à propos de la distribution sociale de votre ville ou de votre région, en faisant le plus grand nombre de comparaisons possibles.

EXEMPLE: **Ici à X-ville, les habitants du quartier A de la ville sont plus riches que dans les autres quartiers. Dans les quartiers B et C, il y a plus de chômage. Les maisons du quartier D sont plus modernes que dans le quartier est. On trouve moins de voitures privées dans le quartier C, mais paradoxalement plus d'antennes paraboliques ...**

Parlez des habitants, de leurs problèmes, de la distribution de la richesse et des classes sociales, du logement et des divers types de maison, des magasins et des centre commerciaux, etc.

4. Entre deux villes

Ecrivez une courte comparaison entre deux villes, villages ou même régions que vous connaissez bien. Vous pourriez écrire sur deux villes de votre région, par exemple, Chicago/Milwaukee, San Francisco/Los Angeles, Cincinnati/Cleveland, Austin/El Paso, Omaha/Des Moines, ou bien vous pourriez comparer deux villes françaises ou belges que vous avez visitées et que vous connaissez bien (Rouen/Le Havre, Bruxelles/Anvers, etc).

EXEMPLE: **Baltimore est beaucoup plus petite que Washington, et plus industrielle. On pourrait dire que Washington est plus touristique que Baltimore, mais les habitants de Baltimore n'admettraient pas que Washington soit aussi historique. Ils diraient plutôt que les habitants de Washington sont plus snob! ...**

chapter 7

Superlative of Adjectives and Adverbs

mécanismes

The superlative of adjectives

The superlative in English ends in "-est" (biggest, smallest), or we use "most" before the adjective (most interesting). For the negative superlative we use "least" before any adjective. In French you use *le/la/les plus/moins* followed by the adjective:

> *C'est la plus jeune équipe de la ligue.*
> It's the youngest team in the league.

This means that when the adjective follows the noun, as most do, the article occurs twice: before the noun and in the superlative construction:

> *C'est l'équipe la plus prometteuse de la ligue.*
> It's the most promising team in the league.

> *Les produits les plus séduisants de l'île se vendent sur ce marché.*
> The island's most attractive products are sold in this market.

> *La solution la moins acceptable est de démissionner.*
> The least acceptable solution is to resign.

Note:

- The use of *de* for "in" after a superlative, as in examples above.

- The need to put the verb in the subjunctive in a relative clause after the superlative (see Chapter 36):

> *C'est le film le plus passionnant que nous ayons jamais vu.*
> It's the most exciting film we have ever seen.

- *Le moindre* = the least, the slightest, the lowest:

    Il est venu sans la moindre protestation.
    He came without the slightest protest.

    Il faut chercher le moindre prix.
    We have to get the lowest price.

- *Le pire* is used only in formal language or in mental or emotional reactions:

    Nous imaginions le pire.
    We were imagining the worst.

The superlative of adverbs

The superlative of adverbs is formed in basically the same ways as that of adjectives, with *le plus* or *le moins,* but because adverbs do not agree, the definite article is always the masculine *le:*

    De tous les étudiants, c'est Christine qui parle français le plus couramment.
    Of all the students, Christine speaks French the most fluently.

- Remember that *le mieux* is the adverbial form of "best," and that *le* is invariable because it qualifies the adverb:

    Oui, je vous assure que c'est elle qui le parle le mieux.
    Yes, I assure you that she speaks it best.

- The superlatives of *beaucoup* and *peu* are *le plus* (the most) and *le moins* (the least). Remember that when *plus* is used in this sense, the final *s* is sounded:

    Quand même, c'est Richard qui travaille le plus.
    However, Richard is the one who works the most.

mettez-vous au point!

1. Un saupoudrage de culture française

Voici quelques faits concernant la France et les Français. Vous transformerez les phrases soulignées en les mettant au superlatif. (Attention à l'accord des adjectifs!)

EXEMPLE: **La Loire est un long fleuve.**
             La Loire est le fleuve le plus long de France.

1. La chaîne montagneuse des Alpes est très élevée.

_____

2. Les Vosges sont des montagnes aux formes très arrondies.

_____

3. Paris est une ville très cosmopolite.

_____

4. Marseille connaît une immigration très importante.

_____

5. Le nord et l'est de la France sont des régions de fort chômage.

_____

6. Les banlieues nord et est de Paris sont celles où les problèmes sociaux sont graves.

_____

7. Tati est un magasin très bon marché à Paris.

_____

8. La Tour Eiffel est un monument très visité.

_____

9. La Joconde est une peinture très admirée au Louvre.

_____

10. Les bouquinistes des quais de la Seine sont très connus dans le monde entier.

_____

2. La fête au collège

Un professeur de musique prépare une fête de fin d'année à son collège. Il sélectionne les classes qui y participeront en fonction de leurs aptitudes. Vous exprimerez ses choix à l'aide d'adverbes au superlatif.

EXEMPLE: **Les 5e3 feront l'accueil. Ils sont très polis.**
               Ce sont eux qui feront l'accueil le plus poliment.

1. Les filles de 6e2 feront le ballet aquatique. Elles sont très gracieuses.

_____

2. Les 3e4 feront le sketch en anglais. Ils parlent bien l'anglais.

_____

3. Les 4e6 vendront les billets. Ils sont très sérieux.

_____

4. Les garçons de 3e2 feront le numéro de saut à la perche. Ils sont adroits.

_____

5. Marion Durand accompagnera les mimes au piano. Elle est très habile.

_____

6. Rémi Leroy fera le numéro de prestidigitation. Il est très ingénieux.

_____

7. Je ne sais pas si les 3e1 participeront. Ils ne travaillent pas beaucoup.

_____

... *et en route!*

1. L'étudiant(e) idéal(e)

Dans votre collège/lycée, un concours va avoir lieu pour sélectionner l'étudiant(e) idéal(e). Vous devez parler de vous-même et de vos autres camarades, en utilisant les superlatifs. Vous mentionnerez tous leurs traits personnels: leur caractère, leur aspect physique, leur manière de se vêtir, leur maintien, etc. Vous avez aussi le droit de parler de leurs défauts aussi bien que de leurs qualités!

EXEMPLE: **Je crois que Carole est l'étudiante la plus charmante de la classe. Elle a le visage le plus sympa(thique), la mine la plus souriante, c'est elle qui travaille le plus ...**
Nous ne pouvons pas penser à Martin parce que c'est lui qui travaille le moins, c'est le plus paresseux, le plus égoïste, le moins travailleur, ... de la classe.

2. Les gros titres

Vous préparez en classe un magazine en français qui reflétera la vie de votre ville ou de votre région. Vous cherchez des titres qui frappent pour vos reportages. Chaque membre du groupe doit en faire au moins cinq.

EXEMPLES: **LES S.D.F.: LE PROBLÈME LE PLUS HONTEUX DE NOTRE VILLE**

LA NOUVELLE CLINIQUE: LA CLINIQUE LA PLUS MODERNE, LA MIEUX ÉQUIPÉE DE LA RÉGION

3. La plus belle ville des Etats-Unis

Vous faites visiter votre ville à un groupe d'amis français. Vous essayez de mettre ses qualités en valeur en utilisant des superlatifs. Vous pouvez montrer les édifices, etc., au groupe sur un plan de la ville.

EXEMPLE: **Voici le café le plus vieux de la ville.**
Voici l'usine qui emploie le plus de personnel ...

chapter 8

Demonstratives

mécanismes

Demonstrative adjectives and pronouns point out (or "demonstrate") specific nouns that you have already identified: in other words, "this/these" or "that/those."

Ce/cet/cette/ces

The demonstrative adjective agrees with the noun, just like any adjective. It can mean either "this/these" or "that/those," depending on the context. Note the special masculine form *cet* before a vowel or mute *h:*

> *Cet homme et cette femme sont les parents de ces enfants.*
> This man and this woman are the parents of these children. OR
> That man and that woman are the parents of those children.

The speaker has identified the man, woman, and children by using the demonstrative, but whether they are near the speaker or farther away is of no consequence to the French speaker if the position is obvious from the context.

- However, if differentiation is required, *-ci* is added to the noun to indicate closeness to the speaker (this/these), and *-là* to indicate that the person or object is farther away (that/those), although even then, French tends to use *-là* in many cases where English would use "this":

> *Cet homme-ci et cette femme-là sont les parents de ces enfants.*
> This man and that woman are the parents of these/those children.

The differentiation is usually introduced only to make a contrast with something/someone else nearer or farther from the speaker:

> *Donnez-moi quatre de ces pâtisseries-là, s'il vous plaît.*
> Give me four of those cakes, please. (as opposed to these nearer to me)

> *Comment s'appelle cet(te) élève-ci?*
> What is this pupil's name? (as opposed to that pupil or the rest of them)

L'objectif de ce chapitre est de pratiquer ces adjectifs et ces pronoms démonstratifs.
The object of this chapter is to practice these demonstrative adjectives and pronouns.
(No differentiation is necessary.)

- See Chapter 46 for full treatment of the use of *c'est,* and see Chapter 41 for how to use *ce qui, ce que,* and *ce dont.*

Ceci and *cela*

The pronouns *ceci* and *cela* (*ça* in spoken French) mean "this/that" but with the same overlap as indicated above. They are mainly used to indicate something that you are pointing out or referring to:

Avez-vous considéré cela?
Have you considered that?

Je n'aime pas ça!
I don't like it/that!

Ceci est précisément ce que je voulais.
This is exactly what I wanted.

Et avec ceci?
Anything else? (In a shop, literally: "And with that?")

Qu'est-ce que ça veut dire?
What does that mean?

Celui-ci/celui-là

This is the demonstrative pronoun. It means "this one/these (ones)," "that one/those (ones)," and stands in place of a noun, agreeing in number and gender with it. It often implies a choice of one or more of a particular object. Note that *-ci* and *-là* distinguish the position of the object in the usual way. Its full forms are:

masculine	feminine
celui-ci/celui-là *ceux-ci/ceux-là*	*celle-ci/celle-là* *celles-ci/celles-là*

As opposed to *ceci/cela,* which refer generally to "this/that," *celui-ci/celui-là* refer to a specific one or specific ones of an object:

De toutes les robes que j'ai essayées, je préfère celle-ci.
Of all the dresses I've tried, I prefer this one.

Je n'aime pas du tout celles-là.
I don't like those (ones) at all.

Est-ce que vous reconnaissez ces oiseaux? Celui-ci est un héron, et ceux-là sont des cormorans.
Do you recognize those birds? This one is a heron, and those (ones) are cormorants.

demonstratives

- *Celui-là* and *celui-ci* (in that order) are also used to mean "the former" and "the latter":

    Marie-France aime bien la géographie et l'anglais. Moi, je préfère celle-là.
    Marie-France loves geography and English. I prefer the former.

- See Chapter 41 for uses of *celui qui/que/dont* and Chapter 9 for uses of *celui de*.

mettez-vous au point!

1. Le stage dans un centre aéré

Vous allez faire un stage dans un centre aéré en France. Avant le début du stage, le directeur du centre a voulu étudier les dossiers de chaque enfant avec vous pour que vous appreniez à les connaître et que vous ne fassiez pas de gaffe «sur le terrain». Vous compléterez le texte de cette présentation par les adjectifs démonstratifs *ce, cet, cette* ou *ces*.

_____ enfant a des problèmes de santé très graves. Il ne faudra pas être trop exigeant avec lui

sur le plan physique. _____ garçon et _____ fillette sont un peu instables. Attention! Ils peuvent

faire des bêtises! _____ petites filles n'ont pas l'habitude de la vie en groupe. Le centre aéré sera dur

pour elles. Les parents de _____ jeune garçon viennent de se séparer et il est un peu agressif.

_____ agressivité se manifeste surtout à l'égard des hommes. Et maintenant, _____ jeune fille,

c'est la monitrice avec qui vous travaillerez pendant trois semaines. J'espère que _____ expérience

vous sera très agréable et que vous profiterez beaucoup de _____ séjour en France pour améliorer

votre français et vous faire des amis. Croyez-moi, _____ chose-là, c'est vraiment la plus importante.

2. L'album de vacances

Vous rentrez d'un stage de canoë-kayak dans l'Ardèche et vous triez vos souvenirs de vacances. Dans les phrases ci-dessous, vous remplacerez les noms en italique par des pronoms démonstratifs: *celui-ci/là, celle-ci/là, celui qui/que,* etc.

1. J'aime *cette photo-ci*, mais je n'aime pas du tout *cette photo-là;* elle est trop floue.

   _____

2. Je n'apprécie guère cet article de «La Dépêche du Midi»; il nous tourne en ridicule. Par contre, *cet article-là* est sympathique.

   _____

3. J'ai rapporté les autographes des filles que nous avons rencontrées. Cette fille-ci était très belle, mais *ces deux-là* étaient moches.

   _____

4. Nous avons échangé nos adresses avec plusieurs stagiaires. Cette fille-ci était sympa, mais *ces garçons-là* étaient pédants et imbus d'eux-mêmes.

_____

5. Est-ce tu reconnais ces trois clichés? *Ces clichés-ci,* ce sont les gorges de l'Ardèche, et *ce cliché-là,* c'est la corniche du Rhône.

_____

6. Enfin, voici des photos de nos kayaks: *le kayak* qui est devant, c'est le mien, *le kayak* qui est plus loin derrière est à mon copain.

_____

3. La foire aux arbres de Sandillon

Chaque année en novembre se déroule une foire aux arbres à Sandillon, près d'Orléans. Les pépiniéristes y vantent les mérites de leurs plantes afin de mieux les vendre. Voici le discours que vous pouvez entendre sur la foire. Vous le compléterez à l'aide des adjectifs *ce, cet, cette, ces* ou des pronoms *celui-là, celle-là, ceux-là, celles-là,* selon le cas.

Approchez-vous! Venez voir _____ sapin originaire du Japon, alors que _____ vient d'Espagne. On l'appelle le sapin ibérique. _____ espèce est beaucoup plus rare et difficile à cultiver. Venez voir _____ arbustes épineux, les ajoncs, et regardez _____; ils ont aussi des fleurs jaunes mais pas d'épines. L'odeur de _____ plante attire les chèvres. C'est le chèvrefeuille. Admirez _____ grands arbres: les séquoias, et regardez _____ arbre. Il est considéré comme un fossile de l'époque préhistorique: c'est le gingko. _____ plantes vivaces sont magnifiques et _____ plus encore. Ne partez pas sans acheter quelques rosiers. _____ rosier est à grandes fleurs doubles et _____ à petites fleurs très odorantes.

• Si vous n'êtes pas botaniste: *un sapin* = fir; *un ajonc* = gorse; *un chèvrefeuille* = honeysuckle; *un séquoia* = redwood; *un gingko* = gingko.

demonstratives

. . . et en route!

1. Le client a toujours raison!

Travaillez à deux. L'un(e) d'entre vous est vendeur/vendeuse, l'autre est un(e) client(e) très pointilleux/se, qui veut voir ou essayer beaucoup d'articles avant d'acheter. Construisez des dialogues, en utilisant les démonstratifs.

EXEMPLE: **—Je veux des chaussettes, s'il vous plaît.**
—Oui, monsieur/madame, comme celles-ci en laine, par exemple?
—Non, j'aime mieux ces marron-là, en nylon. Ou peut-être ces grises-ci ... vous n'en avez pas des plus longues que celles-ci?
—Ces chaussettes longues en laine sont de bonne qualité, mais elles sont plus chères que celles-là ...

Vous pourriez peut-être acheter/vendre:

un vélo
des tasses
un shampooing
un pantalon
une voiture
des vacances
une chaîne stéréo
des crayons de couleur
des fleurs
n'importe quel cadeau d'anniversaire ...

2. On recherche ...

Vous aidez la police à trouver un voleur que vous avez vu sortir d'une station-service. Au commissariat, vous regardez avec un policier une collection de portraits-robots de criminels. Vous parlez des portraits à un(e) camarade qui jouera le rôle du policier ou de la femme-policier.

EXEMPLE: **Celui-ci est un peu trop gros. Celui-là est plus mince, mais il n'a pas de moustache. Ceux-là ne peuvent pas être le criminel car ils portent des lunettes. Cet homme-là a trop de cheveux, et celui-ci a les cheveux blonds. Ah! Je pense que c'est celui-là. Oui, ce type aux cheveux noirs et à la grande moustache est mon voleur!**

3. Connaissez-vous votre ville?

a. Vous faites une visite guidée de votre ville ou village pour des touristes francophones. Vous ferez le commentaire, tout en indiquant les monuments, etc., dont vous parlez. Pour être bien préparé(e), vous rédigez votre commentaire par écrit. N'oubliez pas d'utiliser beaucoup de démonstratifs.

EXEMPLE: **Cette ville a une population de 6 000 habitants. Sur cette place se trouve la mairie. Près de la place il y a deux hôtels. Celui-ci s'appelle l'Hôtel de la Poste, et celui-là l'Hôtel de la Tour. Il y a plusieurs parkings, mais sur celui-ci le lundi, il y a toujours un grand marché. Cet édifice-là est le Syndicat d'Initiative. De ce côté de la rue vous voyez …**

b. De la même façon, vous pourriez faire une visite guidée de votre collège/lycée, en indiquant les bâtiments, les profs, etc.

4. Vacances en famille

a. Apportez en classe un film-vidéo de votre famille ou de vos copains à la maison ou en vacances, et présentez-le de vive voix à votre classe.

EXEMPLE: **Cette femme-là, c'est ma mère, et celle-là, c'est ma sœur Emily. Cet édifice-là, c'est le château de Blois, et ceux-là sont les deux ponts au-dessus de la rivière …**

b. Sinon, apportez en classe des photos que vous donnerez à un(e) camarade, qui vous posera des questions.

EXEMPLE: **C'est qui, cet homme à la barbe? Et celui-là, assis sur le mur? Et qu'est-ce que c'est que cette structure-là? Et celle-ci au premier plan?**

chapter 9

Possession

mécanismes

Expressing possession

a) In English you can say either "Henry's house" or, in certain circumstances, "the house of Henry." In French you always have to use *de* with a noun to indicate possession:

> *La maison d'Henri est au numéro 57.*
> Henri's house is number 57.

> *L'anniversaire de maman c'est le 21 novembre.*
> Mom's birthday is November 21.

b) The object possessed may be replaced by *celui/celle/ceux/celles de*. The pronoun takes its number and gender from the thing(s) possessed:

> *Notre maison est plus vieille que celle d'Henri.*
> Our house is older than Henri's. (*celle d'* = *la maison d'*)

> *L'anniversaire de ma sœur est le même jour que celui de maman.* (*celui de* = *l'anniversaire de*)
> My sister's birthday is the same day as Mom's.

Celui/celle/ceux/celles de also means "that of," "those of":

> *La population des Etats-Unis est plus grande que celle de la France.*
> The population of the United States is greater than that of France.

c) After *être*, use *à* + the possessor:

> *Je crois que cette voiture est à Henri.*
> I think that this car is Henri's.

Possessive adjectives: my, your, etc.

Remember that these words agree with the thing possessed:

mon, ma, mes	my
ton, ta, tes	your (*tu/toi*)
son, sa, ses	his, her, its
notre, nos	our
votre, vos	your (*vous*)
leur, leurs	their

Sur cette photo vous voyez ma mère, mon père et mes grands-parents.
In this photo you can see my mother, my father, and my grandparents.

N'oublie pas d'apporter ton maillot de bain, ta serviette et tes palmes!
Don't forget to bring your swimsuit, your towel, and your flippers!

Notre maison est à votre disposition: vous pouvez utiliser notre piscine et nos salles de bain à votre convenance. Nous essaierons de satisfaire tous vos désirs.
Our house is at your disposal: you can use our pool and our bathrooms at your convenience. We will try to meet all your requirements.

- Before a feminine noun or adjective beginning with a vowel or mute *h*, *mon/ton/son* are used for the sake of the sound:

    mon autobiographie, ton autre main, son épouse
    my autobiography, your other hand, his wife

- Take great care with *son/sa/ses* because they can mean either "his" or "her." The form agrees with the *possession*, not the *possessor*. The latter is usually obvious from the context:

    Marc a mis son porte-monnaie dans sa poche.
    Marc put his wallet in his pocket.

    Jacqueline a mis son porte-monnaie dans sa poche.
    Jacqueline put her wallet in her pocket.

    If Marc had put *her* wallet in *his* pocket, you would clarify either by identifying the possessor by name or by using *à* + the disjunctive pronoun:

    Marc a mis le porte-monnaie de Jacqueline dans sa poche.
    Marc a mis son porte-monnaie à elle dans sa poche à lui.

- You can also use *à moi, à toi*, etc., for emphasis:

    C'est mon idée à moi! J'en ai marre de tes idées à toi!
    That's my idea! I've had enough of your ideas!

Mine, yours, etc.

  a) After *être*, to say that something is mine, yours, etc., use *à* + the disjunctive pronoun (see Chapter 10):

> *Est-ce que ces gants sont à vous?*
> Are these gloves yours?

> *Non, ils ne sont pas à moi, ils sont à Annette.*
> No, they're not mine, they're Annette's.

b) In other contexts you use the possessive pronoun, which, once again, takes its number and gender from the thing possessed:

masculine		feminine		
le mien	les miens	la mienne	les miennes	mine
le tien	les tiens	la tienne	les tiennes	yours (*tu/toi*)
le sien	les siens	la sienne	les siennes	his/her/its
le nôtre	les nôtres	la nôtre	les nôtres	ours
le vôtre	les vôtres	la vôtre	les vôtres	yours (*vous*)
le leur	les leurs	la leur	les leurs	theirs

> *Marcel, même si tu ne sais pas faire ton travail, il ne faut pas copier le leur!* (*le leur = leur travail*)
> Marcel, even if you can't do your work, you mustn't copy theirs!

> *Voilà ta bicyclette, mais où est la mienne?* (*la mienne = ma bicyclette*)
> There's your bicycle, but where's mine?

> *Leurs habitudes sont bien différentes des nôtres.* (*les nôtres = nos habitudes*)
> Their customs are very different from ours.

- A friend of mine/ours = *un(e) de mes/nos ami(e)s.*

Parts of the body and personality

- Remember that when you do something to a part of your body, you usually use the indirect reflexive pronoun and the definite article, rather than the possessive adjective:

> *Quand Michel est tombé de l'arbre, il s'est tordu la cheville.*
> When Michel fell out of the tree, he twisted his ankle.

- When someone else does something to a part of your body, you use the indirect object pronoun and the definite article:

> *Le directeur m'a serré la main.*
> The principal shook my hand.

(There are further examples in Chapter 23.)

This construction is also used with actions that affect someone's personality:

> *Ces médisances lui ont aigri le caractère.*
> This gossip has embittered his character.

mettez-vous au point!

1. L'enfance du général de Gaulle

Voici un bref aperçu de l'enfance du général de Gaulle. Vous en compléterez le texte à l'aide de l'adjectif possessif convenable.

Charles de Gaulle naquit à Lille en 1890. _____ mère se nommait Jeanne Maillot. Déjà _____ grand-père, Julien-Philippe de Gaulle, avait écrit une histoire de Paris, et _____ grand-mère, Joséphine, était une femme de lettres. Voici ce qu'il dit de _____ père, Henri de Gaulle: «_____ père, homme de culture, de pensée et de tradition.» Voici encore ce qu'il dit de _____ éducation dans _____ *Mémoires de Guerre,* 1954: « _____ père était imprégné du sentiment de la dignité de la France. Il portait à la patrie une passion intransigeante à l'égal de _____ piété religieuse. _____ trois frères, _____ sœur, moi-même avions pour seconde nature une certaine fierté anxieuse au sujet de _____ pays.»

Henri de Gaulle fut le professeur de _____ fils dans une école libre de Lille. Lorsque les Jésuites furent chassés de France en 1905, Henri de Gaulle prit la direction de _____ établissement qu'il assuma jusqu'à _____ retour en France. C'est dans _____ famille que de Gaulle puisera _____ conviction profonde de la grandeur française et de la continuité de la France.

2. Au vestiaire

Vous vous êtes changé(e) précipitamment avant une épreuve sportive. De retour au vestiaire, vous retrouvez les vêtements de vos camarades, mais plus les vôtres. Répondez aux questions à l'aide du verbe *être* + *à* + le nom ou pronom indiquant à qui appartient le vêtement.

EXEMPLE: —**Ces gants, à qui ils sont? (moi)**
             —**Ils sont à moi.**

1. Elodie, ce T-shirt, il est à toi? Non, (Céline).

   _____

2. Et ces baskets, elles sont à Céline aussi? Oui, (elle).

   _____

3. A qui est ce pantalon? A toi, Angélique? Oui, (moi).

   _____

4. Et ces chaussettes? Elles sont à toi? Non, (Matthieu). Quelqu'un est venu les cacher dans le vestiaire des filles. Et ces chaussures aussi, … (lui).

_____

5. Je ne retrouve toujours pas mes affaires. Emilie, est-ce que tu es sûre que ce pull (toi)?

_____

6. Mais non, bien sûr, … (moi), pas … (toi).

_____

3. C'est partout pareil

Vous êtes en vacances dans une famille du Midi de la France. Le fils, curieux de connaître les Etats-Unis, vous pose des questions et vous presse de comparer le Midi de la France et les Etats-Unis. Vous essayez de démontrer que, malgré leurs différences, vos deux pays se valent.

EXEMPLE: **—Et ton père, qu'est-ce qu'il fait? (jouer à la pétanque/jouer au base-ball).**
—Oh! Le tien, il joue à la pétanque; le mien, il joue au base-ball.

1. Et ta mère, qu'est-ce qu'elle fait? (papoter avec les copines/aller au cours du soir).

_____

2. Et votre maison, comment elle est? (avoir un potager derrière/avoir une pelouse et des fleurs).

_____

3. Et tes soirées, comment tu les passes? (regarder la télé/regarder la télé aussi).

_____

4. Et tes parents, qu'est-ce qu'ils font le samedi soir? (dîner chez des amis/aller au café avec des amis).

_____

5. Et tes copines, qu'est-ce qu'elles font? (aller encore à l'école/aller à l'école ou à l'université).

_____

Décidément c'est partout pareil!

… et en route!

1. La kleptomanie, ça existe bel et bien

L'un(e) d'entre vous joue le rôle d'un(e) kleptomane, c'est-à-dire qu'il/elle pense que tout doit lui appartenir, et il/elle vole des articles à ses camarades. Vous pouvez travailler en groupes de quatre, ou bien tous ensemble.

EXEMPLE: Le/La kleptomane: Quel beau livre de français! Mais c'est à moi!
            La victime: Mais non, c'est à moi!
            Camarade: C'est vrai, c'est à lui/elle! Ce n'est pas à toi!
            Le/La 4ᵉ du groupe: Ce n'est pas à toi! C'est à Jean-Pierre! Regarde! Le tien est
                                   sur ta table, devant toi …

2. Le mien, le tien et le sien

Parlez entre vous (y compris votre prof) de vos familles et de vos maisons. L'un(e) d'entre vous note tous les détails et les rapporte ensuite au groupe.

EXEMPLE: **La maison de Roger est assez grande, mais celle de Chantal est petite. La vôtre
            (il/elle indique le prof) est moyenne, et la sienne (il/elle indique un(e) camarade)
            est très vieille. Nos maisons sont toutes bâties en brique (pierre, bois, etc.).**

Continuez à discuter de vos jardins, de vos chambres, de vos salles de séjour, de vos voitures (ou celles de vos parents); vos parents, vos frères et vos sœurs, vos petit(e)s ami(e)s, vos chiens, vos chats, vos autres animaux …

3. Voyager à l'étranger

Les habitudes des pays étrangers sont toujours différentes des nôtres. Si vous avez voyagé dans un pays étranger, faites une comparaison entre les paysages, les habitudes, la vie en général de ce pays et celles du vôtre. Essayez de trouver 10 comparaisons!

EXEMPLE: **L'année dernière je suis allé(e) passer des vacances en Espagne. J'ai observé que
            les heures des repas des Espagnols diffèrent beaucoup des nôtres. Leurs magasins
            restent ouverts le soir plus longtemps que les nôtres, mais la plupart des nôtres
            restent ouverts à l'heure du déjeuner. Les leurs ferment entre 13h00 et 17h00 en
            été!…**

4. Une critique de cinéma

Vous écrivez la critique d'un film (ou bien d'une pièce de théâtre, d'un roman) dans laquelle vous parlez des actions et des attitudes des personnages, et aussi de la réaction de vos camarades. Utilisez le plus grand nombre possible des expressions possessives que vous venez d'étudier.

EXEMPLE: **Il se peut que l'opinion de mes camarades de classe sur ce film soit plus
            constructive que la mienne, mais je vous assure que tout ce que je vous dis est
            mon avis à moi, et à personne d'autre! Le protagoniste doit bien avoir ses propres
            raisons de réagir ainsi à ses problèmes, mais ce sont ses problèmes à lui et pas
            à nous, les spectateurs. Notre problème à nous au cours de ce film, c'est l'ennui
            et l'incrédulité …**

chapter 10

Personal Pronouns

mécanismes

Pronouns stand in place of nouns. The personal pronouns are those meaning "I," "you," "he," "she," etc. In French, there are five types of personal pronoun: subject, direct object, indirect object, reflexive, and disjunctive.

1 Subject	2 Direct object	3 Indirect object	4 Reflexive	5 Disjunctive	
je/j'	*me/m'*	*me/m'*	*me/m'*	*moi*	I/me
tu	*te/t'*	*te/t'*	*te/t'*	*toi*	you (familiar)
il	*le/l'*	*lui*	*se/s'*	*lui*	he/him/it (m)
elle	*la/l'*	*lui*	*se/s'*	*elle*	she/her/it (f)
on			*se/s'*		one (we/you/they)
nous	*nous*	*nous*	*nous*	*nous*	we/us
vous	*vous*	*vous*	*vous*	*vous*	you (formal, plural)
ils	*les*	*leur*	*se/s'*	*eux*	they/them (m)
elles	*les*	*leur*	*se/s'*	*elles*	they/them (f)

(The apostrophe versions are used before a vowel or mute *h*.)

Subject pronouns (Column 1)

Subject pronouns are used as the subject of the verb:

> *Je pense que tu as raison: ils n'arrivent pas aujourd'hui.*
> I think you're right: they're not coming today.

- *Ils* is used for "they" if there is a mixture of genders:

  > *Que diront tes parents? Ils ne diront rien.*
  > What will your parents say? They won't say anything.

- *Il* and *elle* are also the equivalent of "it," depending on the gender of the noun, which also dictates the use of *ils* or *elles* in the plural:

  > *Où est votre voiture? Elle est sur le parking de la mairie.*
  > Where is your car? It's in the town hall parking lot.

  > *Où sont nos valises? Elles sont dans le coffre.*
  > Where are our suitcases? They're in the trunk of the car.

- *Il* is often used to introduce impersonal expressions, such as weather expressions (*il fait beau, il neige*), *il faut, il y a*, etc. It is also used in phrases such as *il est* + adjective. (See Chapter 30 for more information about impersonal verbs, Chapter 45 for more about time expressions, and Chapter 46 for when to use *il est* and when to use *c'est*.)

- Although *on* literally means "one," it is used much more frequently than its English counterpart, often in conversational French for *nous*. (Plural agreement, as if with *nous*, may be used.)

  > *Qu'est-ce que vous avez fait ce matin? Eh bien, on a vu le château, on a pris un café à la terrasse, on s'est promené(s).*
  > What did you do this morning? Well, we visited the castle, we had coffee on the terrace, and we went for a walk.

  On is also used where English would use the passive voice (see Chapter 29).

- Note the need for *-t-* before *il, elle,* and *on* when you invert a present tense ending in *-e* or a future or past historic ending in *-a:*

  > *Ton père, que pense-t-il? Que fera-t-il?*
  > What does your father think? What will he do?

  > —*Que va-t-on faire? demanda-t-elle.*
  > "What are we going to do?" she asked.

- The addition of the disjunctive pronoun for emphasis is discussed below.

Direct object pronouns (Column 2)

The direct object receives the action of the verb:

> I bought the guitar. I bought it.

Except in the affirmative commands (see Chapter 15), object pronouns always come before the verb.

> *Jean-Paul? Mais oui, je le connais bien.*
> Jean-Paul? Yes, I know him well.

> *Il nous connaît depuis des années.*
> He has known us for years.

> *Les fleurs? Je les ai mises dans la salle à manger.*
> The flowers? I've put them in the dining room.

- Since direct object pronouns precede the verb, it may be useful to review the rules for the agreement of the past participle with a preceding direct object in compound tenses (see page 123).

- Note phrases such as *je le sais* (I know), *je le crois* (I think so), and *il le dit* (he says so), which contain the pronoun *le*.

Indirect object pronouns (Column 3)

The indirect object tells to whom or for whom an action is performed. It is usually the equivalent of *à* + a person—"to me," "to him," etc., and occasionally "for us" or "from you," etc.:

> *Nous lui avons envoyé le cadeau.*
> We sent the gift to him/her.

> *Jacques ne m'a rien dit.*
> Jacques didn't say anything to me/told me nothing.

- See page 203 for passive constructions such as:

> *On nous a donné les résultats.*
> We were given the results. (One gave us the results.)

Reflexive pronouns (Column 4)

Reflexive pronouns are dealt with fully in Chapter 23 on reflexive verbs. They can be either the direct or the indirect object:

> *Pendant que je me rasais ce matin, je me suis coupé le menton.*
> While I was shaving this morning I cut my chin.

- Remember that in the affirmative imperative *te* becomes *toi*:

> *Lève-toi!*
> Get up!

But not in *Va-t'en!* (Go away!)

- Remember also that although infinitives are usually given with the third person reflexive pronoun *se*, the reflexive pronoun must change to correspond with the subject of the verb:

> *Quand est-ce que vous allez vous souvenir de cette date?*
> When are you going to remember that date?

Disjunctive pronouns (Column 5)

These are also sometimes known as emphatic pronouns.

a) They are used after prepositions:

> *Je ne peux pas vivre sans toi.*
> I can't live without you.

> *Nous l'avons fait exprès pour eux.*
> We did it purposely for them.

- Note that after verbs expressing motion toward someone, *à* + the disjunctive pronoun is used rather than an indirect object pronoun:

  Je ne sais pas pourquoi vous êtes venu(e) à moi.
  I don't know why you have come to me.

b) To emphasize a subject or object pronoun (we want, I hate her), French uses the disjunctive pronoun:

  Eux, ils ne savent rien à ce sujet! (Or, more colloquially: *Ils ne savent rien à ce sujet, eux!*)
  They know nothing about that!

  Moi, je veux une glace à la fraise! (Je veux une glace à la fraise, moi!)
  I'd like a strawberry ice cream!

  Je la déteste, elle!
  I hate her!

- A disjunctive pronoun may also be used to stress a noun subject:

  Michel, lui, n'en sait rien.
  Michael doesn't know anything about it.

  Or to split a plural subject into its components:

  Nous, toi et moi, n'en savons pas davantage.
  You and I don't know any more.

c) A disjunctive pronoun is used when there is no verb, and after *c'est*:

  Qui? Lui?
  Who? Him?

  Moi aussi! Moi non plus!
  Me too! Me neither!

  Oh, c'est toi!
  Oh, it's you!

d) It is also used in comparisons, after *que:*

  Je suis plus fort(e) en français que toi!
  I'm better at French than you!

e) Add *-même* (plural *-mêmes*) to the disjunctive pronoun, and you have the emphatic "myself," "yourself," etc. These are not reflexive pronouns, they just emphasize the performer of an action:

moi-même	*nous-mêmes*
toi-même	*vous-même(s)*
lui-même	*eux-mêmes*
elle-même	*elles-mêmes*
soi-même (oneself)	

personal pronouns

Tu as fait ça toi-même?
Did you do that yourself?

Il faudra le faire soi-même.
One will have to do it oneself.

---

f) Remember that *moi* and *toi* replace *me* and *te* when they come last in affirmative imperatives (see further explanation in Chapter 15).

Montrez-le-moi.
Show it to me.

Tu or vous

Tu/te/toi are singular pronouns used only when talking to members of your family, close friends, young people of roughly your own age or younger, and pets. You would obviously address your French pen pal as *tu,* but would use **vous** with his or her mother or father. If in doubt, use *vous* until invited to use *tu.*

• Note the verb *tutoyer* means "to use *tu* with someone":

Tu peux me tutoyer.
You can use *tu* with me.

Y and en

Two additional commonly used pronouns, *y* and *en,* also usually precede the verb.

---

a) In addition to meaning "there," *y* replaces *à* or *dans* + a thing, a place, or a verb, but not a person:

Le gros lot! Vous pouvez y songer, mais ça n'arrive pas très souvent!
The jackpot! You can dream of it, but it doesn't happen very often!

Je pensais que je n'allais pas réussir à mon examen, mais j'y ai réussi!
I thought I wasn't going to pass my exam, but I did (pass it)!

Vas-y/Allez-y!
Go ahead/get on with it!

---

b) In a similar way, *en* replaces *de* + a thing, and means "of it/of them," "from it/from them," "some (of it/of them)":

L'explorateur a écrit des livres sur ses aventures en Sibérie. Il en a parlé aussi.
The explorer has written books about his adventures in Siberia. He has talked about them as well.

Il en est revenu tout récemment.
He came back from there recently.

Il a vu des tigres sibériens, mais il a dit qu'il n'en reste que quelques-uns.
He saw some Siberian tigers, but he said that there are only a few of them left.

- Remember that *en* must be included in French to replace the *de* of most expressions of quantity:

    Combien de frères as-tu? J'en ai deux.
    How many brothers do you have? I've got two (of them).

    Je peux vous offrir des pommes de terre. Combien en voulez-vous?
    I can offer you some potatoes. How many (of them) do you want?

    Est-ce qu'il y a des difficultés? Mais oui, il y en a beaucoup!
    Are there any difficulties? Yes, there are a lot (of them).

- Remember *en* replaces *du, de l', de la, des* and does not require past participle agreement in compound tenses.

    Compare:

    Les tomates? Oui, je les ai achetées. (direct object requires agreement)
    The tomatoes? Yes, I bought them.

    Des tomates? Oui, j'en ai acheté. (no agreement)
    (Some) tomatoes? Yes, I bought some.

The order of object pronouns

When more than one object pronoun is used, except in affirmative commands, they come in the order of the columns below. You never use more than two object pronouns together:

me te se nous vous	le la les	lui leur	y	en

    Le secrétaire les leur a envoyés.
    The secretary sent them to them.

    Ils m'y ont vu(e).
    They saw me there.

    Je vous en enverrai.
    I'll send you some.

- In an affirmative command (see page 100), the object pronouns are attached by hyphens to the end of the verb. The order of pronouns is the same, except that *moi* and *toi* replace *me* and *te* and come last, except in combinations with *en*, such as *m'en/t'en:*

    Donnez-le-moi!   *Donnez-m'en.*   *Va-t'en! Allez-vous-en!*
    Give it to me!   Give me some.   Go away!

- Object pronouns come between an auxiliary or other verb and a following infinitive:

    La librairie va me l'envoyer demain.
    The bookstore is going to send it to me tomorrow.

personal pronouns

Nous essaierons de le faire tout de suite.
We'll try and do it right away.

- The combinations *à le/à les* and *de le/de les* do not contract when they occur like this before an infinitive, because *le/les* are object pronouns, not definite articles.

mettez-vous au point!

1. Johnny Halliday

Vous discutez avec votre correspondant(e) des chanteurs/chanteuses français(es), et vous vous étonnez du succès de certains «vieux» chanteurs tels que Johnny Halliday. Dans la conversation ci-dessous, remplacez les blancs par le pronom d'objet direct qui convient.

—Johnny Halliday? Oh oui, je _____ aime beaucoup. Je _____ considère comme l'une des plus grandes stars du rock.

—Mais enfin! Je ne _____ comprends pas. Il est vieux! Il a plus de 50 ans!

—C'est parce que tu ne _____ as vu jamais en scène. C'est un vrai rocker des années 60. D'ailleurs, il _____ fascine tous: mon père, ma mère, ma sœur et moi, surtout mon père.

—Je n'aime pas du tout sa coiffure et ses vêtements.

—Moi, je _____ adore, surtout ses pantalons et ses blousons de cuir. Il a un look d'enfer.

—Je n'aime pas non plus la façon dont il joue de la guitare.

—Sa guitare? Moi, je _____ trouve sublime, et j'adore la façon dont il _____ brandit à la fin de ses chansons.

—Eh bien, écoute! Quand vous irez _____ voir en concert, je _____ laisse y aller seuls. Moi, je reste à la maison!

2. Le mariage d'Isabelle avec Thomas

Les jeunes Français reviennent aux valeurs traditionnelles et rêvent de se marier comme autrefois. Isabelle rêve déjà de son mariage avec Thomas dans six mois. Complétez son monologue intérieur en employant le pronom d'objet indirect qui convient.

«La couturière _____ fera une longue robe blanche et Thomas ira chez le tailleur qui _____ fera un habit sur mesure. Sa mère _____ achètera une chemise et un haut-de-forme. Il sera superbe. Il y aura aussi des garçons d'honneur et des demoiselles d'honneur. Il faudra qu'on _____ fasse de beaux petits ensembles et de belles petites robes et qu'on _____ dise d'être sages et de bien se tenir.

D'abord, on ira à la mairie. Le maire _____ demandera si je veux épouser Thomas, et je _____ dirai que je suis d'accord. Ensuite ce sera le tour de Thomas. Puis, le maire _____ fera un beau discours sur le couple et ils feront une quête au profit des œuvres de la commune. Nous _____ donnerons beaucoup d'argent car ce sera un grand jour pour nous.»

3. Le rêve se poursuit

Cette fois-ci, complétez le texte par un pronom personnel d'objet direct ou indirect.

«Puis, nous irons à l'église. C'est mon père qui _____ amènera jusqu'à l'autel et c'est la mère de Thomas qui _____ conduira, lui. Quand nous entrerons dans l'église, l'orgue _____ accueillera au son de la Marche nuptiale de Mendelssohn. Tous nos invités seront déjà dans l'église. Nous _____ saluerons discrètement en _____ faisant un petit signe de tête. Puis le prêtre bénira nos alliances et _____ dira d'échanger nos promesses de mariage. Je regarderai Thomas et je _____ promettrai de _____ être fidèle et de _____ accompagner toute sa vie. Il _____ regardera et _____ promettra de _____ être fidèle. Nos parents seront très émus et ils _____ féliciteront. Après la cérémonie, nous nous occuperons de nos invités. Nous recevrons leurs cadeaux, nous _____ embrasserons, nous _____ remercierons, nous _____ offrirons un grand vin d'honneur champêtre, puis nous _____ inviterons à un grand banquet qui durera jusqu'à la nuit.»

4. A la biscuiterie

Vous travaillez dans les bureaux d'une petite fabrique de biscuits à Sully-sur-Loire. C'est lundi matin et vous faites le point du travail à faire avec le patron. Répondez aux questions en remplaçant les mots en italique par *y*.

—Avez-vous pensé à commander la farine?
—Oui, j'ai pensé *à le faire,* mais je n'ai pas eu le temps.

_____

—Avez-vous réussi à contacter l'usine anglaise dont vous m'aviez parlé?
—Oui, je suis arrivé(e) *à le faire,* mais le directeur n'était pas là.

_____

—Leur avez-vous laissé notre numéro de téléphone?
—Non, j'ai songé *à le faire,* mais ensuite, j'ai oublié.

_____

—Eh bien, l'affaire est importante! Il faudra veiller *à le faire* demain.

_____

personal pronouns

—Oui, oui, c'est d'accord. Je penserai *à cela* dès que j'arriverai au bureau.

_____

—Etes-vous allé(e) à la poste?
—Oui, je suis allé(e) *à la poste.*

_____

—Etes-vous allé(e) à la banque?
—Oui je suis allé(e) *à la banque* et j'ai déposé tous les chèques que vous m'aviez donnés *au guichet.*

_____

_____

—C'est très bien, je suis content de vous: je veillerai à ce qu'on augmente votre indemnité. C'est promis, je veillerai *à cela.*

_____

_____

5. En visite à Loches

Après avoir visité la belle ville de Loches, vous en parlez à vos amis français. Dans les phrases du dialogue ci-dessous, remplacez les expressions en italique par *en.*

—Alors, tu as fait le tour de Loches?
—Non, je n'ai pas fait le tour *de la ville,* je n'ai visité que quelques rues *de Loches.*

_____

—As-tu vu le château?
—Oui, j'ai admiré les belles tours de pierre *du château.* Le château est un des plus beaux du Val de Loire. Je suis encore tout étonné(e) d'avoir vu cet édifice.

_____

—As-tu vu la vieille ville?
—Oui, j'ai arpenté les rues *de la vieille ville* et j'ai admiré les nombreux hôtels particuliers *de cette cité.*

_____

—Alors, parle-moi *de ce que tu as vu.*

_____

6. Après le tournoi de base-ball

A l'occasion d'un séjour en France, vous êtes allé(e) faire un tournoi de base-ball. Au retour, vos amis français vous questionnent. Répondez en utilisant soit *y,* soit *en,* soit *le.*

—As-tu joué au base-ball?

—Oui, _____ .

—Combien de matchs as-tu faits?

— _____ trois.

—Es-tu fatigué(e)?

—Oui, je _____ .

—Ton équipe a-t-elle gagné plusieurs matchs?

—Oui, elle _____ deux.

—Avez-vous participé à la finale?

—Oui, nous _____ .

—L'entraîneur t'a-t-il dit qu'il était heureux de t'accueillir?

—Oui, _____ .

7. Le retour

Pendant un séjour en France avec votre correspondant(e), son petit frère vous harcèle de questions et d'ordres contradictoires. Comme vous ne lui prêtez aucune attention, il n'arrête pas de répéter tout ce qu'il a déjà dit. Remplacez les groupes de mots soulignés par le pronom qui convient.

EXEMPLE: **Donne ton cadeau à maman! > Donne-le-lui!**

1. Montre-moi tes photos!

_____

2. Montre ta nouvelle chemise à Angélique!

_____

3. Parle-nous de tes vacances!

_____

4. As-tu rapporté du vin pour papa?

_____

5. M'as-tu apporté du saucisson?

_____

6. Sors-nous le Roquefort!

_____

7. Quand nous amèneras-tu dans le Midi?

_____

8. Est-ce que je pourrais t'accompagner aux Etats-Unis?

_____

personal pronouns

8. Quelle indiscipline, ces Français!

Vous avez pris part à un incident en France. Indigné(e), vous le racontez à vos amis. Complétez le texte par un des pronoms personnels: *moi, toi, lui, elle, nous, vous, eux.*

«Je faisais la queue à l'arrêt d'autobus. Il y avait une vieille dame derrière _____. Une jeune femme est arrivée et elle s'est doucement faufilée entre _____ et _____. «Excusez-_____,» lui ai-je dit poliment, «je pense que vous devriez faire la queue comme tout le monde.» «_____, tais-toi,» m'a-t-elle répondu d'un ton fâché, «_____, je fais ce que je veux, d'abord». «Mais non», lui ai-je dit, «si tout le monde faisait comme _____, ce serait la pagaille.» «Alors», a-t-elle repris plus doucement, «ce sont _____, ceux qui sont derrière, qui devraient râler, pas _____ qui êtes devant: je ne vous ai rien fait, à _____.» Voyant que je ne pouvais pas me faire comprendre d'_____, je me suis tu(e).

. . . et en route!

1. A chacun son tour

Vous êtes partis en classe de neige dans les Alpes, où vous êtes logés dans un foyer où tout le monde doit aider à faire le ménage. Le chef de groupe veut vérifier que vous avez fait tout ce qu'il fallait faire. Le chef, c'est votre partenaire.

EXEMPLE: —**Est-ce que tu as lavé la vaisselle?**
              —**Oui, je l'ai lavée.**
              —**Tu as fais des sandwichs?**
              —**Oui, j'en ai fait.**

Continuez à poser des questions. Voici quelques tâches, parmi d'autres que vous pouvez ajouter: essuyer les tables, nettoyer la douche, faire les lits, passer l'aspirateur, laver le carrelage de la cuisine, balayer l'entrée, sécher la vaisselle, vider la poubelle, etc.

2. Un(e) secrétaire pas très compétent(e)

Mettez-vous à deux. L'un(e) de vous (A) sera le patron ou la patronne et l'autre (B) sera le/la secrétaire d'une compagnie. A doit poser des questions qui exigent deux pronoms dans la réponse. Les réponses peuvent commencer par «oui» ou par «non».

EXEMPLE: A: **Avez-vous envoyé un fax à M. Beudet à Grenoble?**
              B: **Oui, je le lui ai envoyé.**
              A: **Avez-vous fait parvenir de la publicité à nos nouveaux clients?**
              B: **Non, je leur en ferai parvenir demain.**
              A: **Avez-vous encouragé les clients à acheter nos produits?**
              B: **Oui, je les y ai encouragés.**

Voici des verbes que vous pourriez employer:

envoyer
écrire
demander
exiger } quelque chose à quelqu'un
décrire
commander

parler à quelqu'un de quelque chose
empêcher qqn de faire qqch
encourager qqn à faire qqch
discuter avec qqn de qqch

3. C'est lui! C'est elle!

Chaque étudiant(e) à son tour décrit un membre de la classe sans le regarder. Les autres doivent deviner qui c'est, en le montrant du doigt.

EXEMPLE: —Il/Elle porte un pull vert, il/elle a les cheveux assez courts, etc.
—Ce doit être elle.
—Ce pourrait être moi!
—C'est toi, Chantal!

4. Quelle quantité!

Travaillez à deux. L'un(e) de vous (A) sera le directeur/la directrice d'un supermarché français et l'autre (B) lui posera des questions sur le nombre d'objets achetés ou vendus dans son supermarché. A doit y répondre en utilisant *en*.

EXEMPLE: B: Combien de kilos de pommes de terre achetez-vous/vendez-vous chaque semaine?
A: J'en achète 2 000!
B: Combien de boîtes de confiture mettez-vous sur les rayons?
A: Nous en mettons 100.

chapter 11

Numerals

mécanismes

Cardinal numbers: counting 1, 2, 3 ...

1	un/une	11	onze	21	vingt et un	31	trente et un
2	deux	12	douze	22	vingt-deux	33	trente-trois
3	trois	13	treize	23	vingt-trois	40	quarante
4	quatre	14	quatorze	24	vingt-quatre	41	quarante et un
5	cinq	15	quinze	25	vingt-cinq	45	quarante-cinq
6	six	16	seize	26	vingt-six	50	cinquante
7	sept	17	dix-sept	27	vingt-sept	51	cinquante et un
8	huit	18	dix-huit	28	vingt-huit	58	cinquante-huit
9	neuf	19	dix-neuf	29	vingt-neuf	60	soixante
10	dix	20	vingt	30	trente	61	soixante et un
						69	soixante-neuf

Take care from here on!

70	soixante-dix	74	soixante-quatorze	78	soixante-dix-huit
71	soixante et onze	75	soixante-quinze	79	soixante-dix-neuf
72	soixante-douze	76	soixante-seize	80	quatre-vingts
73	soixante-treize	77	soixante-dix-sept		

At this point, the 20 cycle is repeated:

81	quatre-vingt-un	90	quatre-vingt-dix	93	quatre-vingt-treize
82	quatre-vingt-deux	91	quatre-vingt-onze	97	quatre-vingt-dix-sept
89	quatre-vingt-neuf	92	quatre-vingt-douze		
100	cent	101	cent un	197	cent quatre-vingt-dix-sept
200	deux cents	205	deux cent cinq	275	deux cent soixante-quinze
300	trois cents	350	trois cent cinquante		
400	quatre cents	414	quatre cent quatorze		

500	cinq cents
688	six cent quatre-vingt-huit
748	sept cent quarante-huit
881	huit cent quatre-vingt-un
999	neuf cent quatre-vingt-dix-neuf
1 000	mille
1 100	mille cent *or* onze cents
1 562	mille cinq cent (*or* quinze cent) soixante-deux
2 000	deux mille
15 195	quinze mille cent quatre-vingt-quinze
1 234 567	un million, deux cent trente-quatre mille, cinq cent soixante-sept

Note the following:

- *Un/une* agrees in gender with any noun it refers to.

- *Le huit, le onze:* not *l'.*

- The *-x-* of *six* and *dix* is silent before a following consonant but is pronounced *z* before a vowel: *six points, dix enfants.*

- 21, 31, etc. = *vingt et un, trente et un,* etc.

- 21–29: The *-t-* in *vingt* is sounded: *vingt-trois.*

- 60–99: Take great care here! The French system takes a little getting used to because two cycles of 20 are used instead of the tens used in English.

- You need to be particularly wary when people are dictating phone numbers. You can't write anything down until you have heard the whole number. *Soixante …* could be leading, for example, to *soixante-six* (66) or *soixante-seize* (76).

- French-speaking Swiss, Belgians, and Canadians use the numbers *septante* (70), *octante* (80) (though Belgians use *quatre-vingts*), and *nonante* (90), but you will get very funny looks if you try to use those numbers in France!

- *Quatre-vingts* (80) and the hundreds from 200 upward with no other number following are written with a final *-s.*

- There is no *et* in 81 and 91 or between the hundreds and a following number: *quatre-vingt-un, quatre-vingt-onze, cent un, deux cent trente.*

- *Mille* never adds *-s: deux mille.* There are two ways to say numbers from 1 100 to 1 900. For instance in the case of 1 200, you can say *mille deux cents* or *douze cents.* Dates, such as 1999, can be expressed as either *mil(le) neuf cent* or *dix-neuf cent quatre-vingt-dix-neuf. Mille* is sometimes written *mil* in dates.

- *Million* adds *s* when it is plural: *deux millions;* if no other number follows, it takes *de* before a noun:

deux millions de personnes	BUT	*deux millions cinq cent mille personnes*
two million people		two million five hundred thousand people

Ordinal numbers: 1st, 2nd, 3rd ...

From 2nd upward, the ordinal numbers are formed by adding *-ième* to the cardinal numbers, after removing the cardinal number's final *-e,* if there is one:

1st	*premier/première*	11th	*onzième*
2nd	*deuxième*	20th	*vingtième*
3rd	*troisième*	21st	*vingt-et-unième*
4th	*quatrième*	99th	*quatre-vingt-dix-neuvième*
5th	*cinquième*	100th	*centième*
9th	*neuvième*	415th	*quatre cent quinzième*

- Note the following spelling adjustments: *cinquième, neuvième.* Also, the *-x-* in *sixième* and *dixième* is pronounced *z.*

The ordinal numbers are adjectives, and therefore agree with their noun, though only *premier* has a distinct feminine form:

le premier car	*la première fois*	*les premières neiges d'hiver*
the first bus	the first time	the first snows of winter

Dernier/dernière (last) behaves like *premier:*

> *C'est le dernier magasin à gauche dans la deuxième rue à droite.*
> It's the last store on the left in the second street on the right.

Second(e) may be used in place of *deuxième* when a series does not go beyond two.

- French ordinal numbers are used much like English ones, except that in dates and references to monarchs, popes, etc., only *le premier* is used—otherwise you use the cardinal numbers:

le premier mai	*le trois avril*	*le vingt-sept juillet*
Jean-Paul premier	*Elisabeth deux*	*Louis quinze*

Collective (approximate) numbers

You can give an approximate, usually round, figure by adding *-aine* to the cardinal number, after removing any final *-e.* Note that these are nouns—expressions of quantity, really—and are always expressed as *une ... -aine* and linked to the noun by *de:*

une douzaine d'œufs	*une quinzaine de jours*	*une vingtaine d'années*
a dozen eggs	about two weeks	twenty or so years

The most commonly used are:

une dizaine	about 10
une douzaine	about 12, a dozen
une quinzaine	about 15, two weeks
une vingtaine	about 20

Then in round tens up to:

une soixantaine	about 60
une centaine	about 100

But *un millier* (about 1000).

There are no forms for 70, 80, 90, or round 100s between 100 and 1000.

> *Il aurait une vingtaine d'années en l'an 2000.*
> He would be about 20 years old in the year 2000.

> *Il y avait une centaine de personnes dans la salle.*
> There were about 100 people in the hall.

> *On voyait des milliers de moutons dans ces prés.*
> You could see thousands of sheep in those fields.

Decimals and fractions

a) In French, the decimal point is written as a comma:

2,7	*deux virgule sept* (English: 2.7)
2,77	*deux virgule soixante-dix-sept* (2.77)
2,777	*deux virgule sept cent soixante-dix-sept* (2.777)

b) Fractions such as halves and quarters are used in French, but smaller fractions such as sixteenths and thirty-seconds are not used as much as in English. A French grade would be written *7,5,* although you would most likely say *sept et demi.*

The most common fractions are:

½	*demi*
¼	*un quart*
¾	*trois quarts*
⅓	*un tiers*
⅔	*deux tiers*

Other fractions, where used, are simply ordinal numbers as in English:

³⁄₁₆	*trois seizièmes*

- *La moitié* is used when referring to a choice of two halves:

> *Tu veux la moitié de mon orange?*
> Would you like half of my orange?

mettez-vous au point!

1.

Ecrivez en mots ou dictez les numéros suivants à un(e) camarade:

a.

21	42	64	71
73	79	69	81
94	85	95	98
88	82	92	99
102	121	157	194
265	276	383	397
401	411	591	584
666	776	898	903
1 005	2 534	4 806	6 084
12 999	254 888	994 743	2 297 176

b.

0,3	1,17	5,91	17,06
45,25	93,93	56,876	0,9384

2.

Lisez à haute voix ou écrivez en toutes lettres les expressions suivantes.

Napoléon III
Le pape Grégoire X
Le roi Louis XIV
Mon 18ᵉ anniversaire
Le 65ᵉ anniversaire de papi
Pour la 100ᵉ fois!
Le 9ᵉ arrondissement de Paris

3.

Ecrivez les années suivantes en toutes lettres, et dites ce qu'elles représentent pour vous:

1066; 1789; 1812; 1914; 1945; 1973; 1997; 2000

... et en route!

1. Tout ce qui vous importe!

Dites à haute voix, puis écrivez en toutes lettres:

1. Votre numéro de téléphone et celui du collège/lycée.
2. L'âge de vos grands-parents.
3. L'année où vous êtes né(e).
4. Votre âge.
5. L'année où nous sommes.
6. Le numéro d'immatriculation de votre voiture (ou celle d'un membre de votre famille).
7. Votre numéro de sécurité sociale.
8. La population de votre ville/village/région.
9. La distance approximative en kilomètres entre votre ville et New York.
10. La distance approximative entre votre ville et New York par la route.
11. Les six numéros que vous choisiriez pour la loterie nationale.
12. La somme d'argent que vous voudriez gagner avec ces numéros!

2. Un peu de maths

Posez des problèmes à vos camarades.

EXEMPLES: **—25 plus 26, ça fait combien? —Ça fait 51.**

—56 moins 23, ça fait combien? —Ça fait 33.

—35 multiplié par 2, ça fait combien? —Ça fait 70.

—120 divisé par 4, ça fait combien? —Ça fait 30.

Pour rendre les questions de plus en plus difficiles, vous pourriez demander: Quelle est la racine carrée/cubique de …?/Quel est le carré/cube de …?

3. Vous n'êtes pas très fort(e) en maths!

Vous travaillez comme serveur/serveuse dans un restaurant en France, mais vous avez du mal à faire les additions pour les clients. Vous présentez une note incorrecte au client, qui, naturellement, proteste. Travaillez par deux, en alternant le rôle de serveur et de client. Utilisez d'abord les deux additions ci-dessous, et puis continuez à en inventer d'autres pleines d'erreurs.

2 × Crudités à 23f	47f
1 × Steak-frites	64f
1 × Coq au vin	68f
2 × Dessert à 26f	54f
2 × Cafés à 12f	22f
	267f

3 × Hors-d'œuvre variés à 27f	84f
1 × Côtelette de porc à 56f	58f
2 × Escalope de veau à 63f	226f
3 × Desserts à 32f	66f
2 × Bières à 11f	23f
1 × Eau de Vittel à 9f	9f
3 × Cafés à 12f	35f
	513f

4. Vous êtes très fort(e) en maths!

Comment peut-on obtenir 20 de neuf manières différentes, en utilisant:

- sur la première ligne, uniquement des 1
- sur la deuxième ligne, uniquement des 2

… et ainsi de suite jusqu'à la 9e ligne, en utilisant seulement des 9. Essayez de ne pas utiliser plus de six fois le même chiffre sur chaque ligne. Décidez entre vous de la manière de le faire.

Voici la première ligne comme exemple:

1. $11 + 11 - (1 + 1) = 20$

2. _____ $= 20$

3. _____ $= 20$

4. _____ $= 20$

5. _____ $= 20$

6. _____ $= 20$

7. _____ $= 20$

8. _____ $= 20$

9. _____ $= 20$

Vous trouverez la solution ci-dessous.

5. Les fractions

Vous êtes instituteur/institutrice et vous inventez des problèmes sur les fractions pour les enfants de l'école primaire (les autres étudiants de votre classe).

EXEMPLE: **—Paul a 12 billes. Pierre en gagne les deux tiers. Combien lui en reste-t-il?**
                  —Il lui en reste quatre.

Solution (question 4)

$$9 + 9 + \tfrac{9}{9} + \tfrac{9}{9} = 20$$
$$8 + 8 + \tfrac{8}{8} + \tfrac{8}{8} + \tfrac{8}{8} + \tfrac{8}{8} = 20$$
$$7 + 7 + 7 - \tfrac{7}{7} = 20$$
$$6 + 6 + 6 + \tfrac{6}{6} + \tfrac{6}{6} = 20$$
$$(5 \times 5) - 5 = 20$$
$$(4 \times 4) + 4 = 20$$
$$3^3 - (3 + 3 + \tfrac{3}{3}) = 20$$
$$22 - 2 = 20$$
$$11 + 11 - (1 + 1) = 20$$

chapter 12

Measures and Dimensions

mécanismes

Length, width, depth, height, thickness, diameter

The most common way to express dimensions is with *avoir* or *faire* + the adjective in some cases or the noun in all cases. Used in this way, the adjective does not agree with the object or person you are describing:

> *La cour a/fait 50 mètres de long/de longueur sur 30 mètres de large/de largeur.*
> The yard is 50 meters long by 30 meters wide.

> *Le lac a/fait 20 mètres de profondeur.*
> The lake is 20 meters deep.

> *La tour a/fait 15 mètres de haut/de hauteur.*
> The tower is 15 meters high.

> *Les murs ont/font 1 mètre d'épaisseur.*
> The walls are 1 meter thick.

> *La table a/fait 1m50 de diamètre.*
> The table is 1.5 meters in diameter.

Note also:

> *Le château a un mur de trente mètres de long, cinq mètres de haut et deux mètres d'épaisseur.*
> The castle has a wall 30 meters long, 5 meters high, and 2 meters thick.

> *La grande salle a/fait trente mètres de long sur quinze mètres de large.*
> The great hall is 30 meters long by 15 meters wide.

Area, volume, capacity

La maison a/fait 50 mètres carrés.
The house is 50 square meters.

Le réservoir a/fait 1000 mètres cube.
The tank is 1,000 cubic meters.

La bouteille fait un litre.
The bottle's a liter/It's a liter bottle.

Le flacon fait 150 millilitres.
It's a 150-milliliter bottle.

Le chauffe-eau est un 300 litres.
The boiler's 300 liters/It's a 300-liter boiler.

Le congélateur est un 3000 litres.
The freezer is 3000 liters/It's a 3000-liter freezer.

La moto est une 500 centimètres cube.
It's a 500 cc motorbike.

Shapes

Le nom		L'adjectif	
un carré	a square	*carré(e)*	square
un rectangle	a rectangle	*rectangulaire*	rectangular, oblong
un triangle	a triangle	*triangulaire*	triangular
un cercle	a circle	*circulaire, rond(e)*	circular, round
un(e) sphère	a sphere	*sphérique*	spherical
un ovale	an oval	*ovale*	oval
un polygone	a polygon	*polygonal(e)*	polygonal
un pentagone	a pentagon	*pentagonal(e)*	pentagonal
un cube	a cube	*cubique*	cubic
un cylindre	a cylinder	*cylindrique*	cylindrical
un losange	a rhomboid	*rhomboïdal(e)*	rhomboid

Measures

un millimètre	*un centimètre*	*un mètre*	*un kilomètre*
un millilitre	*un centilitre*	*un litre*	
un milligramme	*un centigramme*	*un gramme*	*un kilo(gramme)*

Percentages

En janvier on fait des remises de 30 pour cent sur les vêtements.
In January there are discounts of 30 percent on clothes.

La T.V.A. (Taxe sur la valeur ajoutée) en France s'élève à 18,6 pour cent.
The value-added tax in France is 18.6 percent.

Dans ce magasin, les familles nombreuses peuvent bénéficier d'une réduction de 5 pour cent.
In this store, large families can get a discount of 5 percent.

mettez-vous au point!

1. Mesures nécessaires

Donnez les dimensions des objets illustrés ci-dessous.

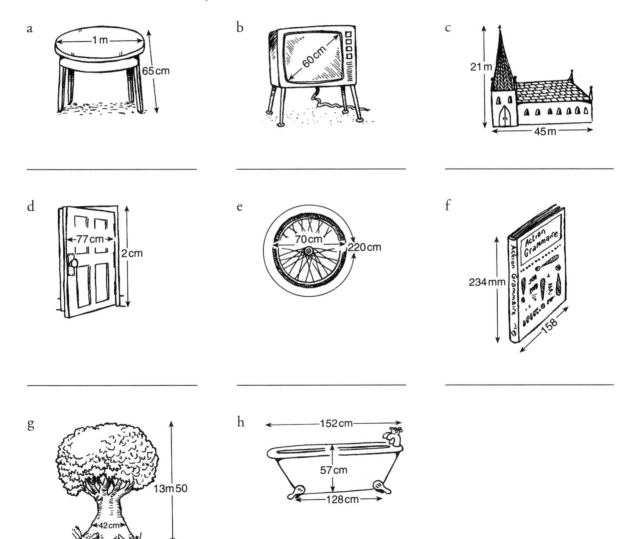

a _____

b _____

c _____

d _____

e _____

f _____

g _____

h _____

2. Les plans de l'appartement

Voici les plans d'un nouvel appartement avec sa terrasse. Donnez toutes les mesures en français.

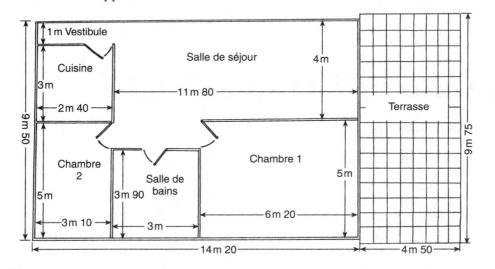

_____

_____

_____

_____

3. *X* pour cent

Calculez le pourcentage des nombres suivants. Vous pouvez vous servir d'une calculatrice!

EXEMPLE: **15:30—ça fait cinquante pour cent.**

a) 2:8   b) 4:12   c) 7:35   d) 9:90
e) 28:140   f) 198:200   g) 392:400   h) 48:192
i) 157:203   j) 1987:2375   k) 1100:1000   l) 2499:1998

... *et en route!*

1. Prenez des mesures

Décrivez la forme et prenez les mesures métriques les plus exactes possibles des objets suivants.

EXEMPLE: **la table où vous travaillez**
            Elle est rectangulaire. Elle a/Elle fait un mètre de long sur soixante centimètres de
            large et quatre-vingt-six centimètres de haut.

a. la salle où vous vous trouvez en ce moment
b. une des fenêtres de la salle où vous travaillez

c. votre crayon ou bic
d. ce livre
e. le tiroir d'une table
f. votre chaise
g. l'horloge ou votre montre
h. une pièce de 25 centimes américains ou de deux francs français
i. une balle de golf ou de tennis, un ballon de football ou de basket

2. Puzzle liquide

Vous avez deux bouteilles d'un litre, chacune pleine de lait. Vous disposez de deux mesures vides, dont la capacité est respectivement de 40 et de 70 centilitres. En n'utilisant que ces quatre récipients, vous voulez verser 30 centilitres de lait dans chacune des deux mesures.

Aucune goutte de lait ne doit être versée ailleurs que dans les bouteilles et les mesures. A la fin des opérations, les deux mesures doivent contenir en même temps chacune 30 centilitres de lait.

Essayez de réaliser la chose en six opérations. Décidez entre vous en français de la façon dont vous allez procéder.

Vous trouverez la solution à la page 82.

3. Les exportations

a. Vous travaillez pour une société qui exporte ses produits en France. D'abord décrivez à un(e) camarade (le patron/la patronne d'une société française) les produits qui sont illustrés ci-dessous, en donnant les détails de leurs dimensions, matériaux de fabrication, couleurs possibles, usage et prix.

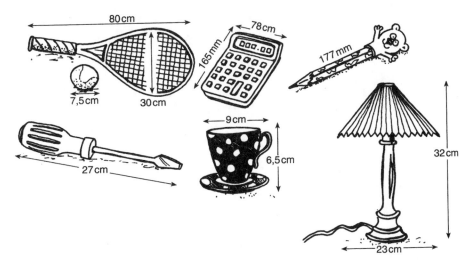

Il est possible que votre prof vous donne quelques autres objets à vendre …

measures and dimensions

b. Plus tard vous parlez au téléphone avec la société en France pour vérifier les prix en devises américaines et françaises. Regardez d'abord dans un journal pour vérifier le taux de change du dollar et du franc français.

EXEMPLE: **Si un dollar vaut cinq francs, \$20,35 (vingt dollars et trente-cinq centimes) font 101,75F (cent un francs, soixante-quinze centimes).**

Voici les prix que vous devez changer:

\$7.89   \$11.45   \$45.98   \$67.90   \$78.75   \$342.99   \$5674.62

c. Maintenant convertissez ces prix en francs belges, car demain il vous faudra téléphoner à une société à Liège, en Belgique francophone! Disons que le taux de change est de 30,00 francs belges pour un dollar.

Solution (Activity 2)

Voici, sur les lignes successives de ce tableau, les six opérations (les volumes sont en centilitres):

Bouteille de 1 litre	Bouteille de 1 litre	Mesure de 40 cl	Mesure de 70 cl
100	100	0	0
100	60	40	0
100	0	40	60
90	0	40	70
90	40	0	70
90	40	40	30
100	40	30	30

chapter 13

Other Determiners

mécanismes

The articles, demonstratives, possessives, and numbers dealt with in previous chapters can be grouped together under the heading of "determiners," because they specify, or determine, certain information about the noun(s) they qualify. Although they behave as adjectives in that they agree in gender and number, they do not fully describe a noun the way an actual adjective does. Many of them, such as the possessives and demonstratives, also have a corresponding pronoun form to replace the noun they qualify.

This chapter considers other determiners that do not fall into any of the preceding groups.

Chaque and *chacun*

The adjectival form *chaque* means "each" or "every" and is used only in the singular:

> *Chaque fois que je vais en ville, je m'achète quelque chose.*
> Each/Every time I go into town, I buy myself something.

> *Chaque enfant recevra un cadeau.*
> Each/Every child will receive a gift.

Chacun(e) is the pronoun form, and means "each (one)/every one." It takes its gender from the noun it replaces:

> *Chacune de ces filles recevra un cadeau.*
> Each/Every one of these girls will receive a gift.

> *Nous allons donner un cadeau à chacune.*
> We're going to give a gift to each (one).

Tout

Tout/tous/toute/toutes means "all," but when used in the plural it can be the equivalent of "every." Note the masculine plural *tous:*

Tous les enfants recevront un cadeau.
All the children/Every child will receive a gift.

Toute la classe était là.
All the class/The whole class was there.

Nous avons essayé toutes les méthodes.
We've tried all methods/every method.

Tout is occasionally used in the singular in formal notices, warnings, etc. In such cases, it means "any":

Tout élève introduisant des armes dans l'établissement scolaire en sera exclu définitivement.
Any student bringing weapons into the school will be expelled.

- Note the difference between *tous les jours* (every day) and *toute la journée* (all day [long]).

Tout is a pronoun meaning "everything"; it takes a singular verb:

Tout est en règle.
Everything is in order.

- Both *tout le monde* and *tous* mean "everyone, everybody," but *tout le monde* is more commonly used and is singular; *tous* is plural and is sometimes used emphatically:

Tout le monde est venu.
Everyone came.

Tous sont venus/Ils sont tous venus.
Everyone came/They all came.

When *tous* is used this way, the final *s* is pronounced.

- *Tout ce qui/tout ce que* means "all that," "everything that":

Tu as oublié tout ce que je t'ai dit!
You've forgotten all that I told you!

- *Tout* can also be used adverbially to mean "very" or "all." In such cases, it agrees only in the feminine singular before a feminine singular adjective beginning with a consonant or an aspirate *h:*

Les enfants étaient tout excités.
The children were all excited.

Marie-Françoise était toute contente.
Marie-Françoise was very pleased.

Tout à fait means "quite" in the sense of "completely":

Ils étaient tout à fait inconscients du danger.
They were quite unaware of the danger.

Tel/tels/telle/telles

Note that the indefinite article *un(e)* or partitive article *de/d'* precedes *tel/tels/telle/telles:*

Avez-vous jamais vu une telle chose?
Have you ever seen such a thing?

> *Mais il raconte de tels mensonges!*
> But he tells such lies!

Tel que, used without the indefinite article, means "such as," "such that," or "the likes of which":

> *C'était une scène telle que je n'avais jamais vue.*
> It was a scene the likes of which I'd never seen.

- Take care, because *tel* is the equivalent only of "such/such a" + a noun. To translate "such (a)" + adjective + noun, you use *si:*

> *C'était une si belle scène.*
> It was such a beautiful scene.

Plusieurs, quelque(s), and quelques-uns/quelques-unes

Plusieurs (invariable) has no singular and no separate feminine plural. It means "several" and can be used with or without a noun:

> *Ça fait plusieurs années que nous étudions le français.*
> We've been studying French for several years.

> *On m'a offert des magazines français, mais j'en ai déjà plusieurs.*
> I was offered some French magazines, but I've already got several.

Quelque means "some" and is a shade more emphatic than the partitive article *du/de la/des.* In the plural it can also mean "a few":

> *Robert a eu quelque difficulté à se faire admettre.*
> Robert had some difficulty getting in.

> *Nous avons vu quelques animaux dans la réserve, mais pas beaucoup.*
> We saw a few animals in the preserve, but not many.

- It can also be used to give an approximate number:

> *Il y a quelques 150 arbres dans ce jardin.*
> There are some 150 trees in that garden.

- The pronoun form of *quelques* is *quelques-uns/quelques-unes,* meaning "some," "a few":

> *Avez-vous vu des tigres? Oui, nous en avons vu quelques-uns.*
> We saw a few (of them).

> *Quelques-unes des girafes étaient très grandes!*
> Some of the giraffes were very tall!

- Remember also: *quelqu'un* (somebody/someone), *quelque chose* (something), *quelque part* (somewhere), and—all one word—*quelquefois* (sometimes).

- Note the difference:

> *Quelquefois nous allons en Vendée passer quelque temps au bord de la mer.*
> Sometimes we go to Vendée to spend some time at the seaside.

Autre(s)

Autre means "other" and occurs either as *l'autre/les autres* (the other[s]) or *un(e) autre* (another), *d'autres* ([any] other). It can be either an adjective:

> *L'autre idée serait de ne rien faire.*
> The other idea would be to do nothing.

> *Avez-vous d'autres idées?*
> Do you have (any) other ideas?

Or a pronoun:

> *Donnez-moi les autres.*
> Give me the others.

Aucun

Aucun(e) is a negative determiner—see Chapter 37.

mettez-vous au point!

1. Pas facile d'être élève dans une école française!

On vous a accepté comme auditeur libre dans une classe de 3ᵉ d'un collège en France. Vous écrivez à votre professeur de français aux Etats-Unis (en français, bien entendu!) pour lui parler de votre vie là-bas. Vous compléterez cette lettre avec la forme adéquate de *tout*.

_____ les matins, il faut être à l'école à 8h10, pour commencer les cours à 8h15. _____ les élèves se mettent en rangs dans la cour et _____ les professeurs viennent les chercher pour les accompagner dans les classes. _____ élève qui arrive en retard doit aller chercher un «billet de rentrée», au bureau des surveillants. A _____ les récréations, il faut descendre dans la cour, et _____ les midis il faut encore se mettre en rangs pour déjeuner à la cantine. _____ les après-midi, il faut rester à l'école jusqu'à 16h45. C'est très long! Je ne m'habitue pas du _____ au rhythme scolaire français. Heureusement, on est libre _____ les mercredis. Le samedi matin, les élèves sont _____ excités car ils auront un week-end d'une journée et demie! Alors, ils peuvent rester au lit, aller à la piscine et faire _____ ce qu'ils veulent.

2. Candidat aux présidentielles—pas facile!

Dans le texte suivant concernant le dur métier de candidat à la présidence de la République française, vous remplacerez *chaque* ou *chacun* par *tout, tous, toute, toutes*. Attention! Il faudra quelquefois mettre le verbe, le nom et l'adjectif au pluriel.

A *chaque* _____ campagne électorale, c'est la même chose: pour *chaque* _____ candidat, c'est le même marathon: il faut courir vite sans s'essouffler. Pour être officiellement candidat, *chaque* _____ prétendant au poste doit avoir recueilli 50 signatures de 50 maires de communes françaises. Ceci est facile pour les «grands» candidats des partis politiques, mais ça l'est beaucoup moins pour les candidats des formations minoritaires. *Chaque* _____ démarche, *chaque* _____ prise de parole est importante pour le candidat. Il faut que *chaque* _____ Français puisse se reconnaître en lui. Alors le candidat multiplie les occasions d'apparaître en public. Il assiste aux matchs de football, à l'arrivée des courses cyclistes, déjeune avec les SDF; *chaque* _____ prétexte est bon pour montrer qu'il est proche du peuple. *Chaque* _____ électeur l'admire en secret et pense qu'il a une santé de fer, mais au moment de mettre le bulletin de vote dans l'urne, ce n'est pas le folklore de la campagne qui compte, ce sont les convictions profondes de *chacun* _____.

3. La Bibliothèque nationale de France (la BNF)

Il s'agit de la plus grande réalisation architecturale de François Mitterrand. Remplacez les blancs par les adjectifs indéfinis suivants: *chaque, chacun(e), tout(e), tel(le), plusieurs, quelques, aucun(e).*

_____ président cherche à marquer son septennat par une œuvre architecturale. Pour Pompidou, ce fut Beaubourg. Pour Mitterrand, ce fut d'abord la pyramide du Louvre, puis, en 1995, la Bibliothèque nationale de France. _____ les touristes en visite à Paris ont déjà pu admirer la pyramide du Louvre. La BNF, elle, est plus particulièrement réservée aux Français, lecteurs et chercheurs. _____ architectes souhaitaient réaliser le projet. Ce fut Dominique Perrault qui l'emporta. Au total, la bibliothèque pourra accueillir _____ 3 592 personnes à la fois. Les rayonnages couvrent _____ 400 km dont plus de la moitié étaient encore disponibles à l'ouverture en mars 1995. La bibliothèque se compose de galeries et de quatre tours de verre dont _____ comporte 18 étages. Entre ces quatre tours, un espace sacré, un jardin de 12 000 m², peuplé de _____ 120 arbres venus pour la plupart de Normandie. Un _____ projet devait tenir compte des problèmes de température et d'hygrométrie. _____ les ouvrages sont protégés de l'humidité et maintenus à la température de 18 degrés. _____ ouvrage ne subira l'agression du soleil ou les moisissures. On attend plus d'un million de lecteurs par an. _____ autre bibliothèque au monde n'a l'ambition de toucher un public aussi nombreux.

... et en route!

1. Chacun à son goût

Vous venez de faire un voyage avec vos camarades de classe ou votre club de jeunes, mais tout le monde n'a pas fait la même chose tout le temps. Vous écrivez une lettre, en décrivant vos activités. Ecrivez 300 mots sur ce que vous avez fait, en utilisant quelques-unes des expressions que vous venez d'étudier.

EXEMPLE: **Tout le monde s'est rassemblé sur la place vers sept heures du matin. Quelques-uns de mes copains portaient un short, d'autres un jean. Plusieurs avaient apporté un instrument ...**

2. La kermesse

Vous préparez une kermesse pour l'école, et vous vous réunissez avec vos camarades afin de l'organiser. Apportez vos idées.

EXEMPLE: **—Chacun doit faire un gâteau pour vendre à la kermesse.**
—Tout le monde doit apporter de vieux vêtements ...

3. Minuit moins cinq

Il est presque trop tard. Comme prévu, la population du monde n'a pas cessé d'augmenter, et les ressources naturelles de la planète ne sont qu'à quelques années de s'épuiser. Vous représentez votre pays à une conférence mondiale sur la distribution équitable des ressources qui restent, et vous proposez le rationnement de la nourriture et des produits basés sur les ressources non remplaçables.

Discutez entre vous, et faites une liste de vos propositions, en utilisant une variété d'adjectifs et de pronoms indéfinis.

EXEMPLE: **—Je crois que chacun devrait recevoir cinq litres d'essence par semaine.**
—Il faudrait rationner le pain à quelques tranches pour chaque personne par semaine.
—Toute personne ne pouvant produire son carnet de rationnement ne recevra rien.

chapter 14

The Present Tense

mécanismes

Uses

---

a) The present tense is used to say what is going on at the present time:

> *Aujourd'hui M. et Mme Lechat font leurs courses au supermarché.*
> Today Mr. and Mrs. Lechat are doing their shopping at the supermarket.

> *M. Lechat coupe la haie.*
> Mr. Lechat is cutting the hedge.

> *Leur fille étudie l'anglais à l'université.*
> Their daughter is studying English at the university.

• There are no progressive tenses in French, so the present tense is the equivalent of the English "is cutting," "is studying." However, if you really want to stress the "ongoingness" of an action, you can use *être en train de* + the infinitive:

> *M. et Mme Lechat sont en train de faire leurs courses.*
> Mr. and Mrs. Lechat are (in the process of) doing their shopping.

> *M. Lechat est en train de couper la haie.*
> Mr. Lechat is (in the process of) cutting the hedge.

---

b) The present tense is used to say what happens at certain intervals (sometimes, always, often, usually, never):

> *Les Lechat vont souvent au Super-U, mais quelquefois ils préfèrent l'Intermarché.*
> The Lechats often go to Super-U, but sometimes they prefer Intermarché.

> *D'habitude leur fille rentre à la maison par le car; elle ne revient jamais en autostop.*
> Usually their daughter comes home by bus; she never hitchhikes home.

c) The present tense is used to state general truths where the time when they occur is of no consequence:

> *La neige est blanche. Il y en a beaucoup dans les Alpes. On en a besoin pour pouvoir faire du ski.*
> Snow is white. There's a lot of it in the Alps. You need it to be able to ski.

d) The present tense is used to denote an action in the immediate future, as in English:

> *A quelle heure partez-vous? Nous partons vers 14 heures.*
> What time are you leaving? We're leaving about 2 P.M.

> *Que faites-vous ce week-end? Nous repeignons la salle de bains!*
> What are you doing this weekend? We're painting the bathroom!

e) The present tense is used to express one-time past events, instead of the passé composé or historic past, to bring the narrative to life:

> *Alors, le lundi suivant, je vais au marché, et je rencontre ... M. Lechat!*
> So, the next Monday, I went (go) to the market, and who did (do) I meet ... Mr. Lechat!

f) The present tense is used to say how long something has been going on, if the action is still in progress (caution here, because English uses the past):

> *Depuis quand vous savez ça? Nous le savons depuis plus d'un mois.*
> How long have you known that? We've known it for over a month (and still know it).

> *Depuis combien de temps apprenez-vous le français? Il y a maintenant six ans que je l'apprends.*
> How long have you been learning French? I've been learning it for six years now (and am still learning it). (See also Chapter 39.)

Formation

a) Regular verbs

The vast majority of French verbs follow one of the three patterns, or conjugations, listed below. We can call them, for convenience, regular *-er*, *-ir*, and *-re* verbs, according to their infinitive (see Chapter 24).

-er verbs	*-ir* verbs	*-re* verbs
donner to give	*remplir* to fill	*vendre* to sell
je donne tu donnes il/elle donne nous donnons vous donnez ils/elles donnent	je remplis tu remplis il/elle remplit nous remplissons vous remplissez ils/elles remplissent	je vends tu vends il/elle vend nous vendons vous vendez ils/elles vendent

Note:

- *-er* verbs: The *-e* of the singular endings *-e, -es, -e* is silent.
- The *-er* third person singular inserts a *-t-* in the inverted question form: *donne-t-il?* (see also Chapter 42 on question forms).
- *-ir* verbs: The *-s, -s, -t* pattern of the singular of *-ir* verbs is also a very common one in many irregular verbs.
- *-re* verbs: With these verbs there is a similar pattern—the singular endings *-s, -s,* then just the *-d* of the stem, with no additional ending.
- The *nous* form (first person plural) ends in *-ons* in all verbs except *être* (*nous sommes*), but note the additional syllable in *-ir* verbs: *nous finissons.*
- The *vous* form (second person plural) usually ends in *-ez,* but again, note the *-issez* form in *-ir* verbs.
- The *ils/elles* form (third person plural) usually ends in *-ent.* The *-e-* of the *-ent* is almost silent, and the *-nt* not sounded, though the *-t* would be heard when the verb is inverted in a question: *vendent-ils?*
- For further observations on the use and forms of the present tense in questions see Chapter 42.

b) Patterns

We have already established some patterns in the regular verbs listed above: for example, the *-e/-es/-e* of *-er* verbs, or the *-s/-s/-t* of *-ir* verbs, *nous ... ons, vous ... ez, ils/elles ... ent* for almost all verbs.

Some groups of French verbs often listed as irregular have a perfectly predictable pattern of irregularity, and once this is understood, the system is simpler than you might think. It is often better to learn your French verbs grouped like this by tense, rather than to treat each as a separate entity that has to be learned in all parts whether it is irregular or not. See the verb list at the end of the book (pages 317–339).

c) Spelling change pattern, *-er* verbs: 1–2–3–6 verbs

Many verbs have changes in sound and/or spelling that occur in all the singular forms and the third person plural (forms 1, 2, 3, and 6 when in table form), hence the name 1–2–3–6 verbs. Some teachers even call them "boot" verbs, because if you draw a line around the affected parts, you get the shape of a boot. We could, for example, draw a line around the forms of *jeter* where the *-t-* doubles to *-tt-* in forms 1, 2, 3, and 6:

jeter	1	*je jette*	4	*nous jetons*
	2	*tu jettes*	5	*vous jetez*
	3	*il/elle jette*	6	*ils/elles jettent*

There are a number of such groups of *-er* verbs that are otherwise perfectly regular in the present tense. They all involve a spelling change, and in most of them the sound of the preceding *-e-* changes from a mute *e* to an open *e,* as follows:

- Double consonant, as in *jeter,* above:

appeler	*j'appelle*	*nous appelons*
	tu appelles	*vous appelez*
	il/elle appelle	*ils/elles appellent*

  + *rappeler, épeler, grommeler,* and others ending in *-eler.*

present tense

- Add a grave (`) accent, to open the sound of the mute *e*:

acheter	*j'achète*	*nous achetons*
	tu achètes	*vous achetez*
	il/elle achète	*ils/elles achètent*

+ *mener, amener, emmener, se promener, harceler, semer, lever, élever, relever, soulever, achever, crever,* and others ending in *-ener, -ever, -ecer, -eter*.

- Change an acute (´) accent to a grave (`) accent, to open the closed *e*:

céder	*je cède*	*nous cédons*
	tu cèdes	*vous cédez*
	il/elle cède	*ils/elles cèdent*

+ *posséder, considérer, espérer, se désespérer, exagérer, protéger, répérer, répéter,* and many others.

- Remember: You can hear the changes in the above types of verbs. See also Chapter 47 on French spelling.

- Some *-er* verbs have no audible sound change, but make a spelling change from the *-y-* of the infinitive to *-i-* in these same (1–2–3–6) forms:

employer	*j'emploie*	*nous employons*
	tu emploies	*vous employez*
	il/elle emploie	*ils/elles emploient*

+ *nettoyer, appuyer, ennuyer, essuyer,* and other verbs ending in *-oyer* and *-uyer; essayer* and *payer* have the option *-aie* or *-aye*.

---

d) Other points to watch when writing otherwise perfectly regular *-er* verbs:

- To keep the *-c-* soft, verbs ending in *-cer* (such as *commencer*) have a cedilla in the *nous* form: *nous commençons*. This affects *annoncer, avancer, lancer, placer, se déplacer, foncer, grimacer, grincer, menacer, pincer, rincer,* and many others.

- To keep the *-g-* soft, verbs ending in *-ger* (such as *manger*) add an *e* in the *nous* form: *nous mangeons*. This affects *affliger, arranger, bouger, charger, envisager, partager, protéger, ranger, recharger, rédiger, songer, soulager,* and many others.

---

e) Irregular *-ir* verb patterns

- There is a group of verbs that have the following pattern:

partir	*je pars*	*nous partons*
	tu pars	*vous partez*
	il/elle part	*ils/elles partent*

In other words, they have the established *-s, -s, -t* pattern, without the *-i-* or *-iss-* of the regular *-ir* verbs. Remove the ending and the preceding consonant in the singular and add *-s, -s, -t;* in the plural keep the consonant and add the normal endings *-ons, -ez, -ent*. Other verbs in this group are *dormir, s'endormir, mentir, se repentir, sortir, sentir, ressentir, servir, desservir*.

- *Courir* is similar in the present, but keeps the *-r-* throughout: *je cours ... nous courons ...* etc.

- There is a small group of *-ir* verbs that take *-er* endings in the present:

ouvrir	*j'ouvre*	*nous ouvrons*
	tu ouvres	*vous ouvrez*
	il/elle ouvre	*ils/elles ouvrent*

Also: *couvrir, découvrir, offrir, souffrir; accueillir, assaillir, cueillir.*

---

f) Irregular *-re* verb patterns

- There is a small group of verbs ending in *-aindre, -eindre,* or *-oindre* that have the following pattern:

peindre	*je peins*	*nous peignons*
	tu peins	*vous peignez*
	il/elle peint	*ils/elles peignent*

Note the *-s, -s, -t* of the singular, but the plural keeps *-aign-, -eign-,* or *-oign-* throughout.

Also: *contraindre, craindre, éteindre, joindre, (se) plaindre, (se) restreindre.*

Irregular verbs

---

a) Verbs with irregular stems but predictable endings: 1–4–6 verbs

The verbs in this group either have an infinitive from which it is impossible to predict the present stems or their stem changes in an unexpected way. You need to know the stem for the first singular, the first plural, and the third plural (1–4–6), but the endings will always be *-s, -s, -t* (verbs ending in *-dre* such as *prendre* have *-d*), *-ons, -ez, -ent.* Some have also a 1–2–3–6 pattern, although this pattern is sometimes broken by an unpredictable third person plural. Always pay attention to the *ils* form, because there is often a surprise!

acquérir: **j'acquiers,** tu acquiers, il acquiert, **nous acquérons,** vous acquérez, **ils acquièrent**
    (+ *conquérir, requérir*)
s'asseoir: **je m'assieds,** tu t'assieds, il s'assied, **nous nous asseyons,** vous vous asseyez, **ils s'asseyent;** or:
    je m'assois, tu t'assois, il s'assoit, **nous nous assoyons,** vous vous assoyez, **ils s'assoient**
boire: **je bois,** tu bois, il boit, **nous buvons,** vous buvez, **ils boivent**
conclure: **je conclus,** tu conclus, il conclut, **nous concluons,** vous concluez, **ils concluent**
conduire: **je conduis,** tu conduis, il conduit, **nous conduisons,** vous conduisez, **ils conduisent**
    (+ *déduire, détruire, luire, produire, réduire, reproduire, traduire*)
connaître: **je connais,** tu connais, il connaît (note the accent), **nous connaissons,** vous connaissez,
    ils connaissent (+ *reconnaître, paraître, apparaître, comparaître, reparaître*)
coudre: **je couds,** tu couds, il coud, **nous cousons,** vous cousez, **ils cousent**
croire: **je crois,** tu crois, il croit, **nous croyons,** vous croyez, **ils croient**
croître: **je crois,** tu crois, il croît, **nous croissons,** vous croissez, **ils croissent** (+ *accroître*)
devoir: **je dois,** tu dois, il doit, **nous devons,** vous devez, **ils doivent**
écrire: **j'écris,** tu écris, il écrit, **nous écrivons,** vous écrivez, **ils écrivent** (+ *décrire, inscrire, prescrire,*
    proscrire, souscrire)
falloir (impersonal): il faut (only)
fuir: **je fuis,** tu fuis, il fuit, **nous fuyons,** vous fuyez, **ils fuient** (+ *s'enfuir*)
haïr: **je hais,** tu hais, il hait, **nous haïssons,** vous haïssez, **ils haïssent**

mettre: **je mets,** tu mets, il met, **nous mettons,** vous mettez, **ils mettent** (+ *admettre, commettre, émettre, remettre, omettre, soumettre*)

mourir: **je meurs,** tu meurs, il meurt, **nous mourons,** vous mourez, **ils meurent** (1–2–3–6)

mouvoir: **je meus,** tu meus, il meut, **nous mouvons,** vous mouvez, **ils meuvent** (1–2–3–6) (+ *émouvoir, promouvoir*)

plaire: **je plais,** tu plais, il plaît, **nous plaisons,** vous plaisez, **ils plaisent** (+ *déplaire*)

pleuvoir (impersonal): il pleut (only)

prendre: **je prends,** tu prends, il prend, **nous prenons,** vous prenez, **ils prennent** (+ *apprendre, comprendre, reprendre*)

recevoir: **je reçois,** tu reçois, il reçoit, **nous recevons,** vous recevez, **ils reçoivent** (+ *apercevoir, décevoir, concevoir, décevoir, percevoir*)

résoudre: **je résous,** tu résous, il résout, **nous résolvons,** vous résolvez, **ils résolvent** (+ *absoudre, dissoudre*)

rire: **je ris,** tu ris, il rit, **nous rions,** vous riez, **ils rient**

rompre: **je romps,** tu romps, il rompt, **nous rompons,** vous rompez, **ils rompent** (+ *corrompre, interrompre*)

savoir: **je sais,** tu sais, il sait, **nous savons,** vous savez, **ils savent**

suivre: **je suis,** tu suis, il suit, **nous suivons,** vous suivez, **ils suivent** (+ *poursuivre*)

venir: **je viens,** tu viens, il vient, **nous venons,** vous venez, **ils viennent** (+ *convenir, devenir, intervenir, revenir, tenir, contenir, maintenir, obtenir, retenir*)

vaincre: **je vaincs,** tu vaincs, il vainc, **nous vainquons,** vous vainquez, **ils vainquent** (+ *convaincre*)

vivre: **je vis,** tu vis, il vit, **nous vivons,** vous vivez, **ils vivent** (+ *revivre, survivre*)

voir: **je vois,** tu vois, il voit, **nous voyons,** vous voyez, **ils voient** (+ *prévoir, revoir, pourvoir*)

- The following have *-x, -x, -t* in the singular and a 1–2–3–6 vowel pattern:

  pouvoir: **je peux** (but: puis-je?), tu peux, il peut, **nous pouvons,** vous pouvez, **ils peuvent**

  vouloir: **je veux,** tu veux, il veut, **nous voulons,** vous voulez, **ils veulent**

b) Unpredictable verbs

The following present tenses should be memorized because they follow no predictable pattern:

aller: je vais, tu vas, il va (va-t-il?), nous allons, vous allez, ils vont

avoir: j'ai, tu as, il a (a-t-il?), nous avons, vous avez, ils ont

être: je suis, tu es, il est, nous sommes, vous êtes, ils sont

faire: je fais, tu fais, il fait, nous faisons, vous faites, ils font (+ *refaire, satisfaire*)

Note also:

dire: je dis, tu dis, il dit, nous disons, vous dites, ils disent (although its compounds—*contredire, interdire, maudire, prédire*—have *vous contredisez,* etc.)

mettez-vous au point!

1. Le départ

Marie-Claire prépare le commentaire d'un film-vidéo qu'elle a fait avec ses frères sur leurs dernières vacances. Aidez-la à le rédiger, en mettant les verbes au présent.

1. Aujourd'hui je (partir) _____ en vacances.

2. Je (aller) _____ à Collonges-la-Rouge, le village où est né mon père.

3. Mes parents (se lever) _____ de bonne heure car ils (craindre) _____ les embouteillages.

4. Voilà mes frères et moi: nous (charger) _____ le coffre de la voiture.

5. Puis maman (donner) _____ le signal de départ.

6. Aujourd'hui, nous (prendre) _____ l'autoroute du Sud pour aller plus vite.

7. Papa (mettre) _____ de l'essence dans une station-service et nous (boire) _____ un café.

8. A la sortie de l'autoroute, nous (perdre) _____ du temps car il y a la queue au péage.

9. Ensuite, nous (avancer) _____ lentement dans la montagne pour arriver à Collonges. Bientôt, le paradis de notre maison perdue!

10. Le lendemain, mes parents (faire) _____ la grasse matinée, mes frères (prendre) _____ leur vélo pour faire une grande balade, et moi je (courir) _____ dans la montagne et je (cueillir) _____ des myrtilles.

2. Le Tour de France

Votre correspondant(e) français(e) vous a écrit en décrivant le passage du Tour de France dans une petite ville de province française. Complétez le texte à l'aide des verbes dans la case ci-dessous que vous mettrez au présent.

courir	faire (×2)	ouvrir	vendre	interpeller	passer
apercevoir	apparaître	venir	battre	se mettre	

Aujourd'hui, le Tour de France _____ à Sully-sur-Loire vers 10 heures. Les commerçants _____ les boutiques de bonne heure. Les gamins _____ sur les trottoirs, tout excités. Les habitants des communes environnantes _____ nombreux pour applaudir les coureurs. Chacun _____ son voisin: «Eh! Qui sera en tête du peloton? Indurain? Vers 9 heures, le premier stand de vente de boissons et de saucisses-frites _____ en place. Le maire et les conseillers municipaux _____ devant la mairie. La population _____ une haie d'honneur aux coureurs. Il _____ chaud. Les pâtissiers _____ beaucoup de glaces. A 10 heures moins une, on _____ le premier coureur dans le lointain. «C'est lui, c'est lui! C'est Indurain!» Tout le monde _____ des mains.

3. A l'usine de prêt-à-porter

Vous venez faire un stage dans une grande usine de fabrication de prêt-à-porter. Vous posez des questions aux employés sur ce qu'ils font. Vous notez leurs réponses sur votre carnet en mettant les verbes au présent.

EXEMPLE: —**Qu'est-ce que vous faites, mesdames?**
            —**Nous taillons des jeans.**

1. Qu'est-ce qu'ils font là-bas? Ils (coudre) _____ les poches des tailleurs.

2. Qu'est-ce que tu fais? J'(appeler) _____ un client.

3. Que fait-elle? Elle (envoyer) _____ un fax.

4. Et lui, que fait-il? Il (recevoir) _____ un représentant.

5. Et après, qu'est-ce qu'il fait? Il (payer) _____ les factures.

6. Et lui là-bas, qu'est-ce qu'il fait? Il (concevoir) _____ et (créer) _____ les nouvelles collections.

7. Et elle, qu'est-ce qu'elle est en train de faire? Elle (partir) _____ en tournée pour présenter les modèles.

8. Et vous, messieurs, qu'est-ce que vous faites? Nous (charger) _____ les camions.

9. Et que font-ils là-bas? Ils (prendre) _____ les commandes.

10. Et eux, qu'est-ce qu'ils font? Ils (repeindre) _____ l'entrepôt.

11. Et vous, madame? Je (nettoyer) _____ le magasin et (jeter) _____ les vieux bouts de tissu.

12. Et vous, M. le Directeur, que faites-vous? Je (gérer) _____ cette entreprise avec mon épouse et nous (ouvrir) _____ de nouveaux marchés car nous (craindre) _____ beaucoup la compétition internationale.

. . . et en route!

1. Jeu de mime

Chaque étudiant(e) doit mimer une action sans rien dire (sauf «oui» ou «non»). Les autres doivent lui suggérer ce qu'il/elle fait.

Par exemple, un(e) étudiant(e) fait semblant de faire du café.

—Tu ouvres une boîte de viande pour le chat?
—Non.
—Tu prépares le déjeuner?
—Non.
—Tu fais du café?
—Oui.

Puis, deux étudiants peuvent faire le mime, et vous leur demandez: Faites-vous du thé? … Ou bien, un(e) étudiant(e) peut faire le lien entre le mime et le reste de la classe, et vous lui demandez: Fait-il du thé? …

2. Quelle photo!

Apportez une photo de votre famille ou de vos copains en vacances. Les autres doivent vous poser des questions pour deviner ceux qui sont sur la photo et ce qu'ils font.

EXEMPLE: **Vous êtes à la plage? Ta mère est à droite? Vous mangez des sandwichs? …**

3. Qui c'est?

Chaque étudiant(e) doit décrire un ou deux métiers pour que les autres devinent qui fait ce métier.

EXEMPLE: **—Il installe les bains, les WC, les éviers, etc. Il répare les conduites d'eau quand elles éclatent.**
              —C'est le plombier.

4. Ahmed et Agathe

Ahmed vit dans une tour à St-Denis, une banlieue déshéritée du nord de Paris. Il a 16 ans. Il fait la connaissance d'Agathe, 15 ans, dont le père est directeur de banque et qui vit dans le 16ᵉ arrondissement, un quartier chic de Paris. Ils parlent de leurs parents, de leurs vacances, de leurs préoccupations.

a. En travaillant à deux, imaginez leur conversation. Utilisez les expressions suivantes: travailler dans …, partir au travail à …, faire les 3/8 …, prendre des vacances …, aller au ski …, craindre le chômage, suivre des cours du soir, sortir en boîte, acheter des nouveaux vêtememts, manger au restaurant, faire des économies, etc.

b. Ecrivez un paragraphe en comparant les deux modes de vie différents.

EXEMPLE: **Le père d'Ahmed travaille à l'usine tandis que le père d'Agathe est directeur de banque. Celui-ci ne part jamais au travail avant …**

5. Le week-end

Demandez à vos copains ce qu'ils font le week-end prochain.

EXEMPLE: **—Tu vas à la discothèque samedi soir?**
—Non, je reste à la maison parce que j'ai beaucoup de travail.
—Tu viens chez moi samedi matin?
—Non, je viens l'après-midi, parce que le matin j'aide mon père à réparer la voiture.

6. Décrivez votre ville ou village.

Qu'est-ce qu'il y a à voir, et surtout, que font les habitants (travail, loisir …). Faites une description orale ou écrite (300 mots).

7. Avez-vous vu le film de mes vacances …?

Imaginez que vous avez réalisé un film-vidéo à l'occasion d'un voyage ou de vacances récentes.

Ecrivez-en le commentaire, en décrivant ce que vous faites et ce que font les autres personnages (comme dans l'exercice 1, Le départ). Si vous possédez vraiment un tel film que vous pouvez passer devant votre classe, tant mieux: faites-en un commentaire oral (au présent, bien sûr!).

chapter 15

The Imperative

mécanismes

Uses

The imperative, or command, form of the verb is used to tell somebody what to do or what not to do. It is limited to the *tu, vous,* and *nous* forms. The *tu* and *vous* forms give a direct command to the person you are addressing, and the *nous* form has the meaning "let us" ("let's")/"let's not":

> *Paul, finis ta boisson, et n'oublie pas de te laver les mains.*
> Paul, finish your drink, and don't forget to wash your hands.

> *Allez tout droit, ne traversez pas la rue et puis tournez à gauche devant les P&T.*
> Go straight ahead, don't cross the street, and then turn left by the post office.

> *Allons acheter des glaces.*
> Let's go buy some ice cream.

As a matter of fact, the *nous* form is no longer used a lot in spoken French. People tend to use forms like *si* + imperfect (see page 263) or *pourquoi* + infinitive:

> *Si nous allions acheter des glaces?*
> How about going to buy some ice cream?

> *Pourquoi ne pas acheter des glaces?*
> Why not buy some ice cream?

Formation

	donner	*remplir*	*vendre*
tu	donne	remplis	vends
vous	donnez	remplissez	vendez
nous	donnons	remplissons	vendons

imperative

- All three forms of the imperative are the same as the present tense without the subject pronouns *tu/vous/nous*, except that the *tu* form of *-er* verbs drops the *-s* (*tu donnes* > *donne*). They retain the *-s*, however, when followed by *y* or *en*:

> *Manges-en!*
> Eat some!

> *Voilà le placard: ranges-y tes affaires.*
> There's the closet; put your things away in it.

- There are only three complete exceptions:

	être	*avoir*	*savoir*
tu	sois	aie	sache
vous	soyez	ayez	sachez
nous	soyons	ayons	sachons

- *S'asseoir* usually uses its *-ie-/-ey-* form: *assieds-toi, asseyez-vous, asseyons-nous.*

- The *tu* form of *aller* is *va*, except in *vas-y!* (go on!).

- *Vouloir* has a sort of imperative in the *vous* form only, *veuillez,* which is used + an infinitive and means "be good enough to," "will you please …?"

> *Veuillez répondre le plus tôt possible.*
> Would you please reply as soon as possible?

The imperative with object pronouns

- When the imperative is negative (don't!), object pronouns precede the verb and follow the normal order (see Chapter 10):

> *Ne les touche pas!*
> Don't touch them!

> *Ne me le donnez pas!*
> Don't give it to me!

> *Ne vous levez pas!*
> Don't stand up!

- When the imperative is affirmative (do!), the pronouns follow the verb, joined to it by hyphens, and the emphatic forms *moi* and *toi* are used instead of *me* and *te*, except before *en. Moi/toi* always comes last:

> *Envoyez-les-lui aujourd'hui.*
> Send them to him today.

> *Donne-le-moi tout de suite!*
> Give it to me right now!

> *Donne-m'en, s'il te plaît, et puis va-t'en!*
> Give me some, please, and then go away!

Lève-toi!
Get up!/Stand up!

Other ways of expressing commands

a) In formal language, such as on notices, packages, etc., instructions are sometimes given in the infinitive:

Ouvrir ici.
Open here.

Ne pas marcher sur les pelouses.
Do not walk on the grass.

b) If the imperative seems too abrupt, you can, as in English, tone it down by using an expression such as *pourriez-vous* (could you) or *vous devriez* (you ought to) + the infinitive. In a formal written context you can use *veuillez* or *ayez la bonté de* + infinitive (kindly):

Pourriez-vous envoyer votre réponse avant mardi?
Could you send your reply by Tuesday?

Vous devriez répondre avant mardi.
You ought to/should reply by Tuesday.

Veuillez répondre/Ayez la bonté de répondre avant mardi.
Please (be kind enough to) reply by Tuesday.

c) You can sometimes use the future—as in some of the exercises in this book:

Vous transformerez l'infinitif en impératif.
(You will) change the infinitive into the imperative.

mettez-vous au point!

1. La pâte à crêpes

Voici la recette de la pâte à crêpes. Mettez les verbes à l'impératif en utilisant la deuxième personne du pluriel (*vous*).

> Prendre _____ 3 œufs, les battre _____ dans un saladier. Ne pas oublier
>
> _____ de mettre une pincée de sel. Peser _____ 100 grammes de sucre et
>
> 100 grammes de farine. Mesurer _____ un demi-litre de lait. Ajouter
>
> _____ d'abord le sucre aux œufs et bien fouetter _____. Puis mélanger
>
> _____ tour à tour un peu de beurre fondu, de farine et de lait, et parfumer
>
> _____ avec de l'eau de fleur d'oranger. Ne pas faire _____ les crêpes tout
>
> de suite. Laisser _____ reposer une heure ou deux.

2. La cuisson des crêpes

Vous expliquez à votre sœur cadette comment faire cuire les crêpes; mettez donc les infinitifs de la recette à la deuxième personne du singulier (*tu*).

Prendre _____ une poêle. Ne pas choisir _____ nécessairement une poêle «spéciale crêpes», mais employer _____ une poêle non-adhésive. Mettre _____ un peu de beurre ou d'huile dans le fond de la poêle et faire _____ chauffer. Lorsque la poêle est chaude, y placer _____ un peu de pâte et la faire _____ glisser pour qu'elle en recouvre tout le fond. Au bout de deux minutes, retourner _____ la crêpe et faire _____ cuire l'autre face. Glisser _____ la crêpe sur une assiette et la manger _____ avec du sucre ou de la confiture. Si l'on est très habile, essayer _____ de «faire sauter» la crêpe pour la retourner.

3. Une femme très autoritaire

Isabelle est une femme très autoritaire qui ne cesse de donner des ordres à son mari. Elle insiste toujours pour qu'il fasse exactement ce qu'elle veut. (Révisez les pronoms à la page 58 s'il le faut.)

EXEMPLE: **Ecris une lettre à ton père! Ecris-la-lui!**

1. Donne le gros morceau de gâteau à ton fils!

   _____

2. Apporte-moi mon journal!

   _____

3. Va à la boutique!

   _____

4. Achète-moi des chewing-gums!

   _____

5. Dis à ton frère que je ne suis pas d'accord!

   _____

6. N'envoie pas les photos à tes copains maintenant!

   _____

7. Ne raconte pas cette histoire à tes amis!

   _____

8. N'emprunte pas la voiture de ton frère!

_____

9. Ne regarde pas la femme de ton voisin!

_____

... et en route!

1. Un hold-up raté

Une bande de jeunes voyous est dans le bureau du directeur d'une banque, mais ils ne savent pas très bien comment s'y prendre. Travaillez par deux: l'un(e) donne des ordres, l'autre le contredit.

EXEMPLE: —**Attache-lui les mains derrière le dos!**
                  —**Non, ne les lui attache pas!**

(Lui ligoter les jambes, lui demander où est le coffre, lui bander les yeux, lui prendre ses lunettes, lui faire dire le code secret du coffre, aller dans le bureau du chef de personnel,…)

Vous pouvez continuer selon votre inspiration.

2. Un job en France!

Vous travaillez dans un restaurant français. Le patron vous dit poliment ce qu'il faut faire, mais vous ne comprenez pas. La patronne vous le dit plus impérativement. Travaillez par trois. L'un(e) d'entre vous est le patron, l'autre la patronne, et le/la troisième, c'est vous! Changez souvent de rôle.

EXEMPLE: **Patron:**   **Voudriez-vous mettre le couvert de la table 12?**
             Vous: **Pardon, monsieur, je ne comprends pas.**
             Patronne: **Mettez le couvert de la table 12.**
             Vous: **Ah, bon. Maintenant j'ai compris.**

Voici d'autres directives qu'on vous donne:

placer les clients, leur apporter le menu, leur donner l'apéritif, être plus souriant(e), conduire la dame aux toilettes, débarrasser les assiettes sales, mettre des assiettes propres, leur amener un pichet d'eau, faire goûter le vin au client …,

et ainsi de suite pendant tout le repas. Continuez avec des ordres de votre choix.

imperative

chapter 16

The Future Tense

mécanismes

Uses

a) The future tense in French is used much like the future in English to say what *will happen:*

> *Alors, que ferez-vous?*
> What will you do then?

> *J'écrirai aux journaux, je monterai une manifestation, je m'assiérai devant les camions, je ferai tout mon possible pour les arrêter! Ils ne passeront pas!*
> I'll write to the newspapers, I'll set up a demonstration, I'll sit down in front of the trucks, I'll do all I can to stop them! They will not get through!

b) The future is often used in giving instructions: Look at the instructions for some of the exercises in this book!

> *Voici des verbes que vous mettrez au futur.*
> Here are some verbs that you will put into the future.

c) The future is also used in French when the action has not yet taken place (usually in conjunction with a future or a command in the main clause):

> *Quand vous arriverez au bout de la rue, vous verrez le château.*
> When you get to the end of the street, you'll see the château.

> *Aussitôt que tu recevras ma lettre, montre-la à Sakina.*
> As soon as you get my letter, show it to Sakina.

> *Une fois que tu seras là, nous commencerons la répétition.*
> Once you are there, we'll start the rehearsal.

Use the future after the following time expressions:

quand	when
lorsque	when
aussitôt que	as soon as
dès que	as soon as
autant que	as long as
une fois que	once
en même temps que	at the same time as
après que	after (but see also p. 239)

- Remember that "will" in English can sometimes indicate willingness to do something, not an event in the future. In such cases, use *vouloir* + infinitive:

    Voulez-vous passer le sucre, s'il vous plaît?
    Will you pass the sugar, please?

    J'ai appelé le chien, mais il ne veut pas venir.
    I've called the dog, but he won't come.

Other ways of expressing the future

a) Another way to indicate an immediate future action is to use *aller* + infinitive, just as we use "going to" in English:

   Alors, qu'est-ce que vous allez faire?
   So, what are you going to do?

   Je vais écrire aux journaux, je vais monter une manifestation, m'asseoir devant les camions, faire tout mon possible pour les arrêter! Je ne vais pas les laisser passer!
   I'm going to write to the newspapers, I'm going to set up a demonstration, sit down in front of the trucks, do everything possible to stop them! I'm not going to let them through!

b) As in English, you can also use the present tense to say what you are doing in the fairly immediate future:

   Ce soir nous jouons au golf. Vous venez aussi?
   This evening we're playing golf. Are you coming too?

   L'année prochaine, si tout va bien, nous rendons visite à nos cousins au Canada.
   Next year, if all goes well, we're visiting our cousins in Canada.

Formation

All regular verbs form the future tense by adding the endings *-ai, -as, -a, -ons, -ez, -ont* to the infinitive, although *-re* verbs drop the *-e:*

donner	*remplir*	*vendre*
je donnerai	je remplirai	je vendrai
tu donneras	tu rempliras	tu vendras
il/elle donnera	il/elle remplira	il/elle vendra
nous donnerons	nous remplirons	nous vendrons
vous donnerez	vous remplirez	vous vendrez
ils/elles donneront	ils/elles rempliront	ils/elles vendront

- To help yourself remember the endings, compare them with the present tense of *avoir:* quite a similarity!

- Only the stem can be irregular in the future tense, and it will always end in *-r-*.

- The third person singular question form needs a *-t-* inserted: *arrivera-t-il? viendra-t-elle? que dira-t-on?*

Irregular verbs

-er verbs

- *Jeter* type (see list on p. 91)—consonant doubles:

jeter	je jetterai
appeler	j'appellerai

- *Acheter* type (see p. 92)—*e* becomes *è:*

acheter	j'achèterai
mener	je mènerai

- *Employer* and verbs ending in *-oyer/uyer:*

employer	j'emploierai
essuyer	j'essuierai

- Verbs in *-ayer* (*essayer, payer*, etc.) can use either the *i* or *y* form: *je paierai* or *je payerai.*

- Verbs of the *céder/répéter* type **retain** *é,* and do not change their vowel:

céder	je céderai
répéter	je répéterai

- Note also:

aller	j'irai	
envoyer	j'enverrai	+ *renvoyer*

acquérir	j'acquerrai	+ group
courir	je courrai	+ *accourir, parcourir, recourir*
cueillir	je cueillerai	+ *accueillir*
mourir	je mourrai	
tenir	je tiendrai	+ compounds
venir	je viendrai	+ compounds

-re verbs

| faire | je ferai | + compounds |

Otherwise irregular verbs ending in *-re* (*boire, lire,* etc.) form their future perfectly normally. Don't forget to remove the final *-e,* though!

-oir verbs

s'asseoir	je m'assiérai	
devoir	je devrai	
falloir	il faudra	
pleuvoir	il pleuvra	
pouvoir	je pourrai	
recevoir	je recevrai	
savoir	je saurai	
valoir	je vaudrai	+ compounds
voir	je verrai	+ compounds

mettez-vous au point!

1. Caissiers de supermarché: un avenir plein d'ombres

Imaginez qu'un délégué syndical vient visiter un hypermarché. Les caissiers se plaignent de leurs conditions de travail. Il leur affirme qu'en l'an 2015 ce sera encore pire. Mettez les phrases suivantes au futur.

EXEMPLE: **—Nous avons un rythme de travail très accéléré.**
—En 2015, vous aurez un rythme de travail encore plus accéléré.

1. Nous avons souvent mal au dos et mal aux bras.

   _____

2. Il faut que nous soulevions de très lourds colis.

   _____

3. Nous nous asseyons à nos caisses à des heures irrégulières.

_____

4. Nous savons qu'il est impossible de garder tous les emplois.

_____

5. Nous faisons beaucoup d'heures supplémentaires.

_____

6. Nous devons faire des stages pour être compétitifs.

_____

7. Nous voyons nos gestes devenir précis et minutieux.

_____

8. Nous acquérons des gestes automatisés.

_____

2. Une randonnée en montagne

Imaginez que vous allez faire une randonnée en montagne après-demain. Racontez vos projets et vos préparatifs en utilisant *aller* + infinitif.

EXEMPLE: **Je (faire) mon sac demain.**
           Je vais faire mon sac demain.

1. Maman me (préparer) le pique-nique.

_____

2. Je (se lever) de très bonne heure.

_____

3. Je (partir) en voiture avec mes copains jusqu'au Saut du Géant.

_____

4. Nous (commencer) l'ascension au petit jour.

_____

5. Nous (s'arrêter) pour remplir les gourdes d'eau fraîche à la source.

_____

6. Nous (marcher) toute la matinée.

_____

7. Michel (faire peur) aux vaches des alpages.

_____

8. Nous (pique-niquer) vers midi.

_____

9. Puis je (faire) une bonne sieste à l'ombre.

_____

10. Et mes amis (se mettre) au soleil pour bronzer.

_____

3. Un gîte rural pour les Américains!

Les parents de votre correspondant(e) français(e) louent une ferme chaque été à des Américains. Interrogez-les au sujet de cette ferme et mettez les verbes de la réponse au futur.

—Combien de temps encore allez-vous louer cette maison?
—Aussi longtemps que les Américains (venir), nous la leur (louer).

_____

—Quand allez-vous reprendre les travaux?
—Aussitôt que les Américains (partir), nous (reprendre) les travaux.

_____

—Qu'allez-vous faire après la fin des travaux?
—Une fois que la maison (être) terminée, nous y (loger) deux couples.

_____

—Où habiterez-vous plus tard?
—Lorsque nous (prendre) notre retraite, nous (venir) habiter dans cette maison-ci.

_____

—Allez-vous également restaurer les étables?
—Oui, en même temps que nous (terminer) la maison, nous (restaurer) les dépendances.

_____

—Allez-vous construire une piscine?
—Oui, en été, dès que ma fille (rentrer) du travail, elle (pouvoir) se baigner.

_____

—Allez-vous avoir une bonne cave pour garder le vin dans cette maison?
—Oui, et je peux te dire que quand la saison des vendanges (venir), je (faire) mon vin moi-même.

_____

—Pour qui sera cette maison plus tard?
—Lorsque je (mourir), la maison (revenir) à ma fille.

_____

future tense

... *et en route!*

1. Oh, les parents ...!

Votre père ou votre mère vous gronde parce qu'il y a un tas de choses que vous n'avez pas faites chez vous. Travaillez avec un(e) partenaire. L'un(e) joue le rôle de l'enfant, l'autre celui d'un des parents.

EXEMPLE: —**Tu n'as pas rangé ta chambre!**
—**Ne t'en fais pas, papa/maman, je la rangerai demain!**

Papa/maman continue à vous harceler:

laver/essuyer la vaisselle, promener le chien, mettre la table, nettoyer les chaussures, envoyer une lettre, peindre le vestibule, repasser ta chemise, coudre les boutons, faire les courses, apprendre ton vocabulaire, aller à la banque, balayer la cour, rendre les livres à la bibliothèque, mener ta sœur cadette à la piscine, faire un gâteau, arroser les plantes ...!

2. Oh, toujours les parents ...!

Même exercice, mais cette fois-ci deux d'entre vous joueront le rôle des enfants et deux autres celui des parents. Cette fois il faut utiliser *aller* suivi de l'infinitif.

EXEMPLE: —**Vous n'avez pas appris votre vocabulaire!**
—**Ne vous en faites pas, maman et papa, nous allons l'apprendre demain!**

(Attention à la position du pronom complément d'objet—entre *aller* et l'infinitif!)

3. Dans la boule de cristal

Travaillez avec un(e) partenaire. L'un(e) sera diseur/diseuse de bonne aventure et lira l'avenir de l'autre, soit dans sa main, soit dans la boule de cristal. Puis, changez de rôle. Vous pouvez utiliser le futur ou *aller* + infinitif, comme vous le désirez.

EXEMPLE: **Ah, monsieur/mademoiselle, vous aurez de la chance! Bientôt vous ferez (vous allez faire) la connaissance d'une fille/d'un garçon extraordinaire ...**

4. La météo

Vous travaillez pour un journal de votre pays qui publie chaque jour en été une météo en français pour les touristes francophones. Ecrivez la météo pour le lendemain pour la région où vous habitez.

Vous pourriez commencer par:

Dans la région du sud-ouest il fera généralement beau, mais il y aura quelques averses éparses au cours de l'après-midi. Les températures seront ...

Sur la Bretagne, les nuages seront de plus en plus nombreux en cours de matinée et la pluie arrivera à la mi-journée. De la Basse-Normandie aux pays de la Loire et à la Vendée, après une matinée bien ensoleillée, le ciel se voilera progressivement.

Sur l'Aquitaine, dès ce matin, les nuages seront assez nombreux et donneront des averses cet après-midi.

Des Charentes au Limousin, à l'Auvergne, au Midi-Pyrénées, au pays Basque et au Roussillon, après le soleil du matin, des nuages donneront des averses et des orages l'après-midi.

De la Haute-Normandie, du Nord et de la Picardie à la Champagne, à l'Ile-de-France, aux régions du Centre et à la Bourgogne, de larges périodes de soleil seront suivies de nuages en fin de journée.

De l'Alsace et des Vosges à la Franche-Comté, aux Alpes, à la Provence, au Languedoc et à la Corse, le soleil et la chaleur seront encore au rendez-vous.

Les températures matinales vont de 7° à 18° du Nord au Sud. Cet après-midi, il fera 20° à 22° en bord de Manche et de 25° à 29° du Nord aux régions méridionales. Il fera localement 32° à 34° près de la Méditerranée.

chapter 17

The Conditional Tense

mécanismes

Uses

a) The conditional in French is used much as the conditional in English to say what *would* happen:

> *Alors, que feriez-vous?*
> So, what would you do?

> *J'écrirais aux journaux, je monterais une manifestation, je m'assiérais devant les camions. Je ferais tout pour les arrêter!*
> I would write to the newspapers, I would set up a demonstration, I'd sit down in front of the trucks. I'd do everything to stop them!

• For fuller treatment of the conditional used in conjunction with *si* clauses, see Chapter 38.

b) The conditional is sometimes used, as in English, to soften a request or command, or to make a suggestion (especially with *pouvoir, vouloir,* and *devoir*—see also Chapter 25):

> *Pourriez-vous me dire pourquoi vous faites ça?*
> Could you tell me why you are doing that?

> *Je voudrais une glace à la vanille, s'il vous plaît.*
> I'd like a vanilla ice cream, please.

c) Where the future is used in direct speech, the conditional is used in reported speech:

> *«J'irai bientôt à Marseille», a dit Charles.*
> "I'll go to Marseille soon," said Charles.

Charles a dit qu'il irait bientôt à Marseille.
Charles said that he would soon go to Marseille.

«Je le ferai demain», a répondu Elodie.
"I'll do it tomorrow," replied Elodie.

Elodie a répondu qu'elle le ferait demain.
Elodie replied that she would do it tomorrow.

Mais sa mère se demandait toujours: «Est-ce qu'elle le fera?»
But her mother kept wondering: "Will she do it?"

Mais sa mère ne savait toujours pas si elle le ferait.
But her mother still didn't know whether she would do it.

---

d) The conditional is also used after time expressions such as *quand, lorsque, dès que*, etc., when the action *had not yet happened* at some point in the past. Compare this with the use of the future after the time expressions listed on page 105:

La dame nous a dit que, quand nous arriverions au bout de la rue, nous verrions le château.
The lady told us that when we arrived at the end of the street, we would see the château (that is, we hadn't arrived there yet).

Le chef d'orchestre m'a dit qu'une fois que je serais là, ils commenceront la répétition.
The conductor said that once I was there, they'd start the rehearsal.

---

e) The conditional is sometimes used to conjecture or to cast uncertainty about information:

La voiture a heurté celle qui s'approchait par la rue Creuse. Le conducteur n'aurait pas vu le feu rouge.
The car collided with the one coming up Creuse Street. The driver may not have seen the traffic light.

- Remember that "would" in English sometimes indicates willingness to do something and has nothing to do with conditions. In such cases, you use *vouloir* + infinitive:

  Je continuais à appeler le chien, mais il ne voulait pas venir.
  I kept calling the dog, but he wouldn't come.

  Les enfants ne voulaient pas manger leur repas.
  The children wouldn't eat their food.

- Remember also that "would" in English sometimes means "used to," in which case you should use the imperfect:

  Le dimanche au printemps, nous faisions des randonnées le long de la Loire et déjeunions dans un restaurant de campagne.
  On spring Sundays we would go for walks along the Loire and have lunch in a country restaurant.

conditional tense

Formation

All verbs in the conditional have the endings *-ais, -ais, -ait, -ions, -iez, -aient* added to the same stem as the future (usually the infinitive):

donner	*remplir*	*vendre*
je donnerais	je remplirais	je vendrais
tu donnerais	tu remplirais	tu vendrais
il/elle donnerait	il/elle remplirait	il/elle vendrait
nous donnerions	nous remplirions	nous vendrions
vous donneriez	vous rempliriez	vous vendriez
ils/elles donneraient	ils/elles rempliraient	ils/elles vendraient

- Note that the endings are the same as the imperfect—but on a different stem.

- For irregular stems, see the list presented in Chapter 16 on the future tense.

mettez-vous au point!

1. L'homme ou la femme de vos rêves

Imaginez que vous rencontrez l'homme ou la femme de vos rêves. Utilisez le conditionnel pour décrire comment il/elle serait et quelles seraient les circonstances de la rencontre.

Il/Elle (être) _____ grand(e). Il/Elle (avoir) _____ des cheveux bruns et

courts et de beaux yeux bleus. Il/Elle (porter) _____ un jean noir et une chemise/un

chemisier rouge ouvert(e) sur la poitrine. Il (faire) _____ un soleil éclatant. Il/Elle (venir)

_____ à moto. Je (savoir) _____ que c'était lui/elle que j'attendais.

Je (courir) _____ vers lui/elle. Nous nous (prendre) _____ par la main, et nous

nous (tenir) _____ debout sans rien dire. Puis, dans un grand vacarme assourdissant,

nous (partir) _____ sur sa moto vers le soleil couchant.

2. Vivre à la campagne

M. Lechat veut vivre à la campagne. Mme Lechat y réfléchit et tente de se persuader qu'il s'agit là d'une bonne idée. Complétez ses pensées à l'aide des verbes ci-dessous utilisés au conditionnel. Comment serait-elle, cette vie à la campagne?

| venir | mener | cueillir | manger | pouvoir (×2) | falloir | faire | avoir | être |

—J'_____, se disait-elle, une grande maison et un jardin potager. Nous _____ une vie saine au grand air. Mon mari _____ cultiver le jardin et nous _____ toujours des produits frais. Je _____ les fruits du verger et je _____ des confitures. Ainsi nous _____ toujours en bonne santé. Nos enfants _____ souvent nous rendre visite et nous _____ leur faire partager notre nouvelle vie. Mais il _____ s'habituer! Adieu cinémas, cafés, beaux magasins! _____-je jamais m'adapter à cette vie de campagnard?

3. Un agent secret à Paris

Peter est agent secret. Il est envoyé en mission à Paris. Vous avez une copie des instructions pour sa mission, écrites au futur (**Vous arriverez à la gare du Nord …, etc.**). Vous écrivez un reportage sur sa mission, où il faut transformer les phrases en utilisant le conditionnel et les locutions de temps données. Commencez «**Si tout allait bien …**»

EXEMPLE: **Vous arriverez à la gare du Nord et prendrez le métro direction Luxembourg. (dès que)**
Si tout allait bien, dès qu'il arriverait à la gare du Nord, il prendrait le métro direction Luxembourg.

1. Vous descendrez à Luxembourg et irez jusqu'à la Sorbonne à pied. (aussitôt que)

   _____

   _____

2. Devant la Sorbonne, vous verrez un homme portant une casquette à carreaux et fumant la pipe, et vous lui donnerez l'enveloppe. (quand)

   _____

   _____

3. Vous vous arrêterez pour lire la carte du métro devant la station Odéon et vous verrez un homme s'approcher de vous et vous donner le nom de votre hôtel et le numéro de votre chambre. (lorsque)

   _____

   _____

4. Vous serez dans votre chambre d'hôtel et quelqu'un vous téléphonera pour vous fixer un rendez-vous. (une fois que)

   _____

   _____

5. Le lendemain matin, vous irez faire votre footing et arriverez au pont Alexandre III; un homme s'y trouvera avec son chien. (au moment où)

   _____

   _____

conditional tense

6. Vous boirez un café ensemble et l'homme vous indiquera comment rentrer aux Etats-Unis. (pendant que)

_____

_____

... et en route!

1. Le premier rendez-vous

Kévin et Hortense ont leur premier rendez-vous par l'intermédiaire d'une agence de rencontres. Or, l'ordinateur a dû se tromper car ni l'un ni l'autre ne correspond à ce qui était prévu. Travaillez par deux et prenez un rôle chacun.

EXEMPLE: **Hortense: Je ne pensais pas que vous auriez les cheveux bruns!**
Kévin: Et moi qui croyais que vous auriez les yeux bleus!

Continuez, en utilisant d'abord les phrases suivantes:

porter des lunettes/porter une mini-jupe; être divorcé(e)/être célibataire; travailler dans une banque/travailler pour une compagnie de cinéma; aimer les vieilles voitures/aimer les enfants ...

Maintenant continuez selon vos propres idées en attribuant aux personnages les caractéristiques que vous souhaitez.

2. La fête est finie!

Vous avez organisé une fête avec vos amis pendant que vos parents étaient partis pour le week-end. C'est dimanche après-midi. Vous vous dépêchez de nettoyer avant que vos parents ne rentrent, tout en imaginant ce qui se passerait s'ils arrivaient maintenant. Travaillez par deux et émettez le plus grand nombre d'idées possibles.

EXEMPLE: **—Papa verrait la pizza collée au plafond!**
—Maman tomberait sur les bouteilles vides par terre dans le salon!

se fâcher, ne pas comprendre, trouver le rideau troué, s'asseoir en pleurs sur le canapé ...

Continuez ainsi.

3. Les époux millionaires

Imaginez que vous épousez un(e) millionaire. Ecrivez environ 250 mots en décrivant comment serait votre vie, n'oubliant pas d'inclure certaines choses que vous ne feriez pas.

chapter 18

The Imperfect Tense

mécanismes

Uses

The imperfect tense gives no indication of the beginning or end of the action and does not tell whether the action was finished or not. That is why it is called "imperfect"—in other words, "incomplete." It is therefore the tense you use to set the background in the past. You use other past tenses to describe events, to say what actually happened. (See Chapter 19.)

The imperfect has three main uses:

a) To indicate what used to happen, such as habitual or repeated happenings:

> *Quand nous habitions à Grenoble, nous faisions souvent de l'alpinisme dans les Alpes.*
> When we lived (used to live) in Grenoble, we often did (used to do) some climbing in the Alps.

> *Avant le tunnel sous la Manche on mettait plus longtemps pour arriver à Paris.*
> Before the Channel Tunnel it took (used to take) longer to get to Paris.

Note that the corresponding English verbs "lived," "spent," and "took" can be expressed in the simple past in these examples, but when the actions are definitely habitual, the imperfect must be used in French.

b) To describe a situation in the past:

> *A l'époque de Jeanne d'Arc, la ville d'Orléans avait une population de 12 000 habitants. Elle n'était pas aussi grande qu'aujourd'hui.*
> At the time of Joan of Arc, Orleans had a population of 12,000 inhabitants. It wasn't as big as it is today.

La maison était délabrée, il y avait de la poussière partout, et toutes les chambres sentaient la pourriture et l'abandon.
The house was dilapidated, there was dust everywhere, and every room smelled of rot and neglect.

---

c) To say what was happening at a particular time:

Je parlais au téléphone.
I was talking on the phone.

Florence faisait du café.
Florence was making some coffee.

In this sense the imperfect is often used in conjunction with the passé composé or historic past (see Chapter 22) to set the background for an event or events—in other words, to state what was going on when something else happened:

Je parlais au téléphone quand Luc est venu me voir.
I was talking on the phone when Luc came to see me.

Les camions traversaient quand une mine a explosé et a détruit le pont.
The trucks were crossing when a mine exploded and destroyed the bridge.

- There is no progressive imperfect (was/were doing) using the verb "to be," as in English. However, if you really wish to stress the "ongoingness" of an action, you can use the imperfect of *être en train de* + infinitive:

Les camions étaient en train de traverser quand une mine a explosé et a détruit le pont.
The trucks were (in the process of) crossing when a mine exploded and destroyed the bridge.

Formation

The endings of the imperfect are always the same: *-ais, -ais, -ait, -ions, -iez, -aient*. The stem is the same as that of the first person plural (*nous*) form of the present tense:

donner	*remplir*	*vendre*
nous donnons	nous remplissons	nous vendons
je donnais	je remplissais	je vendais
tu donnais	tu remplissais	tu vendais
il/elle donnait	il/elle remplissait	il/elle vendait
nous donnions	nous remplissions	nous vendions
vous donniez	vous remplissiez	vous vendiez
ils/elles donnaient	ils/elles remplissaient	ils/elles vendaient

Any irregularity of stem in the *nous* form of the present occurs throughout the imperfect, so if you know your present tense you have no problem:

boire > nous buvons > je buvais, tu buvais, il buvait, nous buvions, vous buviez, ils buvaient

However, for reference, here are most of the imperfects you may need. Verb groups are presented in Chapter 14.

Infinitive	*Nous* present tense	Imperfect
acquérir	nous acquérons	j'acquérais
aller	nous allons	j'allais
s'asseoir	nous nous asseyons	je m'asseyais
avoir	nous avons	j'avais
boire	nous buvons	je buvais
conclure	nous concluons	je concluais
conduire	nous conduisons	je conduisais (*and group*)
connaître	nous connaissons	je connaissais (*also* croître *and* naître)
coudre	nous cousons	je cousais
courir	nous courons	je courais
croire	nous croyons	je croyais
cueillir	nous cueillons	je cueillais
devoir	nous devons	je devais
dire	nous disons	je disais
écrire	nous écrivons	j'écrivais
être—*see below*		
faire	nous faisons	je faisais
falloir		il fallait
joindre	nous joignons	je joignais (*and group*)
lancer	nous lançons	je lançais, tu lançais, il lançait, ils lançaient (*and all verbs ending in* -cer)
lire	nous lisons	je lisais
manger	nous mangeons	je mangeais, tu mangeais, il mangeait, ils mangeaient (*and all verbs ending in* -ger)
mettre	nous mettons	je mettais (admettre, omettre, promettre, remettre, soumettre)
mourir	nous mourons	je mourais
mouvoir	nous mouvons	je mouvais (*also* promouvoir)
ouvrir	nous ouvrons	j'ouvrais (*and group*)
plaire	nous plaisons	je plaisais (*also* déplaire, se taire)
pleuvoir		il pleuvait
pouvoir	nous pouvons	je pouvais
prendre	nous prenons	je prenais (*and* apprendre, comprendre, reprendre, surprendre, *etc.*)
recevoir	nous recevons	je recevais (*and group*)
résoudre	nous résolvons	je résolvais (*and group*)
rire	nous rions	je riais
savoir	nous savons	je savais
sortir	nous sortons	je sortais (*and group*)
suivre	nous suivons	je suivais
vaincre	nous vainquons	je vainquais
valoir	nous valons	je valais (*and group*)
vêtir	nous vêtons	je vêtais (*and* revêtir)
voir	nous voyons	je voyais (*and* prévoir, pourvoir, revoir)
vouloir	nous voulons	je voulais

That just leaves *être,* whose imperfect is *j'étais,* etc.

imperfect tense

mettez-vous au point!

1. Comment on apprenait le français il y a 50 ans

Mettez les verbes entre parenthèses à l'imparfait.

Un vieux prof de français parle: «Il y a 50 ans on (penser) _____ que le français
(être) _____ comme le latin: on l'(apprendre) _____ en silence. Notre livre
de texte (s'appeler) _____ *Cours élémentaire de français,* et nous (avoir) _____
un prof, major d'armée retraité, qui (savoir) _____ pas mal de français quand même. Mais
nous ne (parler) _____ pas le français en classe. Il (falloir) _____ écrire tous
les exercices. Nous (apprendre) _____ par cœur les temps de tous les verbes et nous les
(réciter) _____. Pour les devoirs il y (avoir) _____ de longues listes de mots que
nous (devoir) _____ apprendre, et le lendemain le prof nous (donner) _____
une interrogation écrite et nous (punir) _____ si nous les (oublier) _____.
Un autre prof nous (dicter) _____ souvent quelques phrases en français que nous
(écrire) _____ dans nos cahiers. Le problème (être) _____ qu'il
(cracher) _____ quand il (parler) _____, et souvent je ne
(comprendre) _____ pas grand-chose, et je (faire) _____ des fautes! Le
système (être) _____ plus ou moins le contraire de celui d'aujourd'hui: on
(acquérir) _____ d'abord une bonne connaissance de la grammaire et on
(commencer) _____ à parler plus tard!»

2. Tout allait bien?

Mme Duclos est sortie de sa salle de classe parce qu'on la demandait au téléphone. Elle pensait que tout
allait bien, mais quand la directrice est passée devant la fenêtre, voici la scène qu'elle a vue. Complétez
chaque espace à l'aide de l'un des verbes qui apparaissent ci-dessous, à l'imparfait, naturellement.

se taire	courir	boire	remplir	savoir	peindre	lire	écrire
rire	se passer	ranger	pleurer	se battre	sortir	lancer	

Jean _____ sa table en bleu, blanc et rouge.

Marie _____ par la fenêtre.

Emilie _____ des boules de papier partout.

Thomas _____ à toute vitesse autour de la table du prof.

Thierry et Didier _____ à gros coups de poing.

Michèle _____ des insultes au tableau noir.

Richard _____ une canette de bière.

Anne _____ une bande dessinée.

Youceff et Joséphine _____ les affaires de Mme Duclos dans la corbeille à papiers, et

Annabelle et Joël _____ son sac de papiers.

Tous les autres élèves _____ des bêtises de leurs copains, sauf la pauvre Yacine qui

_____ et _____ comme toujours.

Et pendant tout ce temps Mme Duclos ne _____ rien de ce qui _____!

. . . et en route!

1. Il y a cinq ans

Avec vos camarades discutez de votre look et de vos habitudes il y a 5 ans. Parlez de vos amis, de vos intérêts, de votre famille et de leurs activités. Dites où vous habitiez, etc.

Puis écrivez chacun une petite description de 200–300 mots à propos de cette période de votre vie. Est-ce que vous étiez plus ou moins heureux/heureuse que maintenant?

2. Personne n'est coupable

On soupçonne votre classe d'avoir cassé un ordinateur. Chacun de vous doit donner son alibi. Par exemple, vous pouvez dire:

Ce n'est pas moi parce que je n'étais pas dans cette salle, je faisais des maths avec M. Jones. Nous travaillions dans la salle 6.

Utilisez au moins trois verbes pour expliquer ce que vous faisiez.

3. A cette époque-là

Choisissez une époque de l'histoire que vous aimez ou que vous avez étudiée, et parlez-en à votre classe. Evoquez, par exemple, les circonstances politiques, sociales, culturelles, militaires, économiques, c'est-à-dire, l'arrière-plan des événements plutôt que les événements eux-mêmes.

Ensuite rédigez ce que vous venez de dire oralement.

imperfect tense

chapter 19

The Passé Composé

mécanismes

Uses

a) The passé composé is the literal equivalent of the English perfect tense: it tells what someone *has done,* what *has happened:*

> *Nous n'avons jamais vu la tour Eiffel.*
> We have never seen the Eiffel Tower.

b) However, most importantly and most frequently, it is also the tense used in conversational French as the equivalent of the English simple past, to say what someone *did,* what *happened:*

> *Je suis allé(e) en ville et j'ai acheté de nouvelles chaussures.*
> I went to town and bought some new shoes.

> *Nous sommes arrivés l'après-midi, nous nous sommes installés dans notre hôtel, et puis nous avons fait un tour de la ville.*
> We arrived in the afternoon, we settled into our hotel, and then we went to look around the town.

- Note: The historic past is used for this purpose in formal written French. (See Chapter 21.)

- Do not assume that you can use the passé composé as the equivalent of every simple past in English. "When I lived in Paris I went to work on the métro" describes repeated, habitual actions, and the verbs would be in the imperfect: *Quand j'habitais … j'allais …* (See Chapter 18.)

- Remember that to say what you have been doing, you use the present in French: "We've been living here for two years." = *Nous habitons ici depuis deux ans.* (See Chapter 39.)

Formation

The passé composé is a compound tense, that is, it consists of more than one word, formed with an auxiliary verb (*avoir* or *être*) and the past participle. The passé composé of most verbs is formed with *avoir*, though a small group of verbs and all reflexive verbs use *être*.

For full details about the formation of the past participle, see Chapter 28.

a) *Avoir* verbs

	donner	*remplir*	*vendre*
Past participle	donné	rempli	vendu
Passé composé	j'ai donné tu as donné il/elle a donné nous avons donné vous avez donné ils/elles ont donné	j'ai rempli tu as rempli il/elle a rempli nous avons rempli vous avez rempli ils/elles ont rempli	j'ai vendu tu as vendu il/elle a vendu nous avons vendu vous avez vendu ils/elles ont vendu

- Past participle agreement with *avoir* verbs

The past participle agrees with the direct object, but *only when it occurs before the verb.* In practice, this can only happen in one of three ways:

—With an object pronoun:

> *Les lettres? Ah oui, je les ai déjà signées.*
> The letters? Oh yes, I've already signed them.

—In a relative clause (see Chapter 41) introduced by *que* that refers to a previously mentioned feminine or plural noun:

> *Voilà les lettres que j'ai signées.*
> Those are the letters (that) I've signed.

—After *que de, combien de,* or *quelle/quels/quelles* in a question or exclamation:

> *Que de lettres j'ai signées ce matin!*
> What a lot of letters I've signed this morning!

> *Combien de lettres avez-vous signées?*
> How many letters have you signed?

> *Quelles lettres avez-vous signées?*
> Which letters did you sign?

You don't often hear many past participle agreements in spoken French, but you must remember to make them when you are writing. You only hear the feminine ones, when the past participle ends in a consonant:

> *Qu'as-tu fais des assiettes? Je les ai mises dans le lave-vaisselle.*
> What did you do with the plates? I put them in the dishwasher.

passé composé

b) *Être* verbs

There are a dozen or so verbs that form their compound tenses with *être*. They fall mainly into pairs of approximate opposites involving motion:

A	arriver	partir
D	descendre	monter
V	venir	aller
E	entrer	sortir
N	naître	mourir
T	tomber	rester

Reading ADVENT down the initials may help you to remember them. Other verbs that use *être* as their auxiliary are *apparaître, retourner, passer* (when it means "to come/go past") and compounds of the above: *devenir, parvenir, revenir, survenir, rentrer, repartir, remonter, redescendre, renaître.*

- With *être* verbs, the past participle agrees in gender and number (masculine/feminine, singular/plural) with the subject of the verb:

   Nous sommes arrivés lundi et sommes repartis vendredi matin.
   We arrived on Monday and left on Friday morning.

   Marie Curie est née en 1867 et elle est morte en 1934.
   Marie Curie was born in 1867 and she died in 1934.

   Nous sommes déjà passés par ici hier.
   We already came this way yesterday.

- Note that these *être* verbs are all intransitive or are used intransitively; that is, they cannot have a direct object. Some of these verbs can, however, be used transitively (with a direct object), and in that case, *avoir* is used, and the past participle does not agree with the subject:

   Nous avons déjà descendu les bagages.
   We've already brought the luggage down.

   Martin m'a passé les journaux.
   Martin passed me the newspapers.

c) **Reflexive verbs** (see also Chapter 23)

All verbs used reflexively are conjugated with *être*:

   Les enfants se sont levés et se sont lavés dans la salle de bains.
   The children got up and washed in the bathroom.

   Cette ville s'est très rapidement développée.
   This town has developed very quickly.

- In most cases, reflexive verbs follow the same rules for past participle agreement as all *être* verbs, though technically the agreement is with *the preceding direct object—that is, the reflexive pronoun if it is the direct object.* It usually is, and because the verb is reflexive, the object is the same person or thing as the subject. However, there are a few cases where the reflexive pronoun is the *indirect* object, and there is no agreement. This occurs most frequently when you perform an action to a part of the body or article of clothing, or when you do something *for* yourself:

> *Emilie s'est lavée.*
> Emilie washed herself ("herself" is the direct object).

BUT:

> *Emilie s'est lavé la figure.*
> Emilie washed her face. (The reflexive pronoun *s'* is the indirect object and *la figure* is the direct object.)

> *Mme Albaret s'est acheté un magazine.*
> Mrs. Albaret bought herself a magazine.

Another way of explaining this is that there is no agreement if the direct object (*la figure, le magazine,* in the above examples) comes after the verb.

See Chapter 27 for a fuller explanation of direct and indirect objects.

- Most reflexive verbs can also be used nonreflexively, with an ordinary direct object, in which case they are conjugated with *avoir* and there is no agreement with the subject:

> *J'ai lavé la voiture.*
> I washed the car.

> *Nous avons réveillé les enfants à sept heures.*
> We woke the children at 7 o'clock.

d) Question forms

When you wish to invert the verb to ask a question, you invert the auxiliary verb only and the past participle always remains last:

> *Avez-vous terminé?*
> Have you finished?

> *Est-il déjà parti?*
> Has he already left?

> *Vous en êtes-vous aperçu?*
> Did you realize it?

e) Negation

The negative *ne ... pas* likewise encloses the auxiliary verb only:

> *Ils ne sont pas arrivés.*
> They haven't arrived.

(See Chapter 37 for the position of other negative expressions.)

Object pronouns precede the auxiliary, whether in a question or statement:

> *Les documents? Non, je ne les lui ai pas envoyés.*
> The documents? No, I haven't sent them to her.
>
> *L'avez-vous vu(e)?*
> Have you seen him/her?

• The past participle can be further separated from the auxiliary verb by certain common adverbs:

> *Je ne les lui ai pas encore envoyés.*
> I haven't sent them to her yet.
>
> *Il n'a pas beaucoup essayé.*
> He didn't try/hasn't tried very hard.

mettez-vous au point!

1. Vous partez en vacances

Vous connaissez bien les vérifications qu'il faut faire avant le départ. Voici votre liste de contrôle. Vous avez fait tout ce qu'il faut. Ecrivez ce que vous avez fait, avec une phrase complète.

EXEMPLE: **Mettre crème solaire dans sac**
               J'ai mis la crème solaire dans mon sac.

1. Acheter des films

   _____

2. Trouver passeport

   _____

3. Chercher billet d'Interail

   _____

4. Téléphoner à petit(e) ami(e)

   _____

5. Terminer travail scolaire

   _____

6. Aller voir mamie

   _____

7. Ecrire à copain/copine en Suisse

_____

8. Vérifier réservations d'auberges de jeunesse

_____

9. Lire police d'assurance

_____

10. Changer argent

_____

2. Un homme nouveau

Jean-Pierre a eu une crise cardiaque. Il est maintenant guéri mais il a beaucoup changé. Expliquez quels changements se sont produits en lui.

EXEMPLE: **Jean-Pierre beaucoup (maigrir)**
           Jean-Pierre a beaucoup maigri.

Ses cheveux (blanchir) _____. Il (se laisser) _____ pousser

la moustache. Il (devenir) _____ plus calme et plus posé. Il (prendre)

_____ l'habitude d'attendre. Il (aussi apparaître) _____ plus

pondéré à sa famille. Au début ses enfants (voir) _____ qu'il était différent,

mais ils (se taire) _____. Son épouse (craindre) _____ qu'il ne

devienne taciturne. Un jour, ils lui (faire part) _____ de leur inquiétude. Il leur

(répondre) _____: «Vous savez, j' (beaucoup vivre) _____ dans

les hôpitaux, j' (croire) _____ mourir, j' (voir) _____ beaucoup

de souffrance, vous (faillir) _____ me perdre, maintenant je suis un homme

tranquille.»

3. Une lettre de vœux

Vous écrivez à votre correspondant(e) français(e) pour lui souhaiter la bonne année, prendre de ses nouvelles et lui donner des vôtres. Votre lettre est incomplète, parce que vous pensez aux verbes que vous allez utiliser. Complétez-la avec les verbes de la case conjugués au passé composé.

passé composé

s'inscrire	vendre	devenir	faire	prendre	aller
se passer	commencer	s'installer	naître	avoir	devoir

Cher ami/Chère amie,

Je te souhaite une très bonne nouvelle année, ainsi qu'à ta famille. Comment _____ ton année? Tu _____ ton stage dans l'entreprise dont tu m'avais parlé? Tu _____ à chercher du travail? Tu _____ à l'agence pour l'emploi? Tu _____ des offres intéressantes? Ton ami(e) et toi, vous _____ en Italie pendant l'été comme vous le pensiez?

Chez nous, tout suit son cours. Mes parents _____ la retraite au mois d'août dernier, et ils _____ chercher une nouvelle maison à acheter, car le jardin _____ trop grand pour mon père qui vieillit. Ils _____ dans une petite maison du centre-ville, beaucoup plus petite et confortable.

Les bébés de notre chienne, Diane, _____ au mois d'août et nous les _____ tous, sauf un chiot, Jazz, que nous gardons. Il est très mignon.

J'espère avoir bientôt de tes nouvelles. Je t'envoie toutes mes amitiés, ainsi qu'à ta famille.

4. Le festival de Sully

Beaucoup des grands festivals musicaux de province dépendent du bénévolat des habitants des communes qui accueillent les artistes. Colette et Jacques parlent des préparatifs qu'ils font chaque année. Après avoir lu leur récit, vous devez dire ce qu'ils ont fait cette année, en changeant les verbes au passé composé.

Ils reçoivent les journalistes parisiens et les convainquent qu'il faut promouvoir le Festival de Sully. Ils écrivent aux syndicats d'initiative des villes environnantes pour leur envoyer affiches et programmes. Ils parcourent les villes du Centre et collent des affiches. Ils ont même parfois des problèmes avec la police. Ils achètent une nouvelle scène qu'ils repeignent, et ils cousent de nouveaux rideaux. Ils peignent aussi toutes sortes de décors. L'électricien vient au dernier moment pour installer la sono. Ils louent des chaises et les transportent jusqu'à la salle du spectacle. Ils vivent des moments difficiles quand il faut grimper sur les échafaudages pour fixer les projecteurs. Ils vendent des milliers de billets par les syndicats d'initiative et le Minitel. Enfin, ce sont eux qui placent les spectateurs et apportent aux artistes ce dont ils ont besoin.

_____

_____

_____

_____

_____

_____

_____

_____

_____

5. Vous aidez une ancienne fille au pair

Une amie de votre mère parle assez bien le français, mais comme elle l'a appris en vivant comme fille au pair chez une famille française pendant sa jeunesse, elle ne l'écrit pas aussi bien. Elle est en train d'écrire à une vieille amie française. Pouvez-vous l'aider à faire accorder les participes passés? Ils sont en italique, mais attention!—pas tous ont besoin d'être accordés.

Chère Marthe,

Depuis que je t'ai *écrit* la dernière fois, nous avons *déménagé* de Washington à la campagne en Caroline du Sud. Maintenant que les enfants se sont *envolé* du nid, c'est une décision que nous avons *pris* très vite: nous n'avons pas *hésité* du tout.

Emma, notre fille aînée, est quand même *resté* à Washington: elle s'est *trouvé* un petit appartement. Les jumeaux, Christopher et Helen, sont tous les deux *parti* à l'université. Chris a *choisi* Dartmouth. C'est très loin d'ici, mais Helen a *commencé* ses études à Charlottesville: c'est la ville que nous avons *visité* la dernière fois que tu nous as *rendu* visite.

Mon mari, Tom, a *dû* prendre une décision importante: on lui a *proposé* de prendre sa retraite, et naturellement il l'a *pris* sans hésitation! C'est pour cette raison que nous sommes *venu* habiter ici. Il va sans dire que cette maison est plus petite que l'autre. Donc nous nous sommes *résolu* à ne garder que le nécessaire. Que de choses nous avons *jeté!* Je t'envoie notre nouvelle adresse: je l'ai *écrit* sur un papier à part.

A propos, la famille qui habitait à côté de chez vous est *passé* par ici pendant les vacances l'année dernière. Nous les avons *invité* à rester, mais après avoir *déjeuné* chez nous, ils se sont *mis* en route pour la Floride.

A bientôt,

Julie

passé composé

_____
_____
_____
_____
_____
_____
_____
_____
_____
_____

... *et en route!*

1. Qu'est-ce que tu as fait?

Travaillez avec un(e) partenaire. L'un(e) prend le rôle d'un(e) copain/copine français(e) qui passe ses vacances chez l'autre. Celui-ci/Celle-ci lui demande ce qu'il/elle a fait aujourd'hui dans son village ou sa ville.

EXEMPLE: —**Où es-tu allé(e) aujourd'hui?**
             —**J'ai pris ton vélo et je suis allé(e) le long de la rivière.**
             —**Qu'est-ce que tu as vu? ...**

2. Maman vous gronde

Votre mère vous reproche toujours ce que vous n'avez pas fait. Vous protestez, «Mais si, maman ...», en disant quand vous l'avez fait!

EXEMPLE: —**Tu n'as pas fait ton lit!**
             —**Mais si, maman, je l'ai fait quand je me suis levé(e).**

(donner à manger au chien, nettoyer les chaussures, mettre/débarrasser la table, laver/sécher la vaisselle, épousseter la salle de séjour, passer l'aspirateur, faire des courses, acheter des timbres, aller chercher du pain, terminer les devoirs, etc.)

3. Dans le confessional

Chacun(e) doit penser à cinq «péchés»—pas trop graves!—et les confesser, y compris des choses que vous auriez dû faire mais que vous n'avez pas faites!

Hier j'ai mis une punaise sur la chaise de notre prof. Le soir j'ai mangé deux pâtisseries à la crème … et si ça n'était pas assez, je n'ai pas acheté un cadeau d'anniversaire pour ma mère! …

4. A chaque année son événement

Racontez oralement les événements principaux de votre vie. Commencez par votre naissance et continuez jusqu'aux événements de cette année ou de l'année dernière. Supposons une moyenne d'un événement par an: alors si vous avez 17 ans, utilisez au moins 17 verbes!

Commencez: *Je suis né(e) à …*

5. Déposition à la police

Vous avez été témoin d'un événement (un accident, un vol, etc.) dans la rue, et la police vous a demandé de faire une déposition écrite de ce que vous avez vu. Racontez la série d'événements, en employant au moins 15 verbes au passé composé. Vous pourriez commencer:

«J'étais assis(e) à la terrasse du café au coin de la rue quand …»

chapter 20

Other Compound Tenses

mécanismes

Like the passé composé (Chapter 19), the pluperfect, future perfect, conditional perfect, and past anterior are formed with the auxiliary verbs *avoir* or *être* and the past participle. All rules concerning the choice of auxiliary verb and past participle agreement are the same as the rules for the passé composé.

The pluperfect tense (*Le plus-que-parfait*)

This tense tells you what **had** (already) happened before another action in the past took place. That is why it is called the *plus-que-parfait,* "more than perfect":

> *Quand nous sommes arrivés, ils avaient déjà terminé.*
> When we arrived, they had already finished.

> *J'ai téléphoné au poste de secours, mais l'ambulance était déjà partie.*
> I called emergency, but the ambulance had already left.

It is also used, as in English, in reported speech (see Chapter 44):

> *«J'ai fini mon travail», a dit Pierre.*
> *Pierre a dit qu'il avait fini son travail.*
> "I have finished my work," said Pierre.
> Pierre said that he had finished his work.

The pluperfect is made up of the imperfect of the auxiliary verb *avoir* or *être* and the past participle:

donner	*venir*	*s'asseoir*
(had given)	(had come)	(had sat down)
j'avais donné	j'étais venu(e)	je m'étais assis(e)
tu avais donné	tu étais venu(e)	tu t'étais assis(e)
il avait donné	il était venu	il s'était assis
elle avait donné	elle était venue	elle s'était assise
nous avions donné	nous étions venu(e)s	nous nous étions assis(es)
vous aviez donné	vous étiez venu(e)(s)	vous vous étiez assis(e)(s)
ils avaient donné	ils étaient venus	ils s'étaient assis
elles avaient donné	elles étaient venues	elles s'étaient assises

Past anterior (*Le passé antérieur*)

After time expressions such as *quand, lorsque* (when), *dès que, aussitôt que* (as soon as), and *après que* (after), when one action had been completed before another in the historic past, you use the past anterior, which is the historic past of the auxiliary verb + past participle:

quand j'eus donné   *quand je fus venu(e)*   *quand je me fus assis(e)*

This tense is rather formal and tends to be used only in a written context in conjunction with the historic past:

> *Aussitôt que l'ambulance fut arrivée, on emmena le blessé.*
> As soon as the ambulance arrived, the injured person was taken away.

In conversation you are more likely to use the passé composé for both verbs:

> *Aussitôt que l'ambulance est arrivée, on a emmené le blessé.*
> As soon as the ambulance arrived, the injured person was taken away.

Future perfect (*Le futur antérieur*)

The future perfect tells what will have happened before another event, by a certain time, etc.:

> *Demain à cette heure mes parents auront atterri en Australie.*
> By this time tomorrow my parents will have landed in Australia.

After time expressions such as *quand, lorsque, dès que, aussitôt que,* and *une fois que,* it can be used to contrast what you will have already done with what you will do then:

> *Aussitôt que j'aurai réalisé ce projet, je prendrai des vacances.*
> As soon as I have completed this project I will go on vacation. (i.e., first the project, then the vacation)

other compound tenses

The future perfect is formed with the future of the auxiliary verb + the past participle:

donner	*venir*	*s'asseoir*
(will have given)	(will have come)	(will have sat down)
j'aurai donné	je serai venu(e)	je me serai assis
tu auras donné	tu seras venu(e)	tu te seras assis(e)
il aura donné	il sera venu	il se sera assis
elle aura donné	elle sera venue	elle se sera assise
nous aurons donné	nous serons venu(e)s	nous nous serons assis(es)
vous aurez donné	vous serez venu(e)(s)	vous vous serez assis(e)(s)
ils auront donné	ils seront venus	ils se seront assis
elles auront donné	elles seront venues	elles se seront assises

Past conditional (*Le conditionnel passé*)

This tense tells what would have happened (but didn't) or what wouldn't have happened (but did):

> *Si j'avais su que vous veniez, j'aurais fait un gâteau.*
> If I had known you were coming, I would have made a cake. (no cake!)

> *Nous ne serions pas entrés dans la maison si on nous avait dit qu'elle était dangereuse.*
> We would not have gone into the house if someone had told us it was dangerous.
> (We did go in.)

(See also Chapter 38 on "If" clauses.)

The past conditional is also used in reported speech (see Chapter 44):

> *«Nous aurons terminé avant midi», a dit le mécanicien.*
> *Le mécanicien a dit qu'ils auraient terminé avant midi.*
> "We'll be finished by noon," said the mechanic.
> The mechanic said that they would be finished by noon.

The past conditional is formed with the conditional of the auxiliary and the past participle:

donner	*venir*	*s'asseoir*
(would have given)	(would have come)	(would have sat down)
j'aurais donné	je serais venu(e)	je me serais assis(e)
tu aurais donné	tu serais venu(e)	tu te serais assis(e)
il aurait donné	il serait venu	il se serait assis
elle aurait donné	elle serait venue	elle se serait assise
nous aurions donné	nous serions venu(e)s	nous nous serions assis(es)
vous auriez donné	vous seriez venu(e)(s)	vous vous seriez assis(e)(s)
ils auraient donné	ils seraient venus	ils se seraient assis
elles auraient donné	elles seraient venues	elles se seraient assises

mettez-vous au point!

1. Un peu d'histoire de France

Complétez ce texte concernant l'histoire du Val de Loire à l'aide des verbes entre parenthèses utilisés au plus-que-parfait.

Avant de prendre le nom d'Orléans, cette ville (s'appeler) **s'était appelée** Genabum, de même que

Paris (se nommer) _____ Lutèce. Avant d'être envahi par les Normands, le Val de

Loire (connaître) _____ les invasions des Huns, des Visigoths et des Maures. Bien

avant de se soumettre au roi de France fixé à Paris, les seigneurs (se partager) _____

les pays de Loire, (fortifier) _____ l'accès aux ponts sur la Loire et

(construire) _____ des forteresses imprenables au bord du fleuve. En épousant

Henri II d'Angleterre, Aliénor d'Aquitaine lui (apporter) _____ tout le sud-ouest

en dot. Ce n'est qu'en 1481 que le Val de Loire (devenir) _____ totalement français

alors que la Bretagne (rester) _____ autonome.

2. Demain à cette heure ...

Votre tante vous a offert un billet d'avion pour Paris. Vous partez demain matin passer trois jours dans un hôtel boulevard Montparnasse. Imaginez ce que vous aurez déjà fait demain à cette heure-ci ...

EXEMPLE: **arriver à l'aéroport de Roissy**
             Demain, je serai déjà arrivé(e) à Roissy.

1. prendre le bus pour aller à Paris

   _____

2. trouver mon hôtel

   _____

3. m'installer dans ma chambre

   _____

4. ouvrir ma fenêtre et admirer Paris

   _____

5. prendre une douche

   _____

6. remonter le boulevard Montparnasse à pied

   _____

other compound tenses

7. admirer les belles boutiques

_____

8. me payer un café dans un bistrot

_____

3. Qu'auriez-vous fait, vous?

Qu'auriez-vous fait si vous aviez eu une panne d'essence sur l'autoroute?

EXEMPLE: **garer ma voiture sur le bas-côté**
J'aurais garé ma voiture sur le bas-côté.

1. faire du stop jusqu'à la station-service

_____

2. acheter un bidon d'essence

_____

3. revenir à la voiture

_____

4. mettre l'essence dans le réservoir

_____

5. redémarrer la voiture

_____

Qu'auriez-vous fait si votre appareil-photo était tombé dans la rivière?

6. me dévêtir

_____

7. plonger dans la rivière

_____

8. prendre l'appareil-photo

_____

9. remonter sur la berge

_____

10. ouvrir l'appareil-photo

_____

11. le sécher

_____

12. me sécher moi-même et me rhabiller

_____

... et en route!

1. Avant ce moment-là

On fait une enquête sur un crime, et on vous demande ce que vous aviez fait avant un certain moment. Déterminez l'heure du crime entre vous, et chacun(e) doit dire ce qu'il/elle avait fait avant l'heure fatidique.

EXEMPLE: **Voici ce que j'avais fait avant 11 heures: j'avais pris une douche, j'avais fait mon lit, j'étais descendu(e) prendre le petit déjeuner ...**

2. A une année d'ici

Essayez de pronostiquer les événements de votre vie pour la prochaine année. A cette époque de l'année prochaine, qu'aurez-vous fait? Où aurez-vous été? Vous pouvez le dire oralement à vos camarades de classe ou à votre professeur, ou bien l'écrire comme une courte rédaction.

3. Quel mépris!

a. Travail à deux. L'un(e) raconte ce qu'il/elle a fait pendant un voyage ou des vacances, au passé composé. L'autre, qui est très méprisant(e), pense qu'il/elle aurait pu faire mieux, et dit ce qu'il/elle aurait fait (au conditionnel passé, bien entendu).

EXEMPLE: **—Nous sommes allés en Italie par le car Eurolines.**
            —Oh, bof! Moi, j'y serais allé(e) en avion!
            —Nous avons passé une journée à Rome.
            —Ça alors! Moi, j'y aurais passé au moins une semaine!

Continuez ...

b. Exercice écrit. Imaginez que vous avez passé des vacances très simples dans votre région, parce que vous n'aviez ni l'argent ni le temps pour faire autre chose. Ecrivez ce que vous auriez fait (au conditionnel passé) si vous aviez eu plus d'argent et de temps.

EXEMPLE: **Je suis allé(e) camper avec des copains/copines: nous avons passé trois jours au bord d'un lac.**
            Si nous avions eu plus d'argent et de temps, nous serions allé(e)s sur la Côte d'Azur, où nous aurions loué des chambres dans un hôtel de luxe, nous ...

Continuez cette histoire imaginaire!

other compound tenses

chapter 21

The Historic Past Tense

mécanismes

Uses

The historic past is a simple—that is, a one-word—tense used to report single, completed events in the past. However, because it is used only in formal writing, it is quite often seen—in books, newspapers, reports, documents, and so on—but is seldom heard. In fact, you would only hear it when one of the above examples of reading matter was being read aloud. You would never use the historic past in conversation, however formal: you would use the passé composé instead (see Chapter 19):

> *Les représentants de la ville jumelle plantèrent un arbre et leur maire prononça un petit discours en français.*
> The representatives from the sister city planted a tree and their mayor gave a little speech in French.

> *La Seconde Guerre mondiale éclata en 1939 quand les Allemands envahirent la Pologne.*
> World War II broke out in 1939, when the Germans invaded Poland.

- This tense can be used to sum up a longer period of time when it is looked at as a completed whole:

> *Les années de la guerre furent dures pour la France occupée. L'occupation dura cinq ans.*
> The war years were hard for occupied France. The occupation lasted five years.

- Although the historic past is usually the formal equivalent of the English simple past, pay attention to sentences such as "When Monet lived in Giverny, he spent a lot of time creating his garden," which is descriptive and requires the imperfect (see Chapter 18) in French: *Quand Monet habitait à Giverny, il passait beaucoup de temps à créer son jardin.*

Formation

a) Regular verbs

Remove the infinitive ending in all cases:

donner	*remplir*	*vendre*
je donnai	je remplis	je vendis
tu donnas	tu remplis	tu vendis
il/elle donna	il/elle remplit	il/elle vendit
nous donnâmes	nous remplîmes	nous vendîmes
vous donnâtes	vous remplîtes	vous vendîtes
ils/elles donnèrent	ils/elles remplirent	ils/elles vendirent

- All *-er* verbs (even *aller*) are regular in the historic past. Watch out for verbs ending in *-cer* and *-ger*, however: Because of the *-a-* in all endings but *-èrent,* you need to write *-ç-* and *-ge-:*

     je lançai, il commença, elle mangea, nous arrangeâmes

  BUT:

     ils commencèrent, ils bougèrent

- Nearly all *-ir* verbs, including those that have special forms in the present, have the stem + *-is* series of endings as shown above. Exceptions: *acquérir—j'acquis; courir—je courus; tenir/venir—je tins/je vins* (see below).

- *-re* verbs: For irregular ones, see below.

b) Irregular verbs

Most verbs that do not fall into the regular conjugations or subgroups have unpredictable stems, but their endings are formed as follows, using *-i-* or *-u-* as the vowel throughout:

     -is, -is, -it, -îmes, -îtes, -irent

OR:

     -us, -us, -ut, -ûmes, -ûtes, -urent

Note: Compounds and groups are listed under the present tense in Chapter 14 or in the verb tables at the end of the book, pages 318–339.

-i- verbs	
acquérir (*and group*)	j'acquis
s'asseoir	je m'assis
battre (*and group*)	je battis
conduire (*and group*)	je conduisis
dire (*and group*)	je dis
écrire (*and compounds*)	j'écrivis
faire (*and compounds*)	je fis
mettre (*and compounds*)	je mis
naître	je naquis
peindre (*and group*)	je peignis
prendre (*and compounds*)	je pris
rire/sourire	je ris/souris
rompre (*and compounds*)	je rompis
suffire	je suffis
suivre/poursuivre	je suivis/poursuivis
vaincre (*and group*)	je vainquis
voir (*and compounds*)	je vis

-u- verbs	
recevoir (*and group*)	je reçus
boire	je bus
connaître (*and group*)	je connus
courir (*and compounds*)	je courus
croire	je crus
croître (*and compounds*)	je crus
devoir	je dus
falloir	il fallut (*only*)
lire	je lus
mourir	je mourus
plaire	je plus
pleuvoir	il plut (*only*)
pouvoir	je pus
résoudre (*and group*)	je résolus
savoir	je sus
se taire	je me tus
valoir	je valus
vivre	je vécus
vouloir	je voulus

This leaves only *tenir, venir,* and their compounds, which have basically the same pattern, but the vowel sound is the nasal *-in-* throughout:

> *tenir: je tins, tu tins, il tint, nous tînmes, vous tîntes, ils tinrent*
> *venir: je vins, tu vins, il vint, nous vînmes, vous vîntes, ils vinrent*

- Because the historic past is essentially a written tense used to relate things *about* people and things rather than to talk *to* them, the third person forms (*il/elle, ils/elles*) will occur much more frequently than the first and second person forms.

mettez-vous au point!

1. A la recherche de nouvelles rencontres

Fuyant l'insomnie et l'obsession d'un amour déçu, Jean erre dans les rues et les bars, en quête de nouvelles rencontres. Voici un extrait de *Les gens de la nuit* de Michel Déon, que vous mettrez au passé simple.

C'est à la fin du sixième concerto brandebourgeois que l'on (frapper) _____. Gisèle (se lever) _____ et (ouvrir) _____ à demi, juste au moment où la minuterie du couloir s'éteignait. Je n'(avoir) _____ que le temps d'apercevoir la haute silhouette d'homme qui se tenait dans l'encadrement de la porte: un visage sombre zébré de sparadrap, un crâne rasé, un blouson de cuir noir. Gisèle (sortir) _____ et (refermer) _____ la porte derrière elle. Maggy ne (bouger) _____ pas de son divan … Je (se lever) _____ pour changer le disque … Aux premières mesures de Schubert, Gisèle (revenir) _____, (fermer) _____ la porte, (fouiller) _____ dans son sac, (sortir) _____ de nouveau et (rester) _____ encore quelques minutes sur le palier avant de nous rejoindre et de s'affaler dans le fauteuil. Je (reprendre) _____ ma place à ses pieds …

Il devait être minuit quand Maggie (se lever) _____ … Elle (embrasser) _____ son amie, me (tendre) _____ une main distraite …

Nous (se retrouver) _____ face à face. J'(ouvrir) _____ les bras. Elle (s'avancer) _____ lentement, la tête penchée, offrant son cou …

Michel Déon, *Les gens de la nuit*

2. Eric Cantona

Eric Cantona est un footballeur français d'exception. Voici la transcription de son interview. Il vous faut maintenant transformer le dialogue en récit, en mettant au passé simple les verbes utilisés au passé composé.

EXEMPLE: **Où êtes-vous né, Eric? Je suis né à Marseille en 1966.**
             Eric Cantona naquit à Marseille en 1966.

—Etes-vous marié?
—Oui, et j'ai un fils, Raphaël, qui est né en 1988.

_____

—Quelle est votre formation de footballeur?
—J'ai suivi des études secondaires très courtes; j'ai quitté l'école à 15 ans et j'ai
fait mon entrée au Centre de formation Guy Roux à Auxerre.

_____

_____

—Quelle est votre plus grande passion, le football ou la vie de famille?
—L'un complète l'autre. Isabelle et moi nous nous sommes mariés très jeunes, et
nous avons eu notre fils très tôt. Il a fallu qu'Isabelle commence à s'intéresser au
football. Elle a dû suivre mes matchs à la télé quand Raphaël était petit. Puis deux
chiennes sont venues agrandir la famille, Brenda et Ballerine.

_____

_____

_____

—Avez-vous d'autres passions?
—Oui, la peinture. J'adore peindre. Une fois, j'ai peint une nuit entière, ça m'a
délassé.

_____

—Vous êtes parti jouer en Angleterre en 1992. Que pensez-vous du football en
Angleterre?
—J'ai été très heureux de jouer là-bas: le football anglais est un football honnête,
et l'attachement des supporters est plus fort qu'en France.

_____

_____

En Angleterre, Eric est parvenu à s'exprimer pleinement. Il a réussi ses matchs
et il est rapidement devenu une idole. Un jour, au Crystal Palace, un spectateur
l'a provoqué, et il a failli aller en prison, mais malgré toute la publicité et les six
mois de suspension, il a décidé de rester en Angleterre.

_____

_____

_____

_____

3. Charles de Gaulle

Charles de Gaulle fut un grand général et un grand homme politique français. Ecrivez ce court récit de sa vie en mettant au passé simple les verbes qui sont au présent.

Charles de Gaulle naît _____ le 22 novembre 1890 à Lille. Son père, Henri de Gaulle,

est _____ professeur de Lettres et de Philosophie. Dès son plus jeune âge, Charles

de Gaulle se passionne _____ pour l'histoire de France que lui fait _____

découvrir son père. Celui-ci le conduit _____ régulièrement visiter le tombeau de

Napoléon aux Invalides. Il va _____ à l'école militaire de Saint-Cyr, il en sort

_____ en 1912 et devient _____ officier. Pendant la Première Guerre

mondiale, 1 350 000 Français meurent _____. Ceci choque _____ beaucoup

le Général qui tire _____ les leçons de la Première Guerre mondiale. Il organise

_____ la Résistance depuis Londres en 1940 et vainc _____ l'envahisseur avec

l'aide des Alliés. Lui et le Gouvernement provisoire reconstruisent _____ la France,

nationalisent _____ des banques et des entreprises, accordent _____ le droit

de vote aux femmes. Il revient _____ au pouvoir en 1958, au moment de la guerre

d'Algérie et il conduit _____ la décolonisation. Il meurt _____ le 9 novembre

1970.

... et en route!

1. Histoire d'une ville

Ecrivez au passé simple une courte histoire de votre ville, village ou région. Qui la/le fonda?
Qui dessina/construisit les bâtiments principaux? Qui établit les activités économiques originelles
et actuelles? Comment la ville souffrit-elle pendant les guerres? Et pendant les récessions? Qui fut son
personnage le plus célèbre? Et son citoyen le plus connu/généreux, etc.? Quand arriva le chemin de fer?
L'aéroport? L'électricité? ...

2. Héros ou vilain?

Ecrivez une courte biographie d'un personnage historique, en racontant ses exploits ou ses méfaits
principaux.

3. Qui fit quoi?

Résumez au passé simple l'action d'un livre, d'un film ou d'une pièce de théâtre. Si vous étudiez un livre ou film pour vos examens, cet exercice pourrait faire d'une pierre deux coups!

4. Reportage

Rédigez au passé simple un article de journal qui rendra compte d'un incident dans la rue. Ce pourrait être le même fait que celui que vous avez déclaré à la police à la page 131, exercice 5: dans ce cas, vous le mettrez au passé simple.

chapter 22

Past Tenses Contrasted

mécanismes

You have already seen the differences in use of *le passé composé* (perfect) in Chapter 19 and *le passé simple* (historic past) in Chapter 21. This section concentrates on the contrast between either of these two tenses and *l'imparfait* (imperfect), presented in Chapter 18.

The passé composé or historic past versus the imperfect

a) First of all, remember that the passé composé and the historic past are used to denote single, completed actions in the past, even if the action actually lasted a long time:

> *Hier je suis allé(e) à la plage avec mon club de jeunes. Nous y avons passé toute la journée et nous sommes rentrés vers 10 heures du soir.*
> Yesterday I went to the beach with my youth club. We spent the whole day there and came home around 10 P.M. (Three completed events, in informal, conversational style, therefore in the passé composé.)

> *Charles de Gaulle fut un des personnages militaires et politiques français les plus importants du vingtième siècle. Sa vie fut assez longue: il naquit en 1890 et mourut en 1970. C'est-à-dire qu'il vécut 80 ans.*
> Charles de Gaulle was one of the most important French military and political figures of the twentieth century. His life was quite long: He was born in 1890 and died in 1970. That is, he lived 80 years. (Five completed events or states in formal, written style.)

b) Remember that the imperfect is used to describe the background scene or actions. When the action began and if or when it was likely to end are of no importance:

> *Il faisait beau hier au bord de la mer, et la plage était pleine de gens qui bronzaient, nageaient, jouaient, pique-niquaient. Tout le monde était content.*
> It was lovely yesterday at the seashore, and the beach was full of people (who were) sunbathing, swimming, playing, picnicking. Everybody was happy. (All the actions and states are descriptive, stating what was happening. When or whether the actions began and ended is of no importance here.)

> *De Gaulle était Président à l'époque des agitations étudiantes de 1968.*
> De Gaulle was president at the time of the student unrest in 1968. (Background information. Again, the beginning or end of his presidency is irrelevant to the statement.)

c) Remember also that the imperfect is used to describe actions that happened repeatedly and is therefore often linked to adverbs of time indicating repetition, such as *toujours, souvent, quelquefois, tous les jours, jamais*.

- Contrast these two statements:

> *Quand j'allais à l'école primaire, je rentrais tous les jours à la maison pour le déjeuner, mais quelquefois, quand ma mère devait travailler, je mangeais à la cantine.*
> When I was going (used to go) to elementary school, I came (used to come) home every day for lunch, but sometimes when my mother had (used to have) to work, I ate/used to eat in the cafeteria. (All these actions say what you used to do at the stated intervals, and again, the beginning or end of the period is of no consequence.)

> *Quand j'allais à l'école primaire, je n'ai mangé à la cantine que trois fois.*
> When I went to elementary school I ate in the cafeteria only three times. (The first verb provides background and is therefore in the imperfect. The second verb looks at the eating as a completed whole that began with the first and ended with the third cafeteria meal: therefore the passé composé is used.)

- Another contrast:

> *A l'école primaire je n'apprenais pas l'anglais.*
> In elementary school I didn't learn English.

> *A l'école primaire je n'ai pas appris d'anglais.*
> In elementary school I didn't learn any English.

The first example merely implies that nobody taught (used to teach) English there: time is irrelevant. The second example suggests that at the point where you ended your elementary school education, no one had succeeded in teaching you any English, therefore the passé composé is used to express this completed (non-)event.

- Here is another contrast, only this time using the historic past in a more formal style:

  Au cours du vingtième siècle, il y avait de temps en temps des guerres—civiles, internationales, mondiales.

  Au cours du vingtième siècle il y eut de temps en temps des guerres—civiles, internationales, mondiales.

  From time to time during the twentieth century, there were wars—civil, international, worldwide.

Although the length of time is specified (the twentieth century), in the first example (imperfect) the recurrent nature and variety of the wars are emphasized, whereas in the second example (historic past) the century is looked at as a completed whole, including its wars.

---

d) The imperfect and the passé composé or historic past often occur in the same sentence when you want to describe the background (what was going on) to an event in the past (what actually happened):

Il pleuvait quand nous sommes partis ce matin.
It was raining when we left this morning.

Je dînais quand tu as téléphoné.
I was having my dinner when you called.

Au moment où Christophe Colomb débarqua en Amérique, Isabelle la Catholique règnait toujours en Espagne.
When Christopher Columbus landed in America, Isabella was still queen of Spain.

mettez-vous au point!

1. Coopération fraternelle

Votre jeune frère apprend aussi le français, mais naturellement il en sait moins que vous. Son prof lui a donné un exercice qu'il trouve difficile, mais que vous trouverez très simple. Pouvez-vous l'aider à le faire? Mettez le verbe entre parenthèses au passé composé ou à l'imparfait.

1. Quand nous étions en vacances, je (aller) _____ tous les jours à la piscine.

2. Ce matin je (aller) _____ à la piscine.

3. Il y a trois ans nous (travailler) _____ moins que maintenant.

4. Hier nous (travailler) _____ de huit heures du matin jusqu'à dix heures du soir.

5. Le week-end dernier je (faire) _____ un nouveau gâteau.

6. Je le (faire) _____ quand ma sœur aînée est rentrée à la maison samedi midi.

7. Qu'est-ce que tu (faire) _____ quand je t'ai téléphoné?

8. Quand le téléphone (sonner) _____, j'étais sous la douche!

9. Dimanche dernier toute la famille (manger) _____ au restaurant.

10. Il y a quelques années, nous (manger) _____ dans les restaurants beaucoup plus souvent que maintenant.

11. Qu'est-ce que tu (choisir) _____ dimanche dernier au restaurant?

12. J'ai choisi le coq au vin, mais quand j'étais plus jeune, je (choisir) _____ toujours le steak-frites.

13. A cette époque-là je ne (prendre) _____ jamais d'alcool …

14. … mais dimanche dernier je (boire) _____ plusieurs verres de vin.

15. C'est la dernière question: je (finir) _____ l'exercice!

2. Ah! Comme il pleuvait …!

Choisissez entre le passé composé ou l'imparfait selon le sens.

1. Quand je suis sorti ce matin, (il a plu/il pleuvait) _____ à verse.

2. De temps en temps, les voitures qui (sont passés/passaient) _____ dans la rue (ont éclaboussé/éclaboussaient) _____ les piétons.

3. Après avoir fait 200 mètres, (j'ai décidé/je décidais) _____ de rentrer chercher mon parapluie et mettre mes bottes.

4. Ma sœur (m'a demandé/me demandais) _____ ce que (j'ai fait/je faisais) _____, et (je lui ai décrit/je lui décrivais) _____ le temps qu'il (a fait/faisait) _____ dehors.

5. Il faut dire que ma sœur (a quitté/quittait) _____ la maison toujours un quart d'heure après moi, car elle (est allée/allait) _____ à un autre collège.

6. Alors, maintenant que (j'ai été/j'étais) _____ mieux préparé pour affronter le mauvais temps, (je suis sorti/je sortais) _____ de nouveau.

7. Avant d'arriver à l'arrêt du bus (j'ai vu/je voyais) _____ soudain qu'(il y a eu/il y avait) _____ une petite foule qui (a regardé/regardait) _____ quelque chose dans la rue.

8. (J'ai demandé/Je demandais) _____ à une fille qui (s'est détachée/se détachait) _____ de la foule ce qui (s'est passé/se passait) _____.

9. Elle (m'a répondu/me répondait) _____: «Un vieux monsieur (a glissé/glissait) _____ sur la chaussée, qui (a été/était) _____ très mouillée, et (il s'est fait/se faisait) _____ mal à la jambe.

10. On (a appelé/appelait) _____ l'ambulance», (a-t-elle ajouté/ajoutait-elle) _____.

11. Quant à moi, (je me suis rendu/je me rendais) _____ compte que (je n'ai pu/je ne pouvais) _____ rien faire pour l'aider, et aussi que (je me suis trempé/je me trempais) _____ sous l'eau.

12. Donc (j'ai repris/je reprenais) _____ le chemin du collège.

3. Grisaille parisienne

Voici un autre extrait du livre *Les gens de la nuit,* de Michel Déon, dont vous avez déjà utilisé un extrait à la page 141. Il faut mettre les verbes au passé simple ou à l'imparfait selon le sens.

Lella était levée quand je (rentrer) _____. Elle (préparer) _____ le petit déjeuner pendant que je (se baigner) _____ et (se raser) _____.

Au bureau, j'(arriver) _____ le premier avant les secrétaires. La baie vitrée (donner) _____ sur les Champs-Elysées que (couvrir) _____ le flot des voitures multicolores. Au loin, on (apercevoir) _____ l'Arc de Triomphe appuyé contre le ciel bleu pâle. Le printemps (donner) _____ à Paris un air de kermesse froide avec des affiches géantes mais muettes, les arbres qui (bourgeonner) _____, les devantures rouges des cafés, les paquets de piétons qui (traverser) _____ les clous. Je (quitter) _____ la fenêtre et (s'asseoir) _____ à ma table. Dans le tiroir à droite, il y (avoir) _____ encore une photo d'elle. Je la (regarder) _____ un instant avant de la déchirer en morceaux.

Michel Déon, *Les gens de la nuit*

… et en route!

1. En équipe c'est mieux

Vous vous divisez en deux groupes. Le groupe A propose un début de phrase à l'imparfait (Exemple: **Quand mon père était jeune …**), le groupe B a 30 secondes pour terminer cette phrase soit à l'imparfait, soit au passé composé et marquer 1 point.

Puis le groupe B propose un début de phrase (Exemple: **Quand on construisait la tour Eiffel …**) et c'est au groupe A de terminer. Si la fin de la phrase n'a pas de sens, le point va à l'équipe adverse.

2. Devinettes historiques

Qui était Président des Etats-Unis lorsque le premier homme a marché sur la lune?
Qui était roi ou reine d'Angleterre lorsque Shakespeare a écrit Hamlet?
Que mangeaient les Gaulois lorsque les Romains ont envahi la Gaule?

Posez des devinettes sur l'histoire aux autres étudiants et inventez-en d'autres, sur le même modèle. Ceci peut également se faire par équipes, sous forme de jeu.

3. Une journée pleine d'interruptions

Ecrivez une lettre à un(e) ami(e) où vous racontez une journée de travail ou de loisir où tout le monde semblait s'être mis d'accord pour interrompre vos activités. Dites ce que vous faisiez quand quelqu'un vous a interrompu(e).

EXEMPLE: **J'étais sur le point de me mettre sous la douche, quand j'ai entendu aboyer le chien. Je me dirigeais vers la fenêtre pour voir ce que c'était, quand le téléphone a sonné. Pendant que je parlais au téléphone …**

Continuez!

chapter 23

Reflexive Verbs

mécanismes

Reflexive verbs are verbs where the subject and object are the same, or, if you like, the action "reflects back" onto the subject. There are some reflexive verbs in English, such as "behave yourself!" They are easily recognizable because of the use of a pronoun ending in "-self," but there are many more in French:

> *Je m'appelle Gaëtan.*
> I'm called (literally, "I call myself") Gaëtan.

> *Anne se lave dans la salle de bains.*
> Anne is washing (herself) in the bathroom.

Sometimes the verb is reflexive, although the reason may be less obvious:

> *Michèle s'en va en Provence.*
> Michèle is going away to Provence.

> *Elle se plaint de son travail.*
> She complains about her work.

> *Que se passe-t-il?*
> What's going on?

Here are some common French reflexive verbs that are not all reflexive in English:

s'en aller	to go away	*s'habiller*	to dress, get dressed
s'asseoir	to sit down	*se laver*	to wash (oneself)
se baigner	to bathe, have a bath	*se lever*	to get up, stand up
se baisser	to go down	*se peigner*	to comb one's hair
se coiffer	to do one's hair	*se raser*	to shave
se coucher	to go to bed	*se réveiller*	to wake up
se couper	to cut oneself	*se taire*	to be quiet, shut up
se doucher	to take a shower	*se vêtir*	to dress
s'élever	to rise, go up		

- Often a verb is used reflexively in French but is used intransitively (that is, without a direct object) in English.

  Compare:

Intransitive—reflexive	Transitive—not reflexive
La porte s'est fermée	*Didier a fermé la porte.*
The door closed.	Didier closed the door.
Soudain la lumière s'est éteinte.	*En sortant, Claudine a éteint la lumière.*
Suddenly the light went out.	As she left, Claudine turned off the light.
Le car s'arrête près de la mairie.	*Il faut arrêter le car.*
The bus stops near the town hall.	We must stop the bus.

  Some French verbs commonly used reflexively in this way are:

s'allumer	to light up (light, fire)
s'arrêter	to stop
se développer	to develop, grow
s'éteindre	to go out (light, fire)
se fermer	to close, shut (window, door, shop)
s'ouvrir	to open

- The reflexive form is also used to indicate reciprocal action, that is, things people do to one another:

  Nous nous écrivons tous les mois.
  We write to each other every month.

  Ils s'aimaient follement.
  They loved each other madly.

  Ils se regardèrent avec appréhension.
  They looked at each other apprehensively.

- The reflexive form is sometimes used instead of the passive voice:

  La mairie se reconstruisit après la guerre.
  The town hall was rebuilt after the war.

  (See Chapter 29 for a fuller treatment of this use.)

- When you perform an action to a part of your body or clothing, you use the reflexive verb, and the reflexive pronoun (*me, te,* etc.) takes the place of the possessive (*mon, ton,* etc.):

  Hélène s'est cassé la jambe en faisant du ski.
  Hélène broke her leg skiing.

  En passant par la barrière je me suis déchiré le pantalon.
  I tore my pants going through the gate.

Formation

The reflexive pronouns *me, te, se, nous, vous, se* come before the verb except in the affirmative imperative. *Me, te, se* become *m', t', s'* before a vowel or mute *h. Te* becomes *toi* in the affirmative imperative, except in *va-t'en* (go away). The reflexive pronoun can be either the direct or the indirect object:

> *Nous nous sommes réveillés vers sept heures.*
> We woke up around 7 o'clock. (Direct object—we woke ourselves up.)

> *Nous nous sommes fait un café.*
> We made ourselves a cup of coffee. (Indirect object—we made coffee for ourselves.)

a) Simple tenses

The endings of the verb are not affected by the reflexive pronoun in simple (one-word) tenses:

se laver	*s'habiller*	*s'en aller*
je me lave	je m'habille	je m'en vais
tu te laves	tu t'habilles	tu t'en vas
il/elle se lave	il/elle s'habille	il/elle s'en va
nous nous lavons	nous nous habillons	nous nous en allons
vous vous lavez	vous vous habillez	vous vous en allez
ils/elles se lavent	ils/elles s'habillent	ils/elles s'en vont

b) Affirmative imperative

lave-toi	*habille-toi*	*va-t'en*
lavez-vous	*habillez-vous*	*allez-vous-en*
lavons-nous	*habillons-nous*	*allons-nous-en*

c) Compound tenses

In compound (two-word) tenses—the passé composé, pluperfect, future perfect, conditional perfect, and past anterior (see Chapters 19 and 20)—be careful because

1. when a verb is used reflexively, it is conjugated with *être,* and
2. the past participle agrees with the reflexive pronoun if it is the direct object. (In practice, of course, it also agrees with the subject, which is the same person or thing.) There is no agreement if the reflexive pronoun is the indirect object.

Here are a few examples:

> *Nous nous sommes levés tôt ce matin.*
> We got up early this morning.

> *Nos parents s'étaient déjà levés.*
> Our parents had already gotten up.

Si elle avait eu assez d'argent, Francine se serait acheté du parfum.
If she had had enough money, Francine would have bought herself some perfume.
(for herself = indirect object, so no agreement)

This is explained more fully in Chapter 19 on pages 124–125.

- Be careful about phrases like "I did it myself." This is not a reflexive construction. "Myself" simply helps to emphasize the subject, and the French equivalent is *moi-même, toi-même*, etc. (See Chapter 10, pages 61–62.)

  Je l'ai fait moi-même.
  I did it myself.

  Ils sont venus eux-mêmes.
  They came themselves.

mettez-vous au point!

1. C'est la routine

Adrienne est allée chez le médecin parce qu'elle ne se sentait pas bien. Le médecin lui a demandé de lui raconter ses journées pour essayer de comprendre. Utilisez les verbes de la case ci-dessous pour décrire les activités d'Adrienne.

se coucher	se doucher	se détendre	s'endormir
se lever	s'asseoir devant la télé	se laver	se faire un café
s'étendre au soleil	se rendre au travail	se brosser les cheveux	

a. Vous êtes Adrienne. Mettez les verbes dans un ordre vraisemblable au présent, pour indiquer ce que vous faites tous les jours.

Commencez: **Je me réveille tous les jours à 6h45, puis je …**

_____

_____

_____

_____

_____

b. Vous êtes le médecin et vous notez ce que vous raconte Adrienne. Ecrivez ce qu'elle a fait hier.

Commencez: **Hier, Adrienne s'est réveillée à 6h45, puis elle …**

_____

_____

_____

_____

_____

_____

2. Deux ennemis jurés

Léon et Marcel étaient ennemis jurés à l'école. Ils se retrouvent 10 ans plus tard.

a. Vous racontez l'histoire de leur rencontre au présent.

«Les deux hommes (se reconnaître) _____ : oui, ils se sont déjà rencontrés. Ils

(se toiser) _____. Ils (ne pas se saluer) _____. Ils (ne se faire) _____

aucun signe. Ils (ne s'adresser) _____ qu'un regard plein de défi. Ils (se mesurer)

_____. Et vlan! Le premier coup est parti. Ils (se battre) _____, comme au

bon vieux temps. Ils (s'arracher) _____ tout ce qu'ils peuvent: les cheveux, les oreilles,

les boutons, ils (se taper) _____, ils (se cogner) _____, ils (se griffer)

_____, comme autrefois; puis, épuisés, ils (se regarder) _____, (se serrer)

_____ la main et puis (s'éloigner) _____ l'un de l'autre, heureux d'être encore

jeunes.»

b. Le soir, Léon raconte à sa femme: «Tu sais, j'ai rencontré Marcel, nous nous sommes reconnus: oui, nous nous étions déjà rencontrés. Nous nous sommes toisés …» Continuez son histoire en utilisant le passé composé.

_____

_____

_____

_____

_____

c. Léon parle maintenant de ce qu'ils auraient pu faire. Racontez ce qu'il dit, en utilisant le conditionnel passé.

«Ah!» dit-il à sa femme, «si nous avions oublié les haines du passé, nous nous serions salués, nous

(se serrer) _____ la main; nous (se dire) _____ qu'on est content; nous

(se parler) _____ pendant des heures; nous (se montrer) _____ des photos;

nous (se raconter) _____ les voyages; nous (se promettre) _____ de nous

téléphoner; nous (se donner) _____ rendez-vous …»

reflexive verbs

_____

_____

_____

3. Une maison très moderne

Voici votre idée de la maison moderne parfaite. Complétez le texte à l'aide des verbes ci-dessous utilisés au présent.

s'arrêter	s'allumer	se déplacer	se développer
s'ouvrir	se garer	se fermer	s'éteindre

Les volets _____ et _____ en appuyant sur la télécommande. Toutes les

lumières de la maison _____ et _____ par télécommande. La télévision

_____ dans la maison par commande à distance, la voiture _____ toute seule

au garage et le moteur _____ tout seul. Ce style de maison _____ de plus

en plus.

4. Le casse-cou

Choisissez parmi les verbes de la case ci-dessous pour raconter l'histoire de Jean-Marie au passé composé.

s'abîmer	se casser	s'arracher	se déchirer	se prendre
se fracturer	se faire	se tacher	se cabosser (= to dent)	s'ouvrir

Jean-Marie est un vrai casse-cou à moto. Hier encore, il est tombé et il _____ le nez,

il _____ le bras, il _____ l'arcade sourcilière et il _____ des bleus

partout. Mais sa mère se moque bien de tout cela. Ce qui la fâche, c'est qu'il _____ le

pantalon, qu'il _____ la veste dans la roue de la moto et qu'il _____ trois

boutons. En plus, il _____ la chemise, il _____ les chaussures qu'elle venait

de lui acheter et il _____ (même) le casque.

... et en route!

1. Un échange interplanétaire

Vous faites un échange avec un(e) jeune d'une autre planète (joué(e) par votre camarade de classe), où la vie quotidienne est très différente de la nôtre. Alors, expliquez-lui vos activités de tous les jours, en employant beaucoup de verbes pronominaux. Votre camarade interplanétaire est tellement surpris(e) de ce que vous lui racontez, qu'il/elle répète tout ce que vous lui dites.

EXEMPLE: —**Je me réveille à six heures du matin.**
        —**Comment? Tu te réveilles/Vous vous réveillez à six heures du matin?**

2. Chez le médecin

Travaillez avec un(e) partenaire. Vous êtes le médecin et son/sa secrétaire, et vous discutez des problèmes des différents patients que le médecin a vus ce matin.

EXEMPLE: —**M. Laforge, qu'est-ce qu'il a, lui?**
        —**Ah, lui, il s'est tordu la cheville.**

Voici des verbes que vous pourriez utiliser:

se casser	se tordre	se brûler	se couper
se faire mal à	se faire un bleu à	s'écorcher	

3. Les retrouvailles

Racontez à votre voisin(e) que vous avez revu X, un(e) camarade de classe de l'année dernière.

EXEMPLE: —**Tu sais, j'ai revu X.**
        —**Ah bon! Et qu'est-ce que vous avez fait?**
        —**Nous nous sommes salué(e)s.**
        —**Ah bon! Vous vous êtes salué(e)s?**

Continuez, en utilisant les propositions suivantes ou d'autres de votre choix:

s'asseoir dans le parc; se parler pendant des heures; se promener au bord du lac; se diriger vers ...; se prendre un Coca en route; se promettre de se revoir; se donner rendez-vous la semaine prochaine; se séparer, etc.

reflexive verbs

chapter 24

The Infinitive

mécanismes

The infinitive is the basic form of a verb that you will find when you look it up in a dictionary or a vocabulary list. It is not a tense, it is the neutral or "in-finite" part of the verb, hence its name. It is the equivalent of the English "to do," "to write," or simply "do" or "write."

The majority of French infinitives end in *-er, -ir,* or *-re*. The ending is an indication of the verb's "family" or "conjugation," and if the verb is "regular," you can tell how to form all of its tenses. (The explanation of how to form each tense will be found in the relevant chapter about that tense, with indications of any irregular patterns, and in the verb table at the end of the book.)

A few verbs have an infinitive ending in *-oir*. Their conjugations must be learned individually, as they have no set pattern.

Uses

a) The infinitive is often used when you convert a verb to a noun, usually as the equivalent of the English form ending in "-ing":

> *Trouver un emploi devient de plus en plus difficile.*
> Finding a job is getting more and more difficult.

> *J'aime mieux travailler qu'être au chômage.*
> I prefer working to being unemployed.

b) The infinitive is also used to refer to or sum up an action, without indication of time or tense:

> *Payer mille francs pour entrer? Tu plaisantes!*
> Pay 1000 francs to go in? You must be joking!

> *Sortir sans chapeau sous ce soleil: c'est fou!*
> To go out without a hat in that sun: it's crazy!

c) The infinitive is frequently used after the modal auxiliaries (see Chapter 25) and many other verbs, nouns, or adjectives, sometimes linked by a preposition, sometimes not:

> *J'ai essayé de trouver un emploi, mais je n'ai pas encore réussi à en trouver un. J'ai besoin de gagner de l'argent! Je serais très content de travailler!*
> I've tried to find a job, but have not yet managed to find one. I need to earn some money.
> I'd be very happy to work!

(Because many verbs, adjectives, and nouns can be followed by an infinitive, and because it is necessary to know which preposition, if any, is used, a complete chapter (26) is devoted to this matter. See pages 174–181.)

d) All prepositions except *en* (which takes the present participle—see Chapter 28) are followed by the infinitive:

> *Il faut sonner avant d'entrer.*
> You must ring before entering.

> *Il ne faut pas entrer sans sonner!*
> You mustn't enter without ringing!

> *On pourrait téléphoner au lieu d'y aller en personne.*
> One could call instead of going in person.

Note that all English prepositions except "to" take the "-ing" form of the verb: Don't be tempted to use the present participle (*-ant*) in French.

- Remember that after *après* you must use the past infinitive (*avoir/être/s'être* + past participle). Note that all the usual past participle agreement rules (see Chapter 19) apply:

> *Après avoir sonné, nous sommes entrés.*
> After ringing, we entered.

> *Après être entrés, nous nous sommes dirigés vers le bureau de Mme Duvallier.*
> After entering, we proceeded to Mme Duvallier's office.

> *Après nous avoir accueillis, elle nous a invités à nous asseoir.*
> After greeting us, she invited us to sit down.

> *Après nous être assis, nous avons commencé tout de suite la discussion.*
> After sitting down, we began the discussion right away.

e) The infinitive is often used as a command in a formal context, such as notices and instructions:

> *Déchirer ici!*
> Tear here!

> *Ne pas marcher sur les pelouses!*
> Don't walk on the grass!

Note that the negative form of the infinitive is preceded by both *ne* and *pas* (and also *ne jamais* and *ne rien*—see Chapter 37).

infinitives

mettez-vous au point!

1. Une bonne publicité

La publicité ci-dessous est pour un aide-mémoire, mais tous les infinitifs ont été omis! Retrouvez-les vite dans le tableau suivant.

demander	ne pas oublier	obtenir	adopter	passer
réussir	savoir	retenir	sortir	retrouver

1. _____ une mémoire étonnante en quelques jours n'est pas chose aisée.

2. _____ instantanément les noms des gens avec qui vous entrez en contact,

   _____ à quel endroit vous avez rangé vos affaires, _____ vos rendez-vous,

   _____ le nom d'une personne que vous n'avez pas vue depuis 20 ans, tout ceci

   deviendra habituel pour vous, grâce à la méthode «FACIMEMOIRE».

3. Vous préférez sans doute _____ avec des copains que _____ vos nuits à

   préparer vos examens; avec «FACIMEMOIRE», vos examens deviendront un jeu d'enfant.

4. Alors, n'hésitez plus! Ecrivez-nous! Et n'oubliez pas: _____ notre brochure dès

   aujourd'hui est encore plus avantageux: une réduction de 25% vous sera offerte sur la méthode.

5. Bientôt vous pourrez dire avec nous: _____ «FACIMEMOIRE», c'est

   _____!

2. La gaffeuse

Chantal est la reine de la gaffe. La semaine dernière, elle était invitée à dîner chez les de Luisseaux qui ne la réinviteront plus jamais. Vous devinerez pourquoi en faisant correspondre les morceaux de phrase de la colonne A avec ceux de la colonne B.

A

1. Elle a salué la cuisinière _____

2. Elle a embrassé le maître de maison _____

3. Elle s'est assise à table _____

4. Elle a pris la meilleure place _____

5. Elle est allée à la cuisine _____

6. Elle a réclamé du vin rouge _____

7. Elle a ôté ses chaussures _____

8. Elle a demandé du cognac _____

9. Elle s'est rempli les poches de chocolats fins _____

B

a. sans demander la permission.

b. avant de partir.

c. avant de saluer la maîtresse de maison.

d. après avoir vidé les trois bouteilles de vin blanc qui étaient sur la table.

e. au lieu d'attendre qu'on lui indique où s'asseoir.

f. pour reprendre un peu plus de poisson.

g. au lieu de boire le café qu'on lui proposait.

h. sans y avoir été invitée.

i. sans le connaître.

3. Conseils à un apprenti barman

Bruno est apprenti barman. Son patron lui donne quelques conseils. Transformez ses conseils et faites des phrases plus courtes en utilisant: *avant de, après avoir, sans, au lieu de, pour.*

EXEMPLE: **Quand tu as servi un client, replace la bouteille sur l'étagère.**
                      Après avoir servi un client, replace la bouteille sur l'étagère.

1. Quand tu fais un sandwich, lave-toi les mains.

   _____

2. Ne prends pas les verres à la main, prends un plateau.

   _____

3. Lorsque tu auras débarrassé une table, nettoie-la.

   _____

4. Salue d'abord le client, ensuite, prends sa commande.

   _____

5. Si tu connais le client, parle-lui aimablement. Ne passe pas des heures à discuter avec lui.

   _____

6. N'essuie pas les verres avec ton tablier, utilise un torchon.

   _____

7. Quand tu prépares les apéritifs ou les cocktails, utilise une mesure.

   _____

8. Prends les cornichons avec une pince, n'y mets pas les doigts.

   _____

9. Replace toujours la viande au frigidaire lorsque tu as fini les sandwichs.

   _____

4. L'enfant et le chien

Bon nombre d'enfants veulent un chien sans bien se rendre compte des contraintes que cela impose. Rédigez une liste de conseils pour les enfants qui veulent un chien et transformez les phrases ci-dessous en utilisant *sans* + l'infinitif.

EXEMPLE: **Le chien doit dormir dans un endroit chaud et confortable, mais il ne doit pas dormir dans ta chambre ou dans ton lit.**
                      Le chien doit dormir dans un endroit chaud et confortable, sans dormir dans ta chambre ou dans ton lit.

1. Le jeune chiot doit prendre deux repas par jour, mais il ne doit pas grignoter à longueur de journée.

   _____

   _____

2. Le chien peut vivre avec ses maîtres, mais il ne faut pas qu'il saute autour de la table lorsqu'ils prennent leurs repas.

_____

_____

3. Tu dois brosser ton chien régulièrement, mais pas tous les jours.

_____

4. Tu dois emmener ton chien en promenade tous les jours, mais il ne faut pas que tu le laisses trop s'éloigner.

_____

_____

5. En ville, ton chien doit marcher en laisse et ne pas tirer dessus.

_____

6. Tu dois faire obéir ton chien et ne pas te fâcher ou crier.

_____

5. Vol avec effraction dans un véhicule

Reconstituez l'article de journal relatant ce vol, en utilisant *après avoir* ou *après être* aussi souvent que possible.

EXEMPLE: **L'auteur du vol a brisé la vitre de la portière avant gauche et il a pénétré à l'intérieur du véhicule.**
Après avoir brisé la vitre de la portière avant gauche, l'auteur du vol a pénétré à l'intérieur du véhicule.

1. Il a détérioré le tableau de bord et il a enfin réussi à stopper l'alarme.

_____

2. Il a détruit au passage le poste radio-laser et il s'est enfui en dérobant cinq disques compacts, un sac-à-dos et un pull-over.

_____

_____

3. Quand il est sorti du véhicule, il a couru vers la rue des Halles.

_____

4. Quand il a été interpellé par la police, il a tout avoué.

_____

5. Ensuite il a été confronté au propriétaire du véhicule et a promis de le dédommager.

_____

_____

... et en route!

1. Les bonnes manières à table

Les parents de votre correspondant(e) viennent aux Etats-Unis pour la première fois. Ils ont entendu dire que les manières de table sont très formelles aux Etats-Unis. Comme vous le savez, ce n'est pas du tout vrai, mais pour les mettre à l'aise, vous leur donnez des conseils. Rédigez une liste des choses qu'il faut ou ne faut pas faire à table, en utilisant l'infinitif du verbe.

EXEMPLE: **Mettre le pain ou petit pain sur la petite assiette à gauche.**
Au petit déjeuner, ne pas tremper le pain dans la tasse de café!

2. Danger!

Vous êtes guide pour la visite d'un groupe de Français du troisième âge, dont personne—pas même leur responsable—ne comprend un seul mot d'anglais. Vous préparez une promenade dans votre ville, et vous ne voulez pas qu'il y ait d'accidents. Donc vous faites une liste de conseils et d'instructions à leur responsable, en utilisant l'infinitif.

EXEMPLE: **Faire attention aux travaux dans la rue principale. Ne pas oublier qu'aux Etats-Unis les voitures peuvent tourner à droite quand le feu est au rouge; regarder deux fois à gauche avant de traverser la rue, etc.**

3. Comment ça marche?

Vous venez de vendre un appareil (un magnétophone, un magnétoscope, un vélo pliant, un robot de cuisine, un sèche-cheveux, etc.) à un acheteur français, et vous lui écrivez le mode d'emploi en français. Utilisez l'infinitif.

EXEMPLE (pour une cafetière): **Mettre deux cuillerées à soupe de café moulu dans la cafetière, ajouter la quantité d'eau bouillante nécessaire pour le nombre de tasses voulues, remettre le couvercle, laisser infuser pendant cinq minutes, baisser le filtre, et le café est prêt à être servi.**

4. Sans blague?

Pour cette activité vous pouvez travailler en groupes ou par deux. Vous vous vantez de tous les exploits que vous faites. Faites une liste de ces exploits pour voir qui aura la liste d'activités la plus osée ou la plus originale. Utilisez *sans* avec l'infinitif dans chaque phrase.

EXEMPLE: **—Moi, sur ma moto, je fais du cent à l'heure en ville sans tuer personne.**
—Anne essaie toujours de voyager dans le train sans payer.
—Le père de Frédéric brûle ses ordures ménagères dans la cuisine sans abîmer les meubles.

infinitives

chapter 25

Modal Auxiliaries

mécanismes

Care needs to be taken when looking for the corresponding French expressions for "must," "ought," "should," "may," "can," "could," etc.

Must, to have to, to have got to

a) There are two main ways of saying that you must or mustn't do something in French—either by using the verb *devoir* or by using the impersonal verb *il faut* (infinitive: *falloir*):

> *Je dois terminer mon travail aujourd'hui.*
> I must/I've got to finish my work today.

> *Nous avons dû rentrer tôt à la maison.*
> We had to return home early.

> *On ne doit pas entrer sans permission.*
> One/You mustn't enter without permission.

Il faut can be used with an infinitive when a general obligation is expressed without reference to a particular person, or if the "person who must" is obvious from the context:

> *Il faut terminer ce travail aujourd'hui.*
> I/We/You must finish this work today/This work must be finished today.

> *Nous voulions rester plus longtemps, mais il a fallu rentrer tôt à la maison.*
> We wanted to stay longer, but we had to come home early.

> *Il ne faut pas entrer sans permission.*
> One/You mustn't enter without permission.

- If the obligation refers to a specific person or people, that person is the indirect object, though this construction may be regarded as somewhat stilted and old-fashioned nowadays:

> *Il vous faut terminer ce travail aujourd'hui.*
> You (and no one else) must finish this work today.

Il nous faudra rentrer tôt.
We will have to come home early.

- More often, in spoken French, *il faut* is followed by the subjunctive (see also Chapter 31 for the forms of the subjunctive):

  Il faudra que nous rentrions tôt.
  We will have to come home early.

  Il faut que vous terminiez ce travail aujourd'hui.
  You must finish this work today.

- Dictionaries often give *falloir* as meaning "to be necessary," which is correct, but remember that the negative *il ne faut pas* nearly always has the meaning "must not." "It isn't necessary to" would normally be *il n'est pas nécessaire de/il n'y a pas besoin de*:

  Il ne faut pas marcher sur la pelouse.
  You mustn't walk on the grass.

  Il n'est pas nécessaire/Il n'y a pas besoin de marcher sur la pelouse.
  It isn't necessary/There's no need to walk on the grass.

---

b) Note how other tenses of *devoir* and *il faut* work:

- Future:

  Nous devrons aller/Il faudra que nous allions à Paris ce samedi.
  We'll have to go to Paris this Saturday.
  (You could also say: *Il faudra aller à Paris* without a pronoun, if you know it is we who will have to go to Paris.)

- Passé composé—a one-time event:

  Nous avons dû aller/Il a fallu que nous allions à Paris samedi dernier.
  We had to go to Paris last Saturday.
  (You could also say: *Il a fallu aller* if you knew it was we who had to go to Paris.)

- Imperfect:

  Nous devions aller à Paris samedi dernier.
  Either (1) We had to go to Paris (the arrangement preexisted, therefore the imperfect is used).
  or (2) We were to go to Paris (the arrangement preexisted, but something prevented it and it didn't take place).

  Il fallait aller/Il fallait que nous allions would be used only for option (1).

- *Devoir* can also be used in the imperfect and the passé composé to express supposition or expectation:

  Ils devaient être très fatigués après leur journée à Paris!
  They must have been very tired after their day in Paris!

  Ils ont dû voir beaucoup de choses.
  They must have seen lots of things.

modal auxiliaries

Ought/ought to have, should/should have

- Be careful with the English word "should." It can mean much the same as "would" when used in the conditional, but here we are concerned with it when it means the same as "ought."

- "Ought/should" is usually expressed by the conditional of *devoir*:

    Tu devrais voir ce que j'ai dessiné!
    You ought to/should see what I've drawn!

    Vous ne devriez pas sortir sans parapluie.
    You shouldn't go out without an umbrella.

- "Ought to have/should have" is expressed by the past conditional of *devoir* + infinitive:

    Tu n'aurais pas dû manger tant de pâtisseries!
    You shouldn't have eaten so many cakes!

    Vous auriez dû prendre un parapluie.
    You ought to have/should have taken an umbrella.

Can/could/could have

Finding the French equivalent for the various forms of "can," "could," "could have," and also "may/might" requires some care.

- "Can" and "could" are usually rendered by the relevant form of *pouvoir*:

    Nous ne pouvons pas vous rendre visite cette année.
    We can't come to visit you this year.

    Pouvez-vous me dire à quelle heure ferme le musée?
    Can you tell me what time the museum closes?

- "Could" can be past or conditional in English, so if you are not sure of the right tense, convert it to "to be able" first:

    Nous voulions visiter le musée, mais nous ne pouvions pas/nous n'avons pas pu car il ne restait pas assez de temps.
    We wanted to visit the museum, but we couldn't (we weren't able), because there wasn't enough time left.

    J'ai essayé de lever le poids, mais je n'ai pas pu.
    I tried to lift the weight, but I couldn't (I wasn't able).

    Tu ne pourrais pas lever ce poids même si tu essayais!
    You couldn't (wouldn't be able to) lift that weight even if you tried!

- "Could have" is usually rendered by the past conditional + infinitive:

    Nous aurions pu aller au musée après tout.
    We could have gone to the museum after all.

- However, when it expresses conjecture, the passé composé may be used:

    Ils n'ont pas pu voir l'autre voiture.
    They couldn't have seen the other car (that is, it was impossible that they saw it).

- When you are talking about an acquired skill, you use *savoir*:

    Savez-vous manger avec des baguettes?
    Can you eat with chopsticks?

- With verbs of perception (in phrases such as "can you see?"), you don't use *pouvoir*:

    Voyez-vous cet arbre?
    Can you see that tree?

    Parlez plus haut, s'il vous plaît. Nous ne vous entendons pas très bien.
    Speak up, please. We can't hear you very well.

May/might

- *Pouvoir* is also used to express permission:

    Est-ce que je peux/Puis-je emprunter ce livre?
    May I borrow this book?

    Vous ne pouvez pas partir sans ma permission.
    You may not/can't leave without my permission.

- And also possibility:

    Oui, ça peut être vrai.
    Yes, that might be true.

    Ils pourraient arriver demain.
    They might arrive tomorrow.

    See also Chapter 34 (*il se peut que, il est possible que*).

Vouloir

- *Vouloir* means "to want (to)" and can be used with the infinitive:

    Nous ne voulons pas aller à Paris ce week-end.
    We don't want to go to Paris this weekend.

- It is used with the subjunctive when you want someone else to do something (see Chapter 33).

- It is the equivalent of "will/won't," "would/wouldn't" when indicating willingness to do something (see Chapter 33).

- *Veuillez* is used in formal French in the sense of "would you kindly …?"/"please be good enough to" (see Chapter 15).

mettez-vous au point!

1. Consignes à respecter en cas d'accident

Vous travaillez dans une auto-école, et vous avez rédigé une liste de ce qu'il faut faire si l'on est témoin d'un accident de la route.

1. On doit s'arrêter.
2. On doit aller voir s'il y a des blessés.
3. On doit arrêter les autres voitures.
4. On doit téléphoner aux gendarmes et aux pompiers.
5. On ne doit pas tenter de sortir les blessés de la voiture.
6. On doit éventuellement prévenir les familles des blessés.

Vous décidez d'essayer les mêmes phrases en utilisant *il faut*. Alors, transformez ces phrases, en utilisant d'abord (a) *il faut* + infinitif et puis (b) *il faut* + subjonctif.

EXEMPLE: (a) **Il faut s'arrêter.** (b) **Il faut qu'on s'arrête.**

_____

_____

_____

_____

_____

_____

2. Une femme tombe dans les pommes

Antoine est allé au cinéma pour voir un film d'horreur. La femme qui était à côté de lui s'est évanouie en voyant une scène particulièrement dure.

a. Il raconte à son épouse ce qu'il a dû faire (c'est-à-dire, au passé composé).

«J'_____ la soulever, mais elle était trop lourde, alors j'_____ demander de l'aide à une autre personne. Nous _____ la porter dans le hall et l'allonger par terre. Nous _____ lui tapoter le visage pour qu'elle reprenne ses esprits, mais comme il n'y avait rien à faire, j'_____ appeler un médecin. Puis les ambulanciers sont arrivés, ils _____ la mettre sur une civière pour la faire entrer dans la voiture. Il paraît qu'elle s'est réveillée dans l'ambulance. Elle _____ être très surprise!»

b. Danièle, la femme de Gilles, raconte cette histoire à une collègue de bureau: «Il a fallu qu'il la soulève, mais elle était trop lourde, alors il a fallu qu'il …» et continuez ainsi jusqu'à «dans la voiture».

_____

_____

_____

_____

_____

3. Les Olympiades sous l'eau

Le canton de La Ferté avait préparé ses Olympiades pour les 500 enfants des écoles. Malheureusement il a plu. Décrivez ce qu'on aurait fait s'il n'avait pas plu.

EXEMPLE: **Qu'est-ce que les enfants auraient pu faire   Faire des courses de poneys.
s'il n'avait pas plu?
Ils auraient pu faire des courses de poneys.**

1. Qu'auraient pu faire les élèves et les parents?	Jouer au badminton ou au tennis de table en plein air.
2. Et toi, Marc?	Faire du tir à l'arc.
3. Et vous, les grands?	S'affronter dans le rallye-vélo.
4. Et le directeur?	Participer à la course moto-enfants.
5. Et la sous-directrice?	Pique-niquer avec les instituteurs.
6. Et le Maire de La Ferté?	Faire un beau discours sur la réussite de cette journée.

_____

_____

_____

_____

_____

_____

4. Il n'a pas pu le faire seul!

Deux commères parlent. L'une vante les exploits des membres de sa famille, l'autre met systématiquement en doute ce qu'elle dit.

EXEMPLE: **—Ma fille a fait cet exercice qui est très difficile.
—Pas possible! Elle n'a pas pu le faire seule!**

1. C'est mon fils qui a fait cette sauce très difficile à réussir!

_____

2. Ce sont mes enfants qui ont construit cette superbe cabane.

_____

3. C'est mon petit-fils qui a monté ce circuit!

_____

     modal auxiliaries

4. C'est moi qui ai fait cette installation très compliquée!

_____

5. C'est ma bru qui a réparé cet appareil!

_____

6. Ce sont mes nièces qui ont fait ce dessin!

_____

5. Les maris ne sont pas dans les petits papiers de ces dames!

Vous faites une visite en groupe à votre ville jumelle en France. Un soir, où tout le monde est réuni à table à une réception, deux dames—l'une américaine et l'autre française—trouvent qu'elles ont un sujet de discussion en commun: leur mari. Malheureusement vous vous trouvez assis(e) entre les deux, et, ne pouvant pas y échapper, il faut que vous soyez l'interprète! Traduisez donc les observations suivantes des dames!

La dame française—Traduisez en anglais:

1. Mon mari aurait dû venir à cette réception ce soir, mais il n'a pas voulu.

_____

2. Il aurait pu venir: il n'a rien à faire à la maison.

_____

3. Il a dit qu'il ne pouvait pas venir parce qu'il devait passer quelques coups de fil.

_____

4. A mon avis, cela aurait pu attendre jusqu'à demain.

_____

5. Il ne devrait pas être si impoli!

_____

6. Puis-je vous demander ce que votre mari aurait fait dans ces circonstances?

_____

La dame américaine—Traduisez en français:

7. _My husband would probably have done the same thing._

_____

8. _He wouldn't come to France because he says he can't speak French._

_____

9. _I think our husbands could have gotten on well_ (s'entendre bien) _together, but they would have had to find a way of making themselves understood_ (se faire comprendre)_!_

_____

10. *Still, it isn't necessary to speak French well when we have such a charming young interpreter …*

_____

11. *… but I ought to learn more French, and before my next visit I must take some classes.*

_____

12. *My husband says he won't, but I may be able to persuade him!*

_____

… *et en route!*

1. Que faire?

Travaillez en groupes ou par deux. Vous vous trouvez dans une situation délicate. Que devriez-vous faire?

EXEMPLE: *Situation:* Vous aviez rendez-vous avec votre petit(e) ami(e) hier soir, mais il/elle n'est pas venu(e).

> **—Qu'est-ce que je devrais faire?**
> **—Tu devrais lui téléphoner pour lui demander pourquoi.**
> **—Tu devrais oublier ce garçon/cette fille.**

Voici quelques situations possibles:

1. On vous a volé le vélo ou la voiture.
2. La grand-mère de votre correspondant(e) français(e) vient de mourir.
3. Vous venez de renverser une tasse de café sur les vêtements d'un(e) ami(e).
4. Vous voulez aller au cinéma mais votre ami(e) préférerait faire une promenade à vélo.
5. Vous voulez aller passer des vacances en France cette année tout(e) seul(e), mais vos parents insistent pour que vous soyez accompagné(e) d'un(e) ami(e).

Maintenant, pensez vous-mêmes à d'autres situations, et continuez à travailler.

2. Camion dans le fossé sur l'autoroute A 10

> Vers 21h30, mercredi, un camion roulait sur l'autoroute A 10, dans le sens province-Paris. A hauteur de Saran, le pneu avant droit a éclaté. Le chauffeur, Léon Lapointe, 45 ans, sans domicile fixe, a perdu le contrôle de son poids lourd qui a fini dans le fosse. Légèrement blessé, le chauffeur a été évacué vers l'hôpital régional d'Orléans-La Source.

Qu'est-ce que le chauffeur aurait dû ou aurait pu faire pour éviter cet accident?

modal auxiliaries

3. En voilà des catastrophes!

Vous racontez à vos camarades français (vos camarades de classe) vos dernières vacances en Europe. Ils doivent suggérer ce que votre père aurait pu ou aurait dû faire pour éviter ce catalogue de désastres.

«Nos vacances de l'année dernière ont été une catastrophe totale. En Angleterre, nous sommes arrivés à Portsmouth juste au moment où le ferry s'éloignait du quai. A la sortie de Cherbourg, la police française nous a arrêtés parce notre voiture avait un pneu très usé, et il a fallu acheter un pneu neuf sur-le-champ. Nous avons même dû appeler un taxi pour aller le chercher. Nous avons eu un problème pour payer le taxi, parce que mon père n'avait que des livres sterling: il n'avait pas encore changé d'argent en devises françaises.

Comme mon père voulait faire au moins 300 kilomètres avant de s'arrêter le soir, tous les hôtels étaient complets, et nous avons dû passer la première nuit en France dans la voiture sur un parking. Le lendemain, nous n'avons pas pu acheter de provisions parce que mon père n'avait pas encore changé d'argent, et on nous a informés que c'était jour de fête, et toutes les banques étaient fermées! Bien entendu, personne d'autre que mon père n'aurait laissé sa carte bancaire internationale à la maison, et nous n'avons même pas pu aller au distributeur automatique …»

Maintenant continuez l'histoire, en inventant encore des problèmes et en proposant des solutions.

4. Il faut un peu de discipline pour ces jeunes!

Imaginez que vous êtes dans un lycée où il n'y a pas de règles (il existe de tels lycées!), et que vos camarades et vous, comme étudiants responsables, proposez à la direction quelques règles. Discutez entre vous, et puis rédigez une liste de 10 ou 12 règles pour améliorer la situation. Utilisez: *Il faut/ Il ne faut pas.*

EXEMPLE: **Il ne faut pas courir dans les couloirs.**

5. Comment joue-t-on?

Vous expliquez à un(e) camarade français(e) comment jouer à un jeu qu'il/elle ne connaît pas. Vous devez lui dire ce qu'il faut et ce qu'il ne faut pas faire, ou ce qu'on peut et ce qu'on ne peut pas faire, le matériel et le nombre de joueurs qu'il faut, etc. Vous pouvez faire cette activité oralement, à deux: votre camarade vous pose des questions ou vous pouvez écrire l'explication dans une lettre à votre ami(e).

EXEMPLE: **Pour jouer au ping-pong, il faut avoir une table assez grande, deux ou quatre joueurs, une raquette pour chacun d'eux, un filet et une petite balle en celluloïd. En général, on joue à l'intérieur, mais on peut jouer en plein air s'il ne fait pas de vent! Il faut frapper la balle, qui doit passer par dessus le filet. L'autre joueur doit renvoyer la balle, qui ne doit pas rebondir plus d'une fois de son côté du filet …**

Vous devrez peut-être consulter votre professeur pour connaître le vocabulaire pour l'activité que vous choisissez!

6. Quelle ville!

Vous n'êtes pas satisfait(e) des conditions de vie dans la ville ou la région où vous habitez. Faites quelques suggestions pour l'améliorer, en utilisant les verbes modaux que vous venez d'étudier.

EXEMPLE: **On pourrait interdire les camions dans le centre-ville.**
On aurait dû construire une piscine couverte au lieu d'un troisième supermarché.

7. Quel gouvernement!

Rédigez une liste des choses que le gouvernement (de votre pays ou de France) aurait dû/aurait pu faire, ou qu'il devrait ou pourrait faire.

EXEMPLE: **On aurait pu réduire les impôts cette année.**
On devrait faire plus pour les handicapés.

8. Un film difficile

Pensez à un film qui vous a semblé particulièrement difficile à réaliser. Dites ce qu'ils ont dû faire pour le tournage. Qu'est-ce qu'ils auraient pu faire pour l'améliorer? Vous pouvez vous expliquer oralement devant vos camarades ou par écrit en quelques courts paragraphes.

chapter 26

The Infinitive After Prepositions

mécanismes

You saw in Chapter 24 that the infinitive frequently follows other verbs, adjectives, and nouns. Sometimes there is no linking word, but many verbs, and all adjectives and nouns, will be linked with either *à* or *de*.

This chapter will help you to decide which preposition, if any, is necessary, and will also provide tables for quick reference.

- Because some verbs take a direct object and others an indirect object, such information is indicated in the tables, and the following abbreviations are used frequently in this chapter:

    qqch = *quelque chose*   sth = something
    qqn = *quelqu'un*   sb = somebody, someone

    Direct object: *prier qqn de faire qqch*   ⎫
    Indirect object: *demander à qqn de faire qqch* ⎬ (to ask sb to do sth)

Linking the infinitive without a preposition

  a) Among the verbs in this category are all the modal auxiliaries explained in Chapter 25:

devoir	to have to, must, ought
falloir (il faut)	to be necessary, must
pouvoir	to be able, can, may
savoir	to know how to, be able to
vouloir	to want to, wish to, will

b) Other verbs in this category include those denoting movement, wanting and hoping, and liking and disliking:

accourir	to rush to, hasten to
admettre	to admit to
adorer	to love, adore …ing
aimer	to like …ing
aimer mieux	to prefer …ing
aller	to be going to, go and …
s'en aller	to go away to/and
avoir beau	to do sth in vain, without success
avouer	to admit, confess to
compter	to intend to, intend …ing
courir	to run to/and
croire	to believe, think
descendre	to go down to/and
désirer	to wish to
détester	to hate …ing
entrer	to go/come in to/and
envoyer (qqn)	to send (sb) to
espérer	to hope to
faire … qqn/qqch (see below)	to make (sb) …, to get/have (sth) done
imaginer	to imagine
jurer	to swear (to)
laisser	to let, allow (to happen)
monter	to go/come up to/and
nier	to deny …ing/having …
oser	to dare to
paraître	to appear, seem to
partir	to leave to, go away and
penser	to think of …ing, intend to
préférer	to prefer to, prefer …ing
prétendre	to claim to
rentrer	to go/come back to/and
retourner	to return to/and
sembler	to seem to
sortir	to go out to/and
souhaiter	to wish to
valoir/il vaut mieux	to be/it's better/best to
venir	to come to/and

Mon frère déteste se lever le matin. Il adore faire la grasse matinée.
My brother hates getting up in the morning. He loves to sleep in.

Ce matin, cependant, il est sorti acheter des billets pour un festival de jazz. Il espérait obtenir quelques billets pour ses camarades.
This morning, however, he went out to buy tickets for a jazz festival. He was hoping to get a few tickets for his friends.

infinitives after prepositions

Il semble beaucoup aimer écouter toutes sortes de musique: il dit qu'il pense devenir musicien.
He seems to love listening to all kinds of music: he says he is thinking of becoming a musician.

---

c) Note the use of *faire* + infinitive in the sense of "to have/get something done," or "to make somebody do something":

Nous avons fait construire une maison sur la route de Gien.
We('ve) had a new house built on the Gien Road.

Le patron l'a fait appeler à son bureau.
The boss had him called to his office.

- These verbs are followed by an infinitive when the subject of both verbs is the same and English would use two clauses:

J'avoue beaucoup aimer la glace au chocolat.
I confess I'm very fond of chocolate ice cream.

Il jure prendre ses médicaments tous les jours.
He swears he takes his medicine every day.

- Some of these verbs are followed by a past infinitive if a past sense is needed:

J'avoue m'être trompé(e).
I admit being wrong/I admit I was wrong.

Il nie avoir vu l'accident.
He denies having seen/he denies he saw the accident.

---

d) They also include verbs of the senses:

écouter	to listen to
entendre	to hear
regarder	to look at, watch
sentir	to feel, sense
voir	to see

Il faut l'écouter chanter ou le regarder jouer de la batterie!
You should listen to him singing or watch him playing the drums!

- Note also the expression, used in the passé composé, meaning that something very nearly happened (but didn't quite): *j'ai failli*:

Ce matin ma mère a failli rentrer avec sa voiture dans le trou qu'on a creusé devant notre maison.
This morning my mother nearly drove her car into the hole that was dug outside our house.

Linking with *à*

a) Many of these expressions indicate the beginning or the purpose of an action, but it is impossible to group them exactly. Better to learn them, and to use this table for reference when you want to make sure:

s'accoutumer à	to get accustomed to …ing
s'acharner à	to persist in
aider (qqn) à	to help (sb) to
s'amuser à	to enjoy oneself …ing
apprendre à	to learn to
apprendre à qqn	to teach sb to
s'apprêter à	to get ready to
arriver à	to manage to, succeed in …ing
s'attendre à	to expect to
avoir du mal à	to have difficulty …ing
n'avoir qu'à	to only have to
avoir tendance à	to tend to
chercher à	to try to
commencer à	to begin to, start …ing
conduire à	to lead to …ing
consentir à	to consent to, agree to
consister à	to consist of/in …ing
continuer à	to continue, keep on …ing
contribuer à	to contribute to …ing
se décider à (but *décider de*)	to make up one's mind to
se dédier à	to devote oneself to …ing
demander à	to ask to
(but *demander à qqn de faire qqch*)	to ask sb to do sth
encourager qqn à	to encourage sb to
s'ennuyer à	to get bored …ing
enseigner à qqn à	to teach sb to
être enclin à	to be inclined to
forcer qqn à	to force sb to
(but *être forcé[e] de*)	to be forced to
s'habituer à	to get accustomed/used to …ing
hésiter à	to hesitate to
inciter qqn à	to incite sb to
inviter qqn à	to invite sb to
se limiter à	to confine/limit oneself to
se mettre à	to start, set about …ing
obliger qqn à	to oblige sb to
passer (une heure/son temps) à	to spend (an hour/one's time) …ing
perdre du temps à	to waste time …ing
persister à	to persist in …ing
pousser qqn à	to urge sb to
se préparer à	to get ready, prepare oneself to
se refuser à (but *refuser de*)	to refuse to
se résigner à	to resign oneself to
renoncer à	to give up …ing

résister à	to resist …ing
réussir à	to succeed in …ing, manage to
rêver à	to dream of …ing
servir à	to be used for …ing
songer à	to dream of …ing
tarder à	to take a long time in …ing
ne pas tarder à	not to be long in …ing
tendre à	to tend to
tenir à	to be keen on …ing, eager/anxious to

J'ai poussé mon frère à chercher un autre métier, mais il s'acharne à me convaincre qu'il a raison.
I've urged my brother to seek another career, but he persists in convincing me that he is right.

Il a enfin réussi à convaincre nos parents.
At last he has managed to convince our parents.

b) Some adjectives are also linked with *à*. The adjective can be used alone, or after *être/sembler/se sentir* and similar verbs:

difficile à	difficult to
disposé(e) à	disposed to
facile à	easy to
habile à	skillful at …ing
lent(e) à	slow to
prêt(e) à	ready to
le seul/la seule à	the only one to
le dernier/la dernière à	the last to
le premier/la première à	the first to
le/la troisième à	the third to
(any ordinal number)	

Il paraît que je suis la seule à disputer ses projets, et je ne suis pas encore prête à céder!
It seems I'm the only one to disagree with his plans, and I'm not yet ready to give up!

c) *A* + infinitive is used with a noun to denote use:

une machine à laver	a washing machine
une chambre à coucher	a bedroom
une salle à manger	a dining room

Linking with *de*

a) Most other verbs are linked with *de*. Here is a list of the most common ones, which include verbs indicating the end or cessation of an action, and also many equivalents of English expressions involving "of/from …ing":

accuser qqn de	to accuse sb of …ing
arrêter de	to stop …ing
avoir besoin de	to need to
avoir envie de	to want to, feel like …ing
avoir honte de	to be ashamed of …ing
avoir l'intention de	to intend to
en avoir marre de	to be fed up with …ing
avoir peur de	to be afraid of …ing
avoir/prendre soin de	to take care to
avoir raison de	to be right to
avoir tort de	to be wrong in …ing
cesser de	to stop …ing
choisir de	to choose to
commander à qqn de	to order, command sb to
conseiller à qqn de	to advise sb to
il convient de	it is advisable to
décider de (but *se décider à*)	to decide to
demander à qqn de	to ask sb to
dire à qqn de	to tell sb to
dissuader qqn de	to dissuade sb from …ing
s'efforcer de	to strive, endeavor to
empêcher qqn de	to prevent sb (from) …ing
entreprendre de	to undertake to
essayer de	to try to
se fatiguer de	to get tired of …ing
se garder de	to be careful not to
interdire à qqn de	to forbid sb to
se lasser de	to get tired of …ing
manquer de	to fail to
ne pas manquer de	not to fail to
menacer de	to threaten to
offrir de	to offer to
ordonner à qqn de	to order sb to
oublier de	to forget to
se passer de	to do/go without …ing
permettre à qqn de	to allow sb to
persuader qqn de	to persuade sb to
prier qqn de	to ask, beg sb to
promettre de	to promise to
proposer de	to suggest …ing
recommander à qqn de	to recommend to sb to
refuser de	to refuse to
se souvenir de	to remember to
suggérer de	to suggest …ing
terminer de	to finish …ing
se vanter de	to boast of/about …ing
venir de	to have just (+ past participle)

infinitives after prepositions

M. Laforge a oublié d'acheter du lait au supermarché. Il ne se souvient jamais d'en acheter! Après avoir fini de ranger les produits qu'il venait d'acheter, il a offert de retourner au supermarché, mais sa femme lui a proposé d'aller en chercher au magasin du village.

Mr. Laforge forgot to buy milk at the supermarket. He never remembers to buy any! When he finished putting away the things he had just bought, he offered to go back to the supermarket, but his wife suggested going to get some at the local convenience store.

---

b) Most adjectives are linked with *de:*

capable de	capable of …ing
certain(e) de	certain to
content(e) de	pleased to, happy to
ennuyé(e) de	bored with …ing
fatigué(e) de	tired of …ing
heureux/euse de	happy to
sûr(e) de	sure to

The adjective can stand alone or be the complement of verbs such as *être, sembler, se sentir,* etc.:

> *Je suis content(e) d'observer que vous êtes capable de comprendre ce chapitre!*
> I'm pleased to see that you are capable of understanding this chapter!

---

c) All impersonal expressions beginning *il est* + adjective take *de:*

> *il est bon de*   it is good/right to
> *il est (im)possible de*   it is (im)possible to

(See Chapter 30 for the contrast between these expressions and those with *C'est … à.*)

> *Il est possible de voir la cathédrale d'ici.*
> It's possible to see the cathedral from here.

---

d) A number of nouns are also linked with *de,* either standing alone or following verbs such as *avoir, sentir, posséder, voir,* etc.:

le besoin de	the need to
le bonheur de	the good fortune to, the delight in
le désir de	the desire to
l'envie de	the longing to
le malheur de	the bad luck to, the unhappiness to
les moyens de	the means to/of …ing
la nécessité de	the necessity to
l'occasion de	the opportunity, occasion to
le plaisir de	the pleasure of …ing
la possibilité de	the possibility of …ing
le temps de	the time to
la volonté de	the will to

Je n'ai pas le temps de faire cela. D'ailleurs, je ne vois pas la nécessité de le faire.
I don't have time to do that. What's more, I really don't see the need to do it.

Linking with other prepositions

a) Note the difference between *commencer à* (to begin to) and *commencer par* (to begin by), and *finir/terminer de* (to finish …ing) and *finir/terminer par* (to finish by …ing).

b) *Pour* + infinitive stresses purpose—"in order to":

> *Il travaille pour vivre, mais il ne vit pas pour travailler!*
> He works (in order) to live, but he doesn't live (in order) to work!

c) Some of the motion verbs in (a) can be linked with *pour* if the purpose needs emphasizing:

> *Il est venu exprès pour nous donner des nouvelles.*
> He came especially to tell us the news.

d) *Insister pour:*

> *Il insiste pour savoir où elle passera le week-end.*
> He insists on knowing where she will spend the weekend.

mettez-vous au point!

1. Visite d'une maison française

Vos correspondants français vous font visiter leur maison. Au passage, ils testent vos connaissances de vocabulaire. Trouvez les noms des objets qu'ils désignent, en utilisant pour chaque objet un nom + *à* + verbe à l'infinitif.

1. *Dans la buanderie:*

   a. Comment appelle-t-on cette machine qui sert à laver le linge? _____

   b. Et cet outil qui sert à repasser? _____

   c. Et cette table conçue spécialement pour repasser? _____

   d. Et cette machine qui sert à recoudre les vêtements déchirés? _____

   e. Et ces longues aiguilles avec lesquelles on tricote les pull-overs? _____

2. *Dans la salle de bains:*

    a. Comment appelle-t-on cette table qui sert à langer les bébés? _____

    b. Et cette pince qui sert à retirer les poils? _____

3. *Dans la cuisine:*

    Connais-tu le nom de cette planche de bois qui sert à découper les aliments? _____

4. *Dans le bureau:*

    Comment se nomme cette machine qui sert à écrire? _____

5. *Dans la salle de jeu:*

    Comment s'appelle cette corde que les petits utilisent pour sauter? _____

2. Le marché au foie gras de Samatan

Vous comprendrez l'étonnement de ce jeune Américain en visite dans le sud de la France! Voici le compte-rendu qu'il écrit pour son professeur de français après être allé au marché au foie gras de Samatan dans le Gers. Malheureusement un disque défectueux d'ordinateur n'a pas enregistré les «*à*», et ils manquent tous dans le texte. Remplacez les blancs par *à* où c'est nécessaire.

De nos jours, les Français semblent _____ vouloir _____ acheter des produits du terroir qu'ils

pensent _____ être plus naturels que les produits de supermarché. C'est pourquoi les marchés

de village recommencent _____ devenir populaires. Les gens renoncent _____ acheter des aliments

sous cellophane et n'hésitent plus _____ perdre du temps _____ choisir de bons produits sur un

étal. Au marché de Samatan, les gens accourent de toute la France _____ acheter des foies gras d'oies

et de canards. De bon matin, les paysans se mettent _____ installer leurs foies gras sur les longues

tables du marché couvert. Une foule nombreuse ne tarde pas _____ se masser devant la porte du

marché. Tout le monde espère _____ faire de bonnes affaires. A 9h30, une cloche rententit et la foule

commence _____ pénétrer dans le marché couvert. Les restaurateurs et les revendeurs ne tardent

pas _____ emporter des cageots pleins de bons foies. Les touristes sont les seuls _____ s'attarder,

choisir, comparer. Certains même viennent _____ faire des photos, car le spectacle est étonnant!

La présence des Parisiens fait _____ monter les prix. Ils partent satisfaits _____ cuisiner leur

précieuse denrée ou _____ la revendre plus cher encore.

3. Une visite guidée du château de Blois

Vous travaillez comme guide au château de Blois. D'habitude vous faites la visite guidée en anglais, mais aujourd'hui la guide française est malade, et elle vous a demandé de faire son travail. Alors vous préparez votre commentaire, mais vous hésitez sur l'usage des prépositions. Voici le texte de votre visite guidée. Relisez-le et complétez-le à l'aide de *à* ou *de* lorsque cela vous semblera nécessaire.

«C'est ici, au château de Blois, que Charles d'Orléans avait choisi _____ installer sa cour. C'était un poète qui passait son temps _____ versifier et ne se résignait pas _____ s'occuper du royaume de France. Son fils, Louis XII, chercha _____ embellir la demeure de ses pères et commença _____ agrandir le château. Ensuite ce fut François Ier qui contribua beaucoup _____ changer l'aspect de la demeure royale. Il invita les architectes de l'époque _____ travailler pour lui, et entreprit _____ construire ce célèbre escalier à l'italienne que vous pouvez _____ voir devant vous. Mais je vous suggère _____ pénétrer tout de suite à l'intérieur du château où j'ai l'intention _____ vous raconter l'épisode qui permit au château _____ entrer dans la légende. Je m'efforcerai _____ être bref/brève. C'est donc ici qu'Henri III fit _____ tuer son rival, le duc de Guise. Il décida _____ se débarrasser de lui car le duc de Guise désirait _____ affaiblir son pouvoir.

Il était donc près de huit heures du matin quand le roi envoya les valets de chambre _____ éveiller le duc de Guise. Puis il le fit _____ appeler dans son cabinet. Le roi avait pris soin _____ placer des soldats sur son passage et leur avait commandé _____ frapper le duc à coups de poignard et _____ le tuer. Le duc se refusait _____ mourir et ne cessait _____ crier: «Eh! Mes amis! Eh! Mes amis!» à chaque coup de poignard. Il ne tarda pas _____ entraîner ses bourreaux jusqu'au pied du lit du roi où il eut beau _____ lutter contre la mort, il s'effondra.

Et si vous n'êtes pas lassés _____ m'entendre, permettez-moi maintenant _____ vous raconter la réaction de la reine-mère, Catherine de Médicis, après l'assassinat du duc de Guise.»

... et en route!

1. Les intentions et les raisons

Travaillez par deux. L'un(e) d'entre vous doit exprimer une intention, l'autre l'interroger sur ses raisons. Chaque intention et chaque raison doivent contenir au moins une des expressions qui apparaissent dans ce chapitre. Alternez les rôles.

EXEMPLE: —**J'ai envie de me trouver un job pour le samedi.**
             —**Pourquoi?**
             —**Parce que mes parents ont refusé de me donner de l'argent pour mes distractions. Ils m'ont dit de chercher du travail.**

2. Quelle serait votre réaction?

Quelle serait votre réaction si on vous proposait d'aller à la chasse?

EXEMPLE:
—**Je serais très content(e) d'**
—**Je ne pourrais pas**
—**Je ne voudrais pas**   **aller à la chasse.**
—**J'aurais honte d'**
—**Je n'hésiterais pas à**

Maintenant discutez avec vos camarades de classe de vos réactions aux propositions suivantes:

On vous propose de faire un saut en parachute
d'avoir dix enfants
de partir en guerre pour votre patrie
un serpent comme cadeau
de descendre une falaise en rappel de corde
de devenir scaphandrier

Maintenant continuez à vous faire d'autres propositions—un peu absurdes ou extravagantes si vous le voulez!

3. Un vrai tyran!

Chaque étudiant(e) doit choisir quelques verbes parmi les suivants: *encourager, enseigner, forcer, inciter, inviter, obliger, pousser, accuser, commander, conseiller, dire, empêcher, interdire, menacer, ordonner, persuader.*

Imaginez comment vous avez influencé les actions de votre famille, vos amis, vos adversaires, etc. Voici l'occasion de vous vanter des exploits que vous auriez peut-être voulu réaliser, mais pour lesquels vous avez manqué de courage!

Vous pouvez le faire oralement ou par écrit.

EXEMPLES:
J'ai obligé ma sœur à faire mon travail de collège.
J'ai accusé mon frère d'avoir volé mes disques.
J'ai empêché mes copains d'obtenir de bonnes notes en français.
J'ai menacé mes parents de devenir clochard(e)!
J'ai dit au professeur de se taire!

4. Devinettes

Mettez-vous par deux. Choisissez ensemble un des verbes de la liste qui vous plaît, par exemple, *avoir l'intention de.* Chacun(e) pense à une action et doit deviner la pensée de l'autre en lui posant des questions.

EXEMPLE:
Est-ce que tu as l'intention d'aller au cinéma samedi soir? Est-ce que tu as l'intention de travailler ton français? …

chapter 27

Verbs and Their Objects

mécanismes

An area of French that needs careful attention is the question of what type of object follows the verb—direct or indirect—and whether the object is linked by a preposition different from the corresponding English one: for example, *écouter* = to listen to, *jouir de* = to enjoy. We have concentrated on examples where there is a difference between French and English usage, because it would be far too space-consuming to list every example where the two languages correspond (for example, *J'ai honte de mon frère*—I'm ashamed of my brother).

Verbs taking a direct object in French

attendre	to wait for
chercher	to look for, search for
écouter	to listen to
regarder	to look at

> *Nous cherchons l'église Saint-Pierre.*
> We're looking for St. Peter's Church.

Verbs taking an indirect object with the preposition *à*

a) Verbs that take a direct object in English but an indirect object in French:

convenir à qqn	to suit sb
déplaire à qqn	to displease sb
faire confiance à qqn	to trust sb
se fier à qqch	to trust sth

jouer à (un jeu)	to play (a game)
nuire à qqn/qqch	to harm sb/sth
obéir à qqn/qqch	to obey sb/sth
pardonner qqch à qqn	to forgive sb (for) sth
plaire à qqn	to please sb
renoncer à qqch	to give up sth
résister à qqn/qqch	to resist sb/sth
succéder à qqn/qqch	to replace/take over from (= come after) sb/sth
survivre à qqn/qqch	to survive sb/sth
téléphoner à qqn	to call sb

> *J'ai renoncé au café, mais je ne peux toujours pas résister au chocolat!*
> I've given up coffee, I still can't resist chocolate!

In this group also are a number of the verbs that are linked to their object by *à* and to a following infinitive by *de* (*dire à quelqu'un de faire quelque chose*). These can be found in the list on page 179.

b) Verbs whose equivalent in English is followed by "from":

acheter qqch à qqn	to buy sth from sb
arracher qqch à qqn	to snatch, tear sth from sb
commander qqch à qqn	to order sth from sb
confisquer qqch à qqn	to confiscate sth from sb
emprunter qqch à qqn	to borrow sth from sb
enlever qqch à qqn	to take sth away from sb
voler qqch à qqn	to steal sth from sb

> *J'ai acheté mon vélo à un camarade de classe.*
> I bought my bike from a classmate.

> *On a volé le portefeuille à mon père.*
> Someone has stolen my father's wallet (i.e., from my father).

c) Note also:

> *demander qqch à qqn*   to ask sb for sth

> *Bruno a demandé une glace à sa maman.*
> Bruno asked his mom for some ice cream.

d) Verbs taking *à* in French and a variety of prepositions in English:

assister à qqch	to be present at, attend sth
croire à qqn/qqch	to believe in sb/sth
BUT *croire en Dieu*	to believe in God
s'intéresser à qqn/qqch	to be interested in sb/sth

manquer à qqch	to fail in sth
penser à qqn/qqch	to think of sb/sth (to concentrate thoughts on)
réfléchir à qqch	to think about sth, reflect on sth
réussir à	to succeed in sth

Malheureusement on ne croyait pas à ma capacité de faire ce travail.
Unfortunately they didn't believe in my ability to do this work.

Pensez à un numéro et multipliez-le par sept.
Think of a number and multiply it by seven.

Réfléchissez-y!
Think about it/Reflect on it!

Verbs linked to their object with *de*

a) Verbs that have a direct object in English:

s'apercevoir de qqn/qqch	to notice sb/sth
s'approcher de qqn/qqch	to approach sb/sth
avoir besoin de qqn/qqch	to need sb/sth
changer de qqn/qqch	to change sb/sth
discuter de qqn/qqch	to discuss sb/sth
douter de qqn/qqch	to doubt sb/sth
se douter de qqch	to suspect sth
s'emparer de qqn/qqch	to grab sb/sth
jouer de (un instrument)	to play (an instrument)
jouir de qqch	to enjoy sth
manquer de qqch	to lack sth
se méfier de qqn/qqch	to mistrust sb/sth
se souvenir de qqn/qqch	to remember sb/sth
se tromper de qqn/qqch	to make a mistake about sb/sth

Nous avons changé de médecin. L'autre manquait d'expérience de nos problèmes, et nous doutions de son jugement.
We've changed doctors. The other one lacked experience in our problems, and we doubted his judgment.

Est-ce que vous vous êtes aperçu de son erreur en l'écoutant parler?
Did you notice his mistake as you listened to him talk?

b) Verbs that take a variety of prepositions in English:

dépendre de qqn/qqch	to depend on sb/sth
féliciter qqn de qqch	to congratulate sb on sth
s'inquiéter de qqn/qqch	to worry about sb/sth
penser de qqn/qqch	to think (= have an opinion) about sb/sth

punir qqn de qqch	to punish sb for sth
récompenser qqn de qqch	to reward sb for sth
remercier qqn de qqch	to thank sb for sth
servir de qqch	to be used as sth (to serve as sth)
vivre de qqch	to live on sth

Que penses-tu de ton nouveau prof?
What do you think of your new teacher?

Nous vous remercions de votre lettre du 29 octobre.
We thank you for your letter of October 29.

Cette boîte servira de chaise.
This box will serve as a chair.

Verb + other preposition + object

croire en Dieu   to believe in God

(Otherwise *à* is usually used after *croire.*)

entrer dans qqch   to enter, go/come into sth

Est-ce que vous croyez en Dieu?
Do you believe in God?

Il ne faut pas entrer dans cette chambre!
You must not go into that room!

- If you are unsure of how to link pronouns rather than nouns to these verbs, look back at the explanations of indirect object pronouns, emphatic pronouns, and *y* and *en* in Chapter 10.

mettez-vous au point!

1. Querelle infantile

Deux jeunes enfants se disputent et s'accusent mutuellement de tous les maux. Ils sont si fâchés l'un contre l'autre qu'ils en oublient les prépositions! Complétez leur conversation à l'aide de celle qui vous semblera correcte. Complétez également le deuxième paragraphe de cette conversation.

—Tu ne plais _____ personne, tu n'obéis _____ personne, tu ne réussis _____ rien, tu n'as besoin

_____ personne, tu ne t'intéresses _____ rien, tu ne penses qu'_____ toi, tu n'es qu'un égoïste!

—Et toi, est-ce que tu plais _____ quelqu'un? (*Continuez les interrogations.*)

—Non, mais je ne vole rien _____ personne, je ne m'approche _____ personne, je n'emprunte rien

_____ personne, je ne me mêle _____ rien, je ne dépends _____ personne, je ne m'inquiète _____ personne.

—Alors, tu es un pauvre type! Tu es un ours!

2. Les centrales nucléaires en France

Dans un bar près de la centrale nucléaire de Dampierre-en-Burly, vous assistez à cette conversation. Vous la compléterez à l'aide des prépositions et articles qui conviennent: *à, aux, de, d', des.*

—Je me méfie beaucoup _____ centrales nucléaires. L'état devrait renoncer _____ les construire car elles nuisent _____ notre santé.

—Penses-tu! Elles ne sont pas dangereuses et elles servent à produire l'électricité que nous consommons. D'ailleurs, les gens ont bien tort _____ s'inquiéter _____ dangers du nucléaire car on a réussi _____ éliminer les radiations au maximum.

—Je ne suis pas d'accord. Elles obéissent _____ un souci de rentabilité, mais elles ne plaisent pas _____ la population. Nous manquons _____ imagination et nous devrions réfléchir _____ d'autres solutions. Te souviens-tu _____ la catastrophe de Chernobyl? Elle devrait nous servir _____ exemple et nous faire changer _____ cap. Personnellement, je crois beaucoup _____ l'énergie solaire. Il est temps _____ s'intéresser _____ possibilités qu'elle offre.

3. L'étudiant(e) modèle

Voici en dix points le code de l'étudiant(e) modèle. Complétez à l'aide des verbes contenus dans la case ci-dessous, que vous utiliserez au futur.

| emprunter | ne jamais manquer | jouer | se servir | assister |
| remercier | ne jamais se tromper | obéir | ne pas résister | renoncer |

1. Tu ____assisteras____ à tous les cours.

2. Tu _____ à tes professeurs.

3. Tu _____ d'heure ni de salle de classe.

4. Tu _____ les livres conseillés à la bibliothèque.

5. Tu _____ des dictionnaires et des encyclopédies.

6. Tu _____ de plusieurs instruments.

7. Tu _____ l'occasion de faire un exercice supplémentaire.

8. Tu _____ au plaisir de briller par ton intelligence.

9. Tu _____ aux jeux au profit du travail.

10. Tu _____ les professeurs de leur compétence et de leur dévouement.

verbs and their objects

. . . et en route!

1. Je me méfie ...!

Chaque étudiant(e) doit penser à quelqu'un dont il/elle se méfie ou à qui il/elle se fie totalement. Puis vous pourriez discuter des raisons pour lesquelles vous vous méfiez de quelqu'un ou vous lui faites confiance.

EXEMPLE: —**Je me méfie de tous les politiciens, mais je me fie totalement à toi, Nicole!**
 —**Alors, pourquoi est-ce que tu me fais confiance, Thomas?**

2. Aux voleurs!

Vous avez été agressé(e) dans la rue, et vous expliquez à un(e) ami(e) ce qui vous est arrivé et ce que le voleur vous a pris. Faites votre récit, oral ou écrit, en utilisant la plupart des verbes de la case ci-dessous.

EXEMPLE: **J'ai aperçu trois voyous qui s'approchaient de moi. Ils ...**

> chercher à, résister à, survivre à, arracher à, téléphoner à, enlever à, voler à, s'approcher de, assister à, s'apercevoir de, s'emparer de, se méfier de, se souvenir de, se tromper de, dépendre de, punir de, récompenser de, servir de, entrer dans

3. Une histoire sur n'importe quoi!

Un(e) étudiant(e) commence une histoire, en utilisant un des verbes de ce chapitre. Tous les autres étudiants, à leur tour, doivent continuer l'histoire, toujours en utilisant au moins un de ces verbes avec son complément. Vous pouvez parler de n'importe quoi!

EXEMPLES: —**Ce matin je me suis mêlé(e) à la foule qu'il y avait sur la place.**
 —**Je croyais que j'assistais à un événement important.**
 —**Beaucoup de monde s'intéressait à ce qui se passait.**
 —**J'entendais de la musique: c'était quelqu'un qui jouait de la flûte.**
 —**La musique me plaisait beaucoup.**

Continuez cette histoire, ou inventez la vôtre depuis le début.

4. Concours

Vous faites deux équipes. Un membre de l'équipe A annonce un verbe des listes de ce chapitre et un membre de l'équipe B doit faire une phrase avec ce verbe. Si la phrase est correcte, l'équipe B marque un point. Puis c'est à l'équipe B d'annoncer un verbe.

chapter 28

Participles

mécanismes

Participles are forms of the verb that are not self-contained tenses and cannot construct a sentence that can stand on its own:

son mari étant absent …	her husband being away …
arrivés en ville …	having arrived in the town …

(These statements are incomplete.)

In French as in English, both the present and the past participles can be used as adjectives:

une dame charmante	a charming lady
une porte peinte	a painted door

Present participle

Although this form of the verb is traditionally known as the "present" participle, it is not linked specifically to present time, as some of the examples below will illustrate. The "active" participle would be a better name, to contrast it with the so-called past participle, which has a mainly passive function.

1. Uses

The *-ant* ending of the present participle corresponds to "-ing" in English, but beware, because "-ing" is used in many more instances in English in addition to in the present participle.

a) The present participle can be used to replace a relative clause (see Chapter 41):

Les enfants apportant (= qui apportent) leur pique-nique le mangeront dans le parc.
Children bringing (= who bring) a picnic lunch will eat it in the park.

Les enfants n'ayant pas apporté (= qui n'ont/auront pas apporté) leur pique-nique pourront acheter un casse-croûte au café.
Children not having brought (= who haven't brought) a picnic lunch will be able to buy a snack in the café.

Le train venant (= qui vient) de Paris a dix minutes de retard.
The train coming from Paris is 10 minutes late.

Le train étant parti (= qui est parti) de Paris à neuf heures précises est arrivé juste à l'heure à Lille.
The train having left (that left) Paris at exactly 9 A.M. arrived right on time in Lille.

b) In formal language, the present participle can replace a clause beginning with *comme* or *parce que*:

Son père étant souvent absent (= comme son père était souvent absent), Paul dépendait beaucoup de sa mère.
His father being often away (= because his father was often away), Paul depended a great deal on his mother.

Le père ayant été (= comme le père avait été) tant de fois absent, la mère décida de divorcer.
The father having been (because the father had been) away so much, the mother decided to divorce him.

c) The present participle can be used adverbially after *en* to mean "on doing," "while doing," "by doing" something. In this case the subjects of both clauses must be the same:

En entrant (= quand nous sommes entrés) chez nous, nous avons découvert le cambriolage.
On entering (= when we entered) our house, we discovered the burglary.

En étudiant (= si vous étudiez) ce livre, vous perfectionnerez votre grammaire française.
By reading (= if you read) this book, you will perfect your French grammar.

Mais je me suis endormi en lisant (= pendant que je lisais) ce livre!
But I fell asleep (= while I was) reading this book!

It can also express the manner in which an action is performed:

Le cambrioleur est sorti en courant.
The burglar came running out.

Les spectateurs ont quitté le cinéma en riant.
The audience left the movie theater laughing.

d) Many present participles have become adjectives in their own right and, as such, agree like any other adjective with the noun(s) they describe:

C'est une ville charmante.
It's a charming town.

Dans cette pièce on se servait d'une scène tournante.
In that play they used a revolving stage.

Chéri, va chercher les fauteuils pliants, s'il te plaît.
Darling, go get the folding chairs, please.

• Note: Remember that the present participle cannot be used with *être* to make a progressive tense, as in English: I am reading = *je lis,* I was reading = *je lisais.* You must use the simple present or imperfect, or say *je suis/j'étais en train de lire.*

• Note also: Many bodily positions (such as sitting and lying) are described using the past participle, not the present participle in French (see below).

2. Formation

The present participle is formed by removing the *-ons* from the first person plural (*nous*) form of the present tense and adding *-ant:*

donner	nous donnons	donnant	giving
remplir	nous remplissons	remplissant	filling
vendre	nous vendons	vendant	selling
boire	nous buvons*	buvant	drinking
croire	nous croyons*	croyant	believing

*Because the stem is the same as for the imperfect, and because all irregular stems are listed in Chapter 18, please refer to that list or to the verb list on pages 317–339 if you are not sure of the stem. Remember that otherwise regular verbs ending in *-cer* or *-ger* will have the ending *-çant* or *-geant.*

- Three verbs do not conform to this pattern:

avoir	nous avons	ayant	having
être	nous sommes	étant	being
savoir	nous savons	sachant	knowing

Ayant or *étant* + past participle is used to make up a compound, or perfect, form:

ayant déjà vu le film	having already seen the film
étant parti de bonne heure	having left early

Past participle

1. Uses

a) The most frequent use of the past participle is to form the perfect, pluperfect, and other compound tenses together with *avoir* or *être.* This is fully dealt with in Chapters 19 and 20.

b) The past participle is also used to form the passive with *être,* which is explained fully in Chapter 29.

c) The past participle may also replace a clause beginning with *quand* or *après que.* This construction tends to be used in narrative style and is more common in French than in English:

> *Ses parents morts (= après que/quand ses parents furent morts), elle déménagea à la campagne.*
> Her parents dead (= after/when her parents died), she moved to the country.

> *Tout le monde assis à table (= quand tout le monde a été assis), la maîtresse de maison souhaita la bienvenue.*
> When everyone was seated at the table, the hostess welcomed them.

This construction is sometimes used after *une fois* = once:

> *Une fois tout le monde assis à table, Claire et Joseph se sont assis à leur tour.*
> Once everyone was seated at the table, Claire and Joseph sat down in turn.

d) Replacing an adjectival relative clause describing a noun:

> *C'est une vie (qui a été) détruite par la drogue.*
> It's a life (that has been) destroyed by drugs.

> *Nous assistions à une situation (qui était) chargée d'émotion.*
> We were witnessing a situation (that was) charged with emotion.

e) As an adjective in its own right:

> *Je préfère les exercices écrits.*
> I prefer written exercises.

> *Vous avez vu la forêt enchantée?*
> Have you seen the enchanted forest?

> *Si vous voulez prendre un légume cuit, il y a des pommes frites.*
> If you want a cooked vegetable, there are some french fries.

f) Describing bodily positions:

> *Nous étions assis sur la pelouse.*
> We were sitting on the lawn.

> *La chatte était couchée au soleil.*
> The cat was lying in the sun.

2. Formation

a) Regular verbs: Remove the infinitive ending to form the stem and add the ending *-é, -i,* or *-u:*

donner	*donné*	given
remplir	*rempli*	filled
vendre	*vendu*	sold

b) Irregular past participles:

-er verbs: All are regular, even *aller: allé.*

-ir verbs: Most are formed regularly, except:

acquérir (*and group*)	acquis
courir	couru
haïr	haï
mourir	mort
ouvrir (*and group*)	ouvert
vêtir (*and compounds*)	vêtu

-re verbs: See lists below.

c) Irregular past participles ending in *-é:*

être	été
naître	né

d) Irregular past participles ending in *-u:*

avoir	eu
battre (*and compounds*)	battu
boire	bu
conclure (*and group*)	conclu
connaître (*and group*)	connu
coudre	cousu
courir (*and compounds*)	couru
croire	cru
croître	crû/crue*
accroître	accru
devoir	dû/due*
émouvoir	ému
falloir	fallu
lire	lu
mouvoir	mû/mue*
promouvoir	promu
plaire	plu
pleuvoir	plu
pouvoir	pu
recevoir (*and group*)	reçu
résoudre (*and group*)	résolu
rompre	rompu
savoir	su
(se) taire	tu
tenir (*and compounds*)	tenu
vaincre (*and compounds*)	vaincu
valoir	valu
venir (*and compounds*)	venu
voir (*and compounds*)	vu
vouloir	voulu

* The circumflex is written only on the masculine singular form *crû/dû/mû*, is removed when any agreement is added, and does not occur in compounds of *croître* and *mouvoir: accru; ému/promu.*

e) Irregular past participles ending in *-i:*

fuir/s'enfuir	fui/enfui
rire/sourire	ri/souri
suffire	suffi
suivre/poursuivre	suivi/poursuivi

f) Irregular past participles ending in *-is:*

s'asseoir	assis
mettre (*and compounds*)	mis
prendre (*and compounds*)	pris

g) Irregular past participles ending in *-t:*

conduire (*and group*)	conduit
dire (*and compounds*)	dit
écrire (*and compounds*)	écrit
faire (*and compounds*)	fait
mourir	mort
ouvrir (*and group*)	ouvert
peindre (*and group*)	peint

mettez-vous au point!

1. Règlement du collège

Voici quelques points du règlement d'une école française. Transformez les phrases de manière à utiliser le participe présent.

EXEMPLE: **Les élèves qui ne paient pas la cantine à la fin du trimestre ne pourront pas manger au collège le trimestre suivant.**
Tout élève ne payant pas la cantine à la fin du trimestre ne pourra pas manger au collège le trimestre suivant.

1. Les élèves qui n'apportent pas leur tenue de sport ne pourront pas participer au cours d'éducation physique.

_____

_____

2. Les élèves qui ne rendent pas leurs livres de bibliothèque à temps ne pourront plus emprunter les livres.

_____

_____

3. Les élèves qui s'absentent sans justification des parents ne pourront pas se présenter en cours.

_____

_____

4. Les élèves qui fument dans l'établissement scolaire en seront exclus.

_____

_____

5. Les élèves qui commencent un club en début d'année devront y participer jusqu'à la fin de l'année.

_____

_____

Faites maintenant le contraire:

6. Tout élève introduisant des armes dans l'établissement scolaire en sera exclu définitivement.

_____

_____

7. Tout élève faisant de la propagande politique ou religieuse à l'intérieur de l'école en sera exclu temporairement.

_____

_____

8. Un Conseil de Discipline se réunira pour décider du sort des élèves ayant, donnant ou vendant de la drogue à l'intérieur de l'établissement scolaire.

_____

_____

2. Un prof pas comme les autres

M. Michel est un professeur très étourdi. Il oublie tout et ne s'en aperçoit qu'au dernier moment. Transformez les phrases suivantes en utilisant le participe présent.

EXEMPLE: **C'est lorsqu'il est entré dans la classe qu'il s'est aperçu qu'il n'avait pas son cartable.**
C'est en entrant dans la classe qu'il s'est aperçu …

1. C'est lorsqu'il a ouvert le robinet qu'il a compris qu'il était tout habillé sous la douche.

_____

_____

2. C'est au moment où il est monté dans sa voiture qu'il a vu qu'il avait gardé sa veste de pyjama.

_____

_____

3. C'est lorsqu'il a commencé à lire le texte de l'exercice qu'il a compris qu'il n'avait pas mis ses lentilles de contact.

_____

_____

4. Quand il s'est changé pour aller jouer au tennis, il a vu qu'il avait deux chaussures différentes.

_____

_____

5. Quand il est rentré à la maison, il a découvert qu'il portait la chemise de quelqu'un d'autre.

_____

_____

3. Menu du jour

Voici une liste de plats et de boissons, mais on les a mélangés. Rangez les mots de la deuxième colonne pour qu'ils correspondent à ceux de la première. L'accord des participes passés pourra vous aider.

EXEMPLE:

café	moulu
1. thé _____	a. grillé
2. carottes _____	b. pochés
3. pommes _____	c. réduit pour les enfants
4. lait _____	d. farcies
5. œufs _____	e. demi-écrémé
6. tarif _____	f. glacé
7. poulet _____	g. râpées
8. pain _____	h. pressé
9. tomates _____	i. rôti
10. citron _____	j. sautées

4. Promenade matinale

Compléter ces phrases à l'aide de l'un des verbes de la case ci-dessous au participe présent que vous ferez accorder s'il y a lieu.

ruisseler	coller	palpiter	grouiller	bourdonner	brûler	jaunir	se lever

Le soleil _____ de bonne heure, elle partit tôt dans la campagne _____

de vie à cette heure matinale. Longtemps, elle marcha dans la rosée, sur la terre _____

et se perdit dans les genêts _____. Enfin, elle décida de rentrer par le bord de la mare

_____ de vie aquatique, et arriva au refuge, essoufflée, les joues _____

de sueur, les oreilles _____. Là elle but un thé _____.

5. Pas facile d'être maman et médecin en même temps!

Mireille est médecin et mère de trois jeunes enfants. Tous les matins, c'est la course pour arriver à l'heure au cabinet médical. Réécrivez les phrases suivantes en utilisant les participes passés.

EXEMPLE: **Après avoir réveillé les enfants, elle prépare le petit déjeuner.**
Les enfants réveillés, elle prépare le petit déjeuner.

1. Quand les enfants sont douchés et habillés, elle prend le petit déjeuner avec eux.

   _____

2. Quand le petit déjeuner est fini, elle vérifie les cartables.

   _____

3. Elle signe les carnets de notes et puis téléphone à sa secrétaire pour savoir s'il y a des urgences au cabinet médical.

   _____

4. Elle sort la voiture du garage et puis dit au revoir au chien.

   _____

5. Elle dépose Isabelle chez la nourrice et puis emmène Thibault et Carine à l'école.

   _____

6. Quand elle arrive au cabinet médical, elle regarde son carnet de rendez-vous.

   _____

7. Elle entre dans son bureau et appelle le premier patient.

   _____

participles

... *et en route!*

1. Comment faire?

Travaillez par deux, ou en groupes. Un(e) étudiant(e) pose un problème et les autres, ou son partenaire, doivent proposer des solutions, en utilisant (comme ici!) le participe présent avec *en*.

EXEMPLE: **Laisser votre clef dans la maison.**
—Vous avez laissé votre clef dans la maison. Comment allez-vous entrer?
—En grimpant par la fenêtre ouverte.
—En téléphonant à papa pour qu'il apporte sa clef.
—En défonçant la porte!

Voici quelques situations possibles:

- Réussir aux examens qui approchent.
- Sortir de classe sans que le prof s'en rende compte.
- Passer quelques jours à un festival de musique pop sans dépenser beaucoup d'argent.
- Présenter vos devoirs à votre prof sans faire le travail.

2. C'est en forgeant que l'on devient forgeron

Le titre de cet exercice est un proverbe français. Imaginez d'autres proverbes que vous pourriez former en utilisant *en* + le participe présent. Pour commencer, complétez les suivants:

C'est _____ que l'on apprend à nager; c'est _____ que

l'on apprend le français; c'est _____ que l'on devient professeur; c'est

_____ que l'on devient ivrogne.

Maintenant, chacun(e) d'entre vous doit inventer au moins trois proverbes identiques.

3. La journée de Mireille continue

Il est midi. Mireille (voir l'exercice 5, p. 199) a terminé ses consultations. Elle doit maintenant partir en visite à domicile. Voici ce qu'elle fait:

Une fois un sandwich mangé, elle boit son café. Une fois son café bu, elle appelle le laboratoire d'analyses. Une fois le laboratoire appelé, elle donne les directives à sa secrétaire ...

Imaginez son après-midi, en utilisant des participes passés.

4. Au pair

Vous êtes fille/garçon au pair dans une famille française. Vous écrivez à un/une ami(e) pour lui parler de votre vie. Essayer d'utiliser ce type de phrase:

Une fois le bébé lavé, je lui donne le biberon. Une fois mon travail terminé, je pars en ville rejoindre mes amis, ...

5. Participes poétiques

Avec ce texte, faites un poème qui rime, en terminant chaques vers par un des participes passés irréguliers ci-dessous. (Solution à la page 209.)

battu	éprise	venu	mise	suivi	vêtu	promu	résolu	cousu

Qu'il était beau mon guerrier chéri

D'une foule nombreuse je le voyais _____

D'un bel uniforme il était _____

A cheval il était _____

Au rang de commandant je le savais _____

D'or je le savais _____

A tous les combats je le sentais _____

Pas une seule fois je ne l'ai senti _____

Sur son épaule ma tête _____

De lui je me sentais tout _____

chapter 29

The Passive

mécanismes

The passive

A passive verb is one where the subject is acted upon. In the sentence "My friend sold the house," the verb is active, because the subject, "my friend," performed the action of selling "the house," which is the direct object. However, it is perfectly good English, and at least theoretically correct French, to turn the sentence around and say "The house was sold by my friend." The verb is now passive, the subject ("the house") is now what underwent the action of selling, and "my friend" becomes what is known as the "agent."

Active	Passive
Mon ami a vendu la maison. My friend sold the house.	*La maison a été vendue par mon ami.* The house was sold by my friend.
Le gouvernement gagna les élections. The government won the elections.	*Les élections furent gagnées par le gouvernement.* The elections were won by the government.
M. le Maire ouvrira la nouvelle piscine. The mayor will open the new swimming pool.	*La nouvelle piscine sera ouverte par M. le Maire.* The new swimming pool will be opened by the mayor.

You can see that the passive in English is made up of the relevant tense of "to be" (is/was/will be, etc.) and the past participle of the verb denoting the action in question. You do exactly the same in French, using the relevant tense of *être* plus the past participle, but remember that in French, in addition, you must make the past participle agree with the subject (hence *vendue, gagnées, ouverte* in the above examples).

It is not always necessary to express an agent:

> *Pétain fut emprisonné comme traître.*
> Pétain was imprisoned as a traitor (by whom is not expressed).

Alternatives to the passive

Although the passive exists in French, it is not used nearly as much as in English, where perhaps it tends to be overused. There are a number of alternative constructions used in French to convey the same meaning.

---

a) Use *on*.

On literally means "one" and is used very much more than its English equivalent, which sounds very stilted. This is not the case in French, where *on* simply has the effect of "depersonalizing" the action, rather as the passive does in English. *On* can be used only when no agent is expressed:

> *On a vendu la maison.*
> The house was sold.

> *On ouvrira la nouvelle piscine demain.*
> The new swimming pool will be opened tomorrow.

> *On emprisonna Pétain comme traître.*
> Pétain was imprisoned as a traitor.

It is not possible to specify who or what performed the action in these examples.

- *On* is used to convey the equivalent of English expressions such as "I was given" and "we were told," in which the indirect object becomes the subject of the passive verb. There is no literal equivalent of this in French. This construction is often used with verbs such as *demander, dire, donner,* and *envoyer,* which take an indirect object:

> *On m'a donné une moto pour Noël.* (*M'* is the indirect object and *une moto* the direct object.)
> I was given a motorbike for Christmas.

> *On nous a dit d'attendre ici.*
> We were told to wait here.

> *On a montré à Julie un portrait-robot du voleur.*
> Julie was shown a police sketch of the thief.

---

b) Use a reflexive verb.

Sometimes, especially when describing a general, social phenomenon, it is possible to use a reflexive verb instead of a passive one. Again, the agent cannot be expressed:

> *Cette tendance s'observe souvent chez les habitants des grandes agglomérations urbaines.*
> That tendency can often be seen among those who live in large towns.

> *Cette année les jupes se portent très courtes sur des collants de couleur.*
> This year skirts are being worn very short over colored tights.

> *Les tracteurs ne s'utilisaient pas encore pour les travaux des champs.*
> Tractors were not yet being used for work in the fields.

> *Les antibiotiques doivent se prendre au cours des repas.*
> Antibiotics should be taken during meals.

c) Make the verb active.

If you need to express who or what performed the action, you must either use the passive:

> *Généralement, ces décisions sont prises par la direction.*
> Generally, these decisions are made by the management.

Or make the verb active:

> *Généralement la direction prend ces décisions.*

You then lose the emphasis on *la direction*. This can be retained by saying:

> *Généralement, c'est la direction qui prend ces décisions.*

- The equivalent of "I was given something by someone" can only be expressed using an active verb:

> *Mes parents m'ont donné une moto pour Noël/Ce sont mes parents qui m'ont donné une moto pour Noël.*
> My parents gave me a motorbike for Christmas/I was given a motorbike for Christmas by my parents.

Using the passive in past tenses

It is often important to distinguish between the use of the passé composé or the historic past and the imperfect:

> *La piscine a été/fut ouverte hier.*
> The swimming pool was opened yesterday. (That is, the action was performed.)
> *Quand j'y suis arrivé(e), la piscine était ouverte.*
> When I arrived there, the pool was open. (It was in an open state.)

> *Ce roman a été/fut écrit au 19e siècle.*
> This novel was written in the nineteenth century. (That is, the author wrote it—action.)
> *Le roman était écrit en français.* (Descriptive—it was in a written state, in French.)

> *La maison fut/a été bâtie sur une colline.*
> The house was built on a hill. (Someone built it there—action.)
> *La maison était bâtie sur une colline.* (That was its situation.)

- The imperfect passive with *j'étais*, etc., can of course be the normal equivalent of "was being (done)" or "used to be (done)":

> *Au début du siècle, les enfants étaient considérés comme des ouvriers à part entière.*
> At the beginning of the century, children used to be considered as full-time workers.

mettez-vous au point!

1. Au bureau

Vous travaillez comme secrétaire dans un bureau et votre patron(ne) vous harcèle avec des questions concernant les tâches que vous avez dû achever. Répondez à ses questions selon l'exemple.

EXEMPLE: —**Avez-vous écrit les lettres?**
             —**Mais oui, M./Mme Imbault, elles sont écrites.**

1. Avez-vous signé les papiers?

   _____

2. Avez-vous envoyé les commandes?

   _____

3. Avez-vous préparé le déjeuner?

   _____

4. Est-ce qu'on a réparé le chauffage?

   _____

5. Avez-vous mis en ordre le fichier?

   _____

6. Avez-vous emballé les paquets?

   _____

7. Avez-vous posté les lettres?

   _____

8. Est-ce qu'on vous a renseigné sur ce qui se passe demain?

   _____

2. Le marché de Sully-sur-Loire

Vous êtes venu(e) en France afin d'étudier la vie de province. Voici votre rapport sur le marché de Sully-sur-Loire. Afin d'alléger le texte rédigé à la forme passive, vous le réécrirez en utilisant *on* suivi d'une forme active.

Dès sept heures du matin, les camions venant de Paris et transportant fruits et légumes frais sont déchargés, les étals sont installés, les fruits et légumes sont exposés à la vente. Les étals des horticulteurs, des maraîchers, des fromagers et des marchands de vêtements sont dressés plus tard. Chez le fromager, le beurre est vendu à la motte et la crème fraîche à la louche. Des promotions sont faites sur les fromages les plus courants, le camembert et le gruyère, afin d'attirer les clients. Chez le pisciculteur, les truites sont présentées dans le vivier et choisies vivantes par les clients. Chez le fripier, les vêtements sont vendus très bon marché et les meilleurs articles sont achetés dès les premières heures de la matinée. Ici, les vêtements sont posés en vrac sur des planches de bois. Une foule nombreuse est attendue chaque lundi, mais c'est surtout les jours fériés, le lundi de Pâques et le lundi de Pentecôte que sont réalisées les meilleures ventes.

passive

Commencez: «Dès sept heures du matin, on décharge les camions venant de Paris …»

_____

_____

_____

_____

_____

_____

_____

_____

_____

3. Les tendances de la mode actuelle

a. Vous assistez maintenant à un défilé de mode à la salle des fêtes de Coullons. A l'issue de ce défilé, vous faites un compte-rendu sur les tendances de la mode actuelle à la forme passive du présent. N'oubliez pas l'accord du participe passé!

Commencez: «Cette année les femmes sont ornées …»

Cette année, les femmes (orner) _____ de couleurs vives et de bijoux. Les lignes

(allonger) _____. Les genoux (cacher) _____ sous de longues jupes droites

qui (fendre) _____ à l'arrière ou sur les côtés. Les mini-jupes (encore porter)

_____ mais sur des collants ou des caleçons de couleurs vives. Les T-shirts ou les boléros

(échancrer) _____ de profonds décolletés qui dégagent les cous et les poitrines. Les visages

(parer) _____ de grosses boucles d'oreilles et les chevelures (embellir) _____

de foulards et de rubans.

Cette mode, plus souple et plus féminine (observer) _____ chez les très jeunes femmes.

Les femmes plus âgées (habiller) _____ de façon plus stricte avec des costumes-pantalons

dont les vestes (garnir) _____ de boutons dorés et de larges revers.

Mais que vous choisissiez d'être stricte ou féminine, madame, votre look (modeler) _____

dans les ateliers des créateurs de prêt-à-porter.

b. Vous reprendrez ce texte et remplacerez les formes passives par des formes pronominales pour exprimer que la mode est un phénomène général de société dont le sujet est impersonnel.

Commencez: «Cette année, les femmes s'ornent …»

_____

_____

_____

_____

_____

_____

_____

_____

_____

_____

4. Histoire de la ville d'Orléans

Vous portez maintenant votre attention sur l'histoire de la vieille ville d'Orléans. Vous écrirez cette histoire à la forme passive du passé simple, du présent ou du futur, selon le cas.

La ville de Cenabum, ancien nom d'Orléans (soumettre) _____ par les Romains en

52 avant Jésus-Christ. Après les terribles invasions barbares, la ville (entourer) _____ d'une

muraille au IVᵉ siècle de notre ère. La première église, dédiée à saint Etienne (également édifier)

_____ au IVᵉ siècle. Au cours de la guerre de Cent ans, Orléans (envahir)

_____ par les Anglais et des bastilles (y construire) _____. En 1429, la ville

(délivrer) _____ par Jeanne d'Arc.

De nos jours, 83% de la population (installer) _____ extra-muros. Plusieurs opérations

de rénovation (entreprendre) _____. Un parc floral de 35 ha (créer) _____

et 700 ha de terrain (acquérir) _____ pour installer la ville nouvelle d'Orléans-La Source.

Bientôt, sous l'influence de la décentralisation parisienne, la mutation (accélérer) _____

et la ville (promouvoir) _____ au rang de grande capitale régionale.

5. L'histoire d'une réussite

Une compagnie de votre région a décidé d'exporter ses produits, et le directeur des exportations vous a demandé de traduire la lettre de publicité qu'il a écrite sur la compagnie et ses produits. Vous remarquerez que la version anglaise contient un bon nombre de verbes utilisés à la forme passive, et il s'agira de trouver la meilleure manière de les exprimer en français. Cette traduction n'est pas facile. (Vous devriez peut-être l'étudier avec votre professeur ou votre assistant(e) français(e) avant de commencer!)

Bonnybabe Baby Products was founded in 1896. It was first decided to manufacture a talcum powder because the young owner, James White, had noticed how babies' skin was irritated by the diapers that were made in those days. Several experiments were carried out in his laboratories, and finally Bonnybabe talcum was invented. It was sent to all corners of the world, but in the second half of the twentieth century, the powder was no longer exported, and in 1990 only small quantities were being manufactured and distributed.

People thought that the factory would be closed. However, in 1996, the company was bought by its present owner. New products have been launched, and the decision was taken to increase exports to the European Union. Unfortunately some workers had to be told that their services were no longer required. Others were told that they would be taught foreign languages.

It can now be seen that a successful operation has been carried out, and that the company will soon be considered one of the best in the United States.

talcum powder = *le talc*
diaper = *la couche*

... *et en route!*

1. Qu'en fera-t-on?

Voici diverses circonstances. Essayez de suggérer ce qu'on fera dans ces circonstances. Utilisez *on* ou la forme passive dans vos suggestions.

Vous avez découvert un chat qui a une patte cassée.

—On l'emmènera/il sera emmené chez le vétérinaire. On lui guérira la patte cassée. On lui mettra la patte dans le plâtre.

- Votre vieil oncle vient de mourir. Que fera-t-on de ses affaires?

- Un pont s'est écroulé dans votre ville. Que fera-t-on des blessés, des voitures, etc.?

- Un groupe de votre ville jumelle va arriver. Que fera-t-on pour les accueillir?

- L'équipe de football de votre région vient de gagner une coupe importante. Que fera-t-on pour les fêter?

- Un voyou vient de lancer une grande pierre dans la vitrine d'un magasin dans la rue principale. Sera-t-il attrapé? Que fera-t-on?

2. Histoire du collège

Vous écrivez avec vos camarades une histoire de votre collège ou lycée pour le magazine du collège de France ou de Belgique avec lequel vous êtes jumelés. Utilisez beaucoup de formes passives, *on,* ou des verbes pronominaux, comme on vous l'a expliqué dans ce chapitre. Vous pourriez commencer par:

«Le collège/lycée a été fondé en … et on lui a donné le nom de …»

3. Histoire de ma ville ou de mon quartier

A l'aide d'un plan, de cartes postales ou d'autres illustrations, racontez à vos camarades de classe une courte histoire de la ville ou du quartier où vous habitez. Utilisez souvent *on* ou des formes passives.

EXEMPLE: **«Il y a quelques années, on a construit un nouveau supermarché aux abords de la ville, et le commerce du centre a été beaucoup affecté …»**

4. Règlements d'hygiène et de protection

Vous travaillez dans une usine de fabrication de médicaments. Vous faites une liste de règlements élémentaires pour l'hygiène et pour la protection du personnel.

EXEMPLE: **On portera un masque.**

Solution (Chapter 28, p. 201, l'exercice 5)

Qu'il était beau mon guerrier chéri
D'une foule nombreuse je le voyais **suivi**
D'un bel uniforme il était **vêtu**
A cheval il était **venu**
Au rang de commandant je le savais **promu**
D'or je le savais **cousu**

A tous les combats je le sentais **résolu**
Pas une seule fois je ne l'ai senti **battu**
Sur son épaule ma tête **mise**
De lui je me sentais tout **éprise**

chapter 30

Impersonal Verbs

mécanismes

Impersonal verbs are verbs that do not have a personal subject, such as I, you, they, the children, etc. In French the subject is always *il,* corresponding to "it" in English, and the verb is always singular.

The weather

Most expressions that describe the weather are impersonal. Many of them use *il fait:*

Il fait froid.	It's cold.
Il faisait chaud.	It was hot.
Il fait du soleil.	It's sunny.
Il fera du vent.	It will be windy.
Also:	
Il pleut.	It rains/It's raining.
Il a plu hier.	It rained yesterday.
Il neige.	It snows/It's snowing.
Il va neiger demain.	It's going to snow tomorrow.
Il gèle.	It freezes/It's freezing.

Time of day (see also Chapter 45)

Quelle heure est-il?	What time is it?
Il est deux heures.	It's 2 o'clock.
Il était midi.	It was 12 noon.

Other common impersonal verbs

Il y a	There is, there are/… ago
Il faut	It is necessary to (see also Chapter 25)
Il vaut mieux	It is better/best to
Il s'agit de	It's a question of/it means
Il semble/semblerait que	It seems/would seem that
Il paraît que	It appears/seems that
Il apparaît que	It appears that
Il arrive/se passe que	It happens that
Que se passe-t-il? } *Qu'arrive-t-il?* }	What's going on?
Il existe	There exists

Il y a un problème ici.
There's a problem here.

Il y a trois mois que nous habitons ici.
We've lived here for three months. (see Chapter 39)

Nous sommes venus ici il y a trois mois.
We came here three months ago.

Il s'agit d'un changement d'emploi.
It's a question of/It involves a change of jobs.

Il …

Il is used at the beginning of a clause when the true subject is delayed until after the verb, often for emphasis. One of the most common expressions used in this way is *il reste,* meaning, literally, "there remains." Note that the verb is always singular in this construction:

Il ne reste que deux jours de vacances.
There are only two days of vacation left.

Il va arriver un ouragan.
There's going to be a hurricane.

Il est arrivé un accident.
There has been an accident.

Il est + adjective + de or que …

Il est introduces an adjective in impersonal expressions such as *il est possible.* This is either linked to the infinitive with *de* (see Chapter 26) or to a verb, usually in the subjunctive, with *que* (see Chapter 36):

Il n'est pas pratique de nous occuper de votre commande cette semaine.
It is not practical to process your order this week.

Il est tout à fait raisonnable que nous l'expédions la semaine prochaine.
It is perfectly reasonable that we should send it next week.

See also Chapter 46 for further information about the use of *il est.*

mettez-vous au point!

1. Un bulletin météo

Le présentateur de Météo-France maîtrise mal les tournures impersonnelles. Vous corrigerez son bulletin-météo en employant une expression impersonnelle à chaque fois que cela sera possible.

EXEMPLE: **Demain, le temps sera beau et chaud > Demain, il fera beau et chaud …**

Demain, le temps sera beau et chaud sur l'ensemble de la France, mais le soleil apparaîtra surtout sur la Côte d'Azur et la Corse. Dans l'après-midi, les températures se rafraîchiront et le vent se lèvera notamment sur les côtes de la Manche et de l'Atlantique. En fin de journée, la pluie tombera sur la pointe ouest de la Bretagne. Dans la nuit, les températures descendront au-dessous de zéro dans les Alpes, alors, attention au verglas si vous sortez! Au cours du week-end, attendez-vous à un rafraîchissement des températures qui descendront au-dessous des normales saisonnières, avec des brouillards le matin. Toutefois nous ne sommes pas encore en hiver; nous devrons attendre plusieurs semaines pour que la neige tombe en montagne.

C'était Météo-France, et l'horloge indique exactement 8 heures et 48 minutes.

_____

_____

_____

_____

_____

_____

_____

_____

_____

_____

2. Les SDF à Paris

Les données concernant les «sans domicile fixe» à Paris ne sont pas encore bien précises. Le Ministère du Logement étudie le problème afin d'avoir des bases de travail concrètes. Complétez ce texte à l'aide des expressions impersonnelles qui apparaissent dans la case ci-dessous, afin de montrer que c'est un domaine où les connaissances sont parfois encore floues. Les expressions *il semble que, il semblerait que, il paraît que, il apparaît que* sont toutes équivalentes.

il existe	il y a	il s'agit de	il faut	que se passe-t-il
il semble que/il apparaît que/il paraît que/il semblerait que				

_____ un problème grandissant à Paris: _____ des SDF (sans domicile fixe). Leur nombre et leur situation ne sont pas encore bien connus, mais _____ il s'agit surtout de jeunes sans emploi. _____ plusieurs années que ce problème existe, du fait du chômage croissant. _____ c'est la crise qui a engendré cette situation. Lorsque l'on interroge les SDF, _____ que leur problème essentiel est celui de l'hygiène: comment se laver correctement, comment laver ses vêtements lorsque l'on vit sous les ponts? _____ beaucoup de courage à un jeune SDF privé de travail et de logement pour rester digne. Néanmoins, _____ des dispensaires s'ouvrent afin qu'ils puissent bénéficier de soins médicaux gratuits. Mais c'est l'hiver que les SDF souffrent le plus. _____ alors pour eux? Où dorment-ils? _____ de nombreux foyers s'ouvrent alors aux quatre coins de Paris, qui leur dispensent chaleur et nourriture.

... _et en route!_

1. Les vacances dans le Maine

Vous écrivez une lettre à votre correspondant(e) français(e), dans laquelle vous décrivez le temps qu'il a fait lors des dix journées passées dans le Maine avec vos parents ou vos amis.

EXEMPLE: **Le 10 août: il a fait beau, mais pas très chaud.**
Le 11 août: ... jusqu'au 19 août.

Décrivez la variété climatique dont seul le Maine est capable!

2. Réglé comme une horloge!

Travaillez à deux. L'un(e) décrit une activité de tous les jours, l'autre dit quelle heure il est (il doit être).

EXEMPLE: **—Vous prenez le petit déjeuner.**
—Alors il est sept heures et demie du matin.
—Vous promenez le chien.
—Alors il doit être six heures du soir.
—Vous lisez au lit.
—Alors il doit être dix heures et demie du soir.

3. Les solutions

Chacun(e) d'entre vous pose un problème, et les autres doivent proposer une solution qui commence avec un verbe impersonnel.

EXEMPLE: —J'ai déchiré mon pantalon.
            —Alors, il faut le coudre!
            —Il vaut mieux rentrer à la maison changer de pantalon!
            —Il faudra en acheter un autre à l'heure du déjeuner!
            —Il reste de vieux pantalons dans le vestiaire! Choisissez-en un!
            —Il ne reste qu'une solution: il faudra l'enlever pour que nous le réparions!

4. Il y a si longtemps?

Travaillez à deux ou en groupes. Vous vous posez les uns aux autres des questions sur les événements de votre vie, et chacun(e) répond en suivant l'exemple de la réponse.

EXEMPLE: —Quand as-tu appris à parler?
            —J'ai appris à parler il y a à peu près seize ans.
            —Quand as-tu commencé à lire?
            —J'ai commencé à lire il y a douze ans environ.

5. Encore les SDF

Discutez entre vous du problème des SDF que vous avez déjà étudié dans l'exercice 2. Qu'est-ce qu'il faudra faire pour résoudre le problème? Qu'est-ce qu'il vaudra mieux faire? Qu'est-ce qu'il y aura à faire dans l'immédiat? Et pour résoudre le problème à long terme? Existe-t-il des solutions?

6. Le dépeuplement de la campagne

Les villages français se dépeuplent. Qu'est-ce qu'il faudrait faire pour encourager les jeunes à aller vivre dans les villages? Qu'est-ce qu'il y aurait à faire?

EXEMPLE: **Il vaudrait mieux créer des entreprises.**
            Il faudrait donner le terrain gratuitement aux jeunes pour bâtir.

Apportez d'autres idées à ce débat en classe, ou écrivez une courte rédaction.

chapter 31

The Subjunctive— Introduction

mécanismes

The subjunctive itself is not a tense, but an alternative form of the verb that has to be used in certain circumstances. Grammar books usually refer to it as the subjunctive mood, and it is true that it does often convey a particular mood of, for example, sadness, joy, anger, doubt, or uncertainty.

Exactly when and how to use the subjunctive will be explained little by little in the chapters that follow (Chapters 31–36). If you study the explanations and do the exercises and activities that accompany them, you should be well on the way to acquiring a feeling or instinct for the subjunctive.

Although all the tenses of the subjunctive are presented below, the main tenses that you will need to know and be able to use yourself are the present subjunctive and the past subjunctive.

Present subjunctive

The starting point for the stem of most verbs is the third person plural (*ils/elles*) of the present indicative: *ils donn-ent, rempliss-ent, vend-ent, dis-ent, reçoiv-ent*, etc. You would do well to refer to the explanations and lists in Chapter 14 about the present indicative for comparison.

a) Regular verbs

donner	*remplir*	*vendre*
ils donnent	ils remplissent	ils vendent
je donne	je remplisse	je vende
tu donnes	tu remplisses	tu vendes
il/elle donne	il/elle remplisse	il/elle vende
nous donnions	nous remplissions	nous vendions
vous donniez	vous remplissiez	vous vendiez
ils/elles donnent	ils/elles remplissent	ils/elles vendent

- Note that in both spoken and written forms, *-er* verbs differ from the indicative in only the first and second persons plural, and that in all three conjugations the third person plural is identical to the indicative.

---

b) Irregular verbs

These can be grouped into five categories.

i) Verbs that establish an invariable stem from the third person plural

These include:

- *conduire, ouvrir, partir, peindre*, and all the verbs in their respective groups;
- also *s'asseoir* (*-eyent* form), *conclure, connaître, coudre, croître, dire, écrire, haïr, lire, mettre, plaire, pleuvoir, résoudre, rire, rompre, suivre, vaincre, vivre*, and all their compounds (*décrire, remettre, convaincre*, etc.).

Examples:

conduire	*ouvrir*	*partir*	*écrire*	*mettre*
je conduise	j'ouvre	je parte	j'écrive	je mette
tu conduises	tu ouvres	tu partes	tu écrives	tu mettes
il/elle conduise	il/elle ouvre	il/elle parte	il/elle écrive	il/elle mette
nous conduisions	nous ouvrions	nous partions	nous écrivions	nous mettions
vous conduisiez	vous ouvriez	vous partiez	vous écriviez	vous mettiez
ils/elles conduisent	ils/elles ouvrent	ils/elles partent	ils/elles écrivent	ils/elles mettent

ii) Verbs that establish a 1–2–3–6 pattern from the third person plural stem, but that have the same stem as the indicative in the first and second plural

These include:

- the *-er* verbs with the 1–2–3–6 pattern of spelling changes listed on pages 91 and 92. The 1–2–3–6 forms are identical to the indicative. In common with all the regular *-er* verbs, only the first and second plural forms have different endings from the indicative:

appeler	*jeter*	*mener*	*employer*
j'appelle	je jette	je mène	j'emploie
tu appelles	tu jettes	tu mènes	tu emploies
il/elle appelle	il/elle jette	il/elle mène	il/elle emploie
nous appelions	nous jetions	nous menions	nous employions
vous appeliez	vous jetiez	vous meniez	vous employiez
ils/elles appellent	ils/elles jettent	ils/elles mènent	ils/elles emploient

- verbs and their compounds whose third person plural ends in *-oient* or *-uient:*

croire	*voir*	*fuir*
je croie	je voie	je fuie
tu croies	tu voies	tu fuies
il/elle croie	il/elle voie	il/elle fuie
nous croyions	nous voyions	nous fuyions
vous croyiez	vous voyiez	vous fuyiez
ils/elles croient	ils/elles voient	ils/elles fuient

- the following and their compounds:

acquérir: j'acquière, tu acquières, il/elle acquière, nous acquérions, vous acquériez, ils/elles acquièrent
   (Note the change of accent è/é and the corresponding sound change.)
boire: je boive, tu boives, il/elle boive, nous buvions, vous buviez, ils/elles boivent
devoir: je doive, tu doives, il/elle doive, nous devions, vous deviez, ils/elles doivent
falloir: il faille (only)
mourir: je meure, tu meures, il/elle meure, nous mourions, vous mouriez, ils/elles meurent
mouvoir: je meuve, tu meuves, il/elle meuve, nous mouvions, vous mouviez, ils/elles meuvent
prendre: je prenne, tu prennes, il/elle prenne, nous prenions, vous preniez, ils/elles prennent
recevoir: je reçoive, tu reçoives, il/elle reçoive, nous recevions, vous receviez, ils/elles reçoivent
tenir: je tienne, tu tiennes, il/elle tienne, nous tenions, vous teniez, ils/elles tiennent
venir: je vienne, tu viennes, il/elle vienne, nous venions, vous veniez, ils/elles viennent

iii) Verbs that have a consistent stem, but the stem is not taken from the third person plural

faire: je fasse, tu fasses, il/elle fasse, nous fassions, vous fassiez, ils/elles fassent
pouvoir: je puisse, tu puisses, il/elle puisse, nous puissions, vous puissiez, ils/elles puissent
savoir: je sache, tu saches, il/elle sache, nous sachions, vous sachiez, ils/elles sachent

iv) Verbs whose subjunctive stem is erratic

aller: j'aille, tu ailles, il/elle aille, nous allions, vous alliez, ils/elles aillent
vouloir: je veuille, tu veuilles, il/elle veuille, nous voulions, vous vouliez, ils/elles veuillent (This is a
   1–2–3–6 pattern, but not derived from the third person plural.)

v) *Avoir* and *être*, which are irregular in both stem and endings:

avoir: j'aie, tu aies, il/elle ait, nous ayons, vous ayez, ils/elles aient (Note: The present subjunctive of
   il y a is therefore *il y ait.*)
être: je sois, tu sois, il/elle soit, nous soyons, vous soyez, ils/elles soient

The past subjunctive

The present subjunctive is the predominant subjunctive tense, but if a past tense is needed, the past
subjunctive is used. The action in the past subjunctive must have come before that of the main verb;
otherwise the present subjunctive is used:

> *Nous regrettons que vous ne soyez pas venus nous voir.*
> We're sorry you didn't come to see us. (The regret occurs after the nonarrival.)

Nous ne croyions pas que vous veniez.
We didn't think you would come. (The belief was in existence before the nonarrival.)

This tense is made up of the present subjunctive of the auxiliary (*avoir/être/s'être*) and the past participle:

donner	*partir*	*se lever*
j'aie donné	je sois parti(e)	je me sois levé(e)
tu aies donné	tu sois parti(e)	tu te sois levé(e)
il ait donné	il soit parti	il se soit levé
elle ait donné	elle soit partie	elle se soit levée
nous ayons donné	nous soyons parti(e)s	nous nous soyons levé(e)s
vous ayez donné	vous soyez parti(e)(s)	vous vous soyez levé(e)(s)
ils aient donné	ils soient partis	ils se soient levés
elles aient donné	elles soient parties	elles se soient levées

The imperfect subjunctive

The imperfect subjunctive is derived from the historic past (see Chapter 21), and in practice, in modern French, its use is even more restricted. It is used only in very formal writing, you are unlikely to find it in the press, and few modern authors use it. However, if you read literature written earlier in the twentieth century or before that, you will come across it. It is therefore presented here so that you will be able to recognize it if you come across it.

a) Regular verbs use the same stem and vowel as for the historic past:

je donnai	*je remplis*	*je vendis*
je donnasse	je remplisse	je vendisse
tu donnasses	tu remplisses	tu vendisses
il/elle donnât	il/elle remplît	il/elle vendît
nous donnassions	nous remplissions	nous vendissions
vous donnassiez	vous remplissiez	vous vendissiez
ils/elles donnassent	ils/elles remplissent	ils/elles vendissent

b) All other verbs take the same stem and vowel as in the historic past, with endings as explained below:

Those whose ending vowel in the historic past is:

-i-	*-u-*	*-in-*
écrire	*être*	*venir*
HP: j'écrivis	HP: je fus	HP: je vins
j'écrivisse tu écrivisses il/elle écrivît nous écrivissions vous écrivissiez ils/elles écrivissent	je fusse tu fusses il/elle fût nous fussions vous fussiez ils/elles fussent	je vinsse tu vinsses il/elle vînt nous vinssions vous vinssiez ils/elles vinssent

When you pronounce some of these forms, you will discover that they are not pretty sounds, which may explain in part why the tense is all but dead!

The pluperfect subjunctive

Like the imperfect subjunctive, the pluperfect subjunctive has fallen into disuse in all but the most formal of written French. Here it is so that you can recognize it if you come across it. It is formed with the imperfect subjunctive of the auxiliary (*avoir/être/s'être*) and the past participle:

donner	*partir*	*se lever*
j'eusse donné tu eusses donné il eût donné elle eût donné nous eussions donné vous eussiez donné ils eussent donné elles eussent donné	je fusse parti(e) tu fusses parti(e) il fût parti elle fût partie nous fussions parti(e)s vous fussiez parti(e)(s) ils fussent partis elles fussent parties	je me fusse levé(e) tu te fusses levé(e) il se fût levé elle se fût levée nous nous fussions levé(e)s vous vous fussiez levé(e)(s) ils se fussent levés elles se fussent levées

Use of the subjunctive tenses

In modern French, the most frequently used subjunctive tense is the present, even if the sense would appear to require a past tense:

> *On construisait un nouveau pont pour que la circulation puisse éviter le centre-ville.*
> They were building a new bridge so that the traffic could avoid downtown.

subjunctive—introduction

Je suis sorti(e) ce matin sans que personne m'entende.
I came out this morning without anyone hearing me.

The past subjunctive should be used if the "pastness" of an event or condition needs to be made clear:

Nous sommes désolés que vous ayez été si malade.
We're sorry you have been/were so ill. (*Que vous soyez* would mean "you are so ill.")

The meaning of the subjunctive

Some students are disconcerted by subjunctive forms and ask, "What do they mean?" A subjunctive does not change the basic meaning of the verb. As explained above, it is more a question of feeling, mood, or nuance than a complete shift of meaning.

Here are a few examples of sentences containing subjunctives—and some encouragement from the authors:

Nous sommes très contents que vous vous serviez de ce livre.
We are very pleased that you are using this book.

Nous souhaitons que vous fassiez des progrès et que vous parliez et écriviez bien le français.
We hope that you make progress and speak and write French well.

Nous expliquons ici le subjonctif pour que vous le compreniez et l'utilisiez avec confiance.
We're explaining the subjunctive here so that you can understand it and use it with confidence.

Bien que ce soit un élément de la langue un peu plus difficile à comprendre, il ne faut pas que vous ayez de craintes: vous le maîtriserez vite.
Although it's a more difficult element of the language to understand, there's no need for you to be afraid of it: you will master it quickly.

Pour en savoir davantage, nous suggérons que vous lisiez et étudiez avec soin les chapitres suivants.
For you to know more about it, we suggest that you read and study the following chapters carefully.

- Activities practicing the use of the subjunctive appear in the *mettez-vous au point!* and *... et en route!* sections of Chapters 32–36.

chapter 32

The Subjunctive: Influence

mécanismes

The subjunctive is used after verbs and other expressions that influence somebody or something to carry out or not carry out an action. These expressions include wanting, requiring, ordering, suggesting, urgency, and necessity, and also preventing and avoiding.

- When there are two clauses, the subjects of the main clause and the dependent clause must be different.

  Compare:

Je veux aller en ville.	I want to go to town. (**I** want and **I** go: second verb in infinitive.)
Je veux que tu ailles en ville.	I want you to go to town. (**I** want, **you** go: second verb in subjunctive.)
Nous désirons réussir.	We want to succeed. (**We** want, **we** succeed.)
Nous désirons que vous réussissiez.	We want you to succeed. (**We** want, **you** succeed.)

The subjunctive after verbs of wanting, requiring, etc.

Some of the verbs that are used with the subjunctive in this way are:

aimer que	to like (sb/sth to)
aimer mieux que	to prefer that, prefer (sb/sth to)
attendre que	to wait for … to
s'attendre à ce que	to expect that …
commander* que	to order
consentir à ce que	to agree that
défendre que	to forbid that
demander que	to ask that

empêcher* que	to prevent … from
éviter que	to avoid
exiger que	to demand, require that
insister pour* que	to insist on
interdire que	to forbid that
ordonner* que	to order
permettre* que	to allow, permit
préférer que	to prefer that, prefer (sb/sth to)
proposer que	to propose, suggest that
souhaiter que	to wish, want
suggérer que	to suggest that
vouloir que	to want

Le directeur a ordonné que tout le monde se rassemble dans la cour.
The principal has ordered everyone to assemble in the yard.

La loi ne permet pas qu'on boive d'alcool dans la rue.
The law does not allow you to drink alcohol in the streets.

La loi interdit qu'on boive de l'alcool dans les rues.
The law forbids you to drink alcohol in the streets.

Ils voulaient éviter que la police ne s'en mêle.
They wanted to avoid the police getting involved.

Nous ne nous attendions pas à ce qu'il réagisse comme ça.
We weren't expecting him to react like that.

Nous attendions qu'ils s'en aillent.
We were waiting for them to go away.

* The verbs marked with an asterisk are also frequently used with an infinitive, even if the subjects of the two verbs are different (see Chapter 26 for a full treatment of this):

Le directeur a ordonné à tout le monde de se rassembler dans la cour.
The principal ordered everybody to assemble in the yard.

La loi ne permet pas de boire l'alcool dans les rues.
The law does not permit you to drink alcohol in the streets.

• Note: *Espérer que* (to hope that) does **not** take the subjunctive:

Nous espérons que vous viendrez nous voir bientôt.
We hope you will come to see us soon.

Impersonal expressions indicating necessity, importance, etc.

il est indispensable que ⎱	it is essential that
il est essentiel que ⎰	
il est important que	it is important that
il est nécessaire que	it is necessary that
il est temps que	it is time that
il est urgent que	it is urgent
il faut que	it is necessary to, one must (see Chapter 25)

Il est important que nous sachions tous les détails.
It's important that we know all the details.

Il est temps que vous nous disiez la vérité.
It's time you told us the truth.

Il fallait que nous changions à Lyon.
We had to change at Lyon. (See Chapter 25 for full treatment of *il faut*.)

- *Il est* + adjective is the basic form of these expressions, but they can occur in other forms:

il semble important que *il paraît urgent que* *je trouve nécessaire que*	it seems important that it appears urgent that I find it necessary that

- Nouns associated with many of the expressions listed in this chapter can also introduce a subjunctive:

Ils ont tous exprimé le souhait que vous vous remettiez le plus vite possible.
They all expressed the wish that you recover as quickly as possible.

La suggestion que la nouvelle route soit construite dans la vallée n'a pas été bien reçue.
The suggestion that the new road should be built through the valley was not well received.

Que + subjunctive

A wish or desire may also be expressed by simply using *que* followed by the present subjunctive. This is used with the third person. It is the equivalent of the English "let" or "may" something happen:

Qu'ils fassent comme ils veulent.
Let them do what they like.

Qu'il vienne, je le recevrai!
Let him come, I'll welcome him!

Que vos rêves se réalisent!
May your dreams come true!

mettez-vous au point!

1. Une invitation

Votre correspondant(e) vient d'avoir son permis de conduire et ses parents lui ont acheté une voiture. Il/Elle vous invite à passer le mois de juillet avec lui/elle pour partir à la découverte de la France. Complétez le texte de sa lettre en mettant les verbes au subjonctif.

Il faudra que tu (venir) _____ passer le mois de juillet avec moi. J'aimerais que nous

(rouler) _____ ensemble sur les routes de France et que nous (découvrir) _____ ensemble les provinces que tu ne connais pas. Je voudrais que tu (pouvoir) _____ passer

au moins un mois avec moi. Il faudrait que tu (avoir) _____ de l'argent pour aller à l'hôtel,

à moins que tu préfères que nous (aller) _____ camper. J'ai des amis dans les Pyrénées,

à Ax-les-Thermes; ils insistent pour que nous (passer) _____ une semaine chez eux.

Je propose que nous (prendre) _____ la Nationale 20 et que nous (s'arrêter)

_____ dans les villes et villages du Périgord. Que tu le (vouloir) _____ ou non,

il faudra goûter à toutes les spécialités régionales, et je voudrais que tu (boire) _____ les

vins du terroir dans les auberges où nous nous arrêterons. Tu vas peut-être grossir! J'ai déjà prévenu mes

amis de ton arrivée pour qu'ils te (recevoir) _____ dignement!

2. Votez pour moi!

Comme toujours, les candidats aux élections présidentielles en France font des promesses. Vous réécrirez ce discours d'un candidat en mettant le verbe au présent de l'indicatif ou au présent du subjonctif selon le sens des phrases.

Quand je serai président, il faudra que je (prendre) _____ des mesures pour que (cesser)

_____ la corruption en France. Il n'est pas tolérable qu'il y (avoir) _____

encore autant d'inégalités. J'(avoir) _____ les moyens de mettre fin à cette situation

inacceptable. Je veux que les personnes âgées, les immigrés, les SDF (pouvoir) _____

disposer d'un revenu minimum pour vivre décemment. Je vous assure que nous (pouvoir)

_____ changer les choses dans ce pays. Il suffit que le gouvernement le (vouloir)

_____ et nous le (vouloir) _____. Si je deviens président, j'agirai pour que

(cesser) _____ la famine dans le monde. Il faut que nous, pays riches, nous (venir)

_____ en aide aux pays pauvres. Il est important que ces pays (savoir) _____

qu'ils (pouvoir) _____ compter sur nous. Je voudrais que vous me (faire) _____

confiance car je (être) _____ le seul à pouvoir faire progresser notre pays.

3. Les problèmes de circulation dans les grandes agglomérations urbaines

Vous tentez de faire le point sur les problèmes de circulation et les solutions qu'on y apporte dans le monde. Mais votre texte est incomplet. Vous le compléterez à l'aide des expressions ou des verbes contenus dans la case ci-dessous.

il est urgent que	il faut que	sans que	afin que
pour que	de peur que	préférer que	exiger que
interdire que	empêcher que	suggérer que	

Tout le monde dit qu'_____ le nombre de voitures individuelles qui circulent dans les villes diminue. Certaines villes proposent des solutions _____ cela se fasse _____ les citoyens soient lésés. Plusieurs municipalités d'Europe du Nord _____ l'on entre au centre-ville en voiture et insistent _____ les gens utilisent les parkings situés à la périphérie des villes, puis les autobus gratuits qui les emmènent aux centres urbains.

En Amérique du Sud, la solution est différente. Les autorités _____ les gens utilisent des taxis collectifs, et _____ une voiture prenne par exemple cinq ou six passagers. Mais _____ tout un chacun ne devienne chauffeur de taxi collectif, les autorités _____ les chauffeurs se déclarent et paient une licence.

Quoiqu'il en soit, _____ l'on trouve une solution car la pollution urbaine _____ les gens soient en bonne santé.

... et en route!

1. Ces manies agaçantes!

Tout le monde a des manies ou des habitudes qui vous agacent. Parlez de celles des membres de votre famille ou de votre classe. Dites, en employant le subjonctif, ce que vous n'aimez pas qu'ils fassent, et ce que voudriez ou préféreriez qu'ils fassent.

EXEMPLE: **Je n'aime pas que mon frère laisse ses chaussures de rugby pleines de boue dans la salle de séjour. Je voudrais qu'il les nettoie et qu'il les mette dans le garage! Je préférerais qu'il lave son short et sa chemise lui-même!**

_____

_____

_____

_____

_____

subjunctive: influence

2. Quelle vie de chien!

Voici l'occasion de vous plaindre—de tout ce qui ne vous plaît pas, et d'organiser votre révolte. La seule condition est que vous vous serviez du subjonctif!

EXEMPLE: *Les plaintes:*
—**Voilà ce que je disais: ils exigent toujours que nous fassions quelque chose de difficile!**
—**Ils ne veulent jamais que nous nous amusions.**

Le complot:
—**Il est temps que nous nous révoltions!**
—**Il est essentiel que nous agissions ensemble!**

_____

_____

_____

_____

_____

_____

_____

_____

3. Une bonne idée, mais ...

Répondez à la lettre de votre correspondant(e) français(e) de l'exercice 1 et faites-lui des suggestions concernant votre voyage en France.

EXEMPLE: **J'aime beaucoup tes propositions, mais je voudrais que nous allions ...**
J'aimerais que nous visitions, ...

_____

_____

_____

_____

_____

_____

_____

_____

_____

4. Carnet vert

En utilisant des expressions avec le subjonctif, faites un «carnet vert» de propositions pour améliorer

a. la sécurité dans les grandes villes la nuit.
b. la sécurité routière.
c. l'accueil dans les hôpitaux.
d. la vie des SDF (sans domicile fixe).
e. le traitement des animaux transportés.

EXEMPLE: **Il faut que toutes les rues soient bien éclairées.**
             Il faut empêcher que trop d'animaux soient entassés dans un camion.

_____

_____

_____

_____

_____

_____

_____

_____

_____

subjunctive: influence

chapter 33

The Subjunctive: Emotional and Mental Reactions

mécanismes

The subjunctive is used after expressions indicating an emotional or mental reaction to the event in the dependent clause.

Emotional reactions

The subjunctive is used after verbs and other expressions of joy, sadness, anger, sorrow, fear, and other emotions:

> *Je suis ravie que tu viennes passer tes vacances chez nous.*
> I'm delighted you are coming to spend your vacation with us.

> *Nous sommes désolés que notre fils ne puisse pas être ici.*
> We're sorry our son cannot be here.

- Remember that the subjects of the two clauses must be different, otherwise you use an infinitive:

> *Je suis ravie de pouvoir passer mes vacances chez vous.*
> I'm delighted I can spend my vacation at your house.

Here are some examples of "emotion" phrases that take the subjunctive:

être content(e) que	to be pleased that
être heureux/heureuse que	to be happy that
être ravi(e) que	to be delighted that
avoir honte que	to be ashamed that
être déçu(e) que	to be disappointed that

être désolé(e) que	to regret, be sorry that
s'étonner/être étonné(e) que	to be astonished that
être surpris(e) que	to be surprised that
être époustouflé(e) que	to be amazed that
avoir peur que	to be afraid that
craindre que	to fear, be afraid that

- After *avoir peur que* and *craindre que*, the verb in the dependent clause is sometimes preceded by *ne,* even when the sense is positive:

> *J'ai peur que/Je crains qu'ils ne viennent nous chercher.*
> I'm afraid they'll come and get us.

Mental reactions and value judgments

Closely related to all these emotional reactions are all value judgments—reactions of indignation, incredulity, justification, approval, disapproval, or concern:

> *Quel scandale qu'on ne puisse pas sortir sans peur d'être agressé.*
> What a disgrace that one can't go out without fear of being mugged.

> *Comment allons-nous justifier que tant d'argent soit gaspillé?*
> How are we going to justify that so much money is being squandered?

> *Nous sommes très inquiets que ces enfants puissent jouer dans un endroit si dangereux.*
> We're very worried that these children can play in such a dangerous spot.

> *Nous trouvons incroyable que le conseil municipal ne fasse rien pour les empêcher.*
> We find it incredible that the city council does nothing to stop them.

> *Nous n'aimerions pas que nos enfants y jouent.*
> We wouldn't like our children to play there.

Here are some examples of judgments that require the subjunctive, but there are many more:

accepter que	to accept that
aimer que	to like …ing
s'indigner/être indigné(e) que	to be indignant that
justifier que	to justify …ing
il est absurde que	it's absurd that
il est dommage que	it's a pity that
cela (m')est égal que	I don't mind (sb) …ing
il est embarrassant que *il est gênant que*	it is embarrassing that
il est incroyable que	it is incredible that
il est ridicule que	it's ridiculous that

subjunctive: emotions

- Note that the reaction can be expressed in the form of a verb, a noun, or an adjective followed by *que* and the subjunctive:

quelle absurdité que	what an absurdity that
quel scandale que	what a scandal/disgrace that
c'est un scandale que	it's a scandal/disgrace that
il est scandaleux que	it's disgraceful/scandalous that

> *C'est un scandale que l'argent soit gaspillé comme ça!*
> It's a disgrace that the money is being squandered like that.

mettez-vous au point!

1. Une lettre pas tout à fait désintéressée

Une voisine vient d'apprendre que ses amis français ont des difficultés financières et ont décidé de vendre leur belle villa de Cagnes-sur-Mer. Elle en est désolée et vous l'aidez à leur écrire une lettre pour leur proposer son aide. Afin d'exprimer son émotion, elle voudrait bien mettre les verbes de cette lettre au subjonctif.

Chers amis,

Je suis vraiment époustouflée par la nouvelle que vous (avoir) _____

à vendre votre maison de Cagnes-sur-Mer. Elle était si agréable! Je ne voudrais pas

qu'elle (tomber) _____ dans les mains de n'importe qui. Quel scandale que

vos enfants (ne pas pouvoir) _____ vous aider dans cette situation

difficile et quelle honte que les banques (ne pas subvenir) _____ à vos

besoins! Vous qui avez toujours eu tant d'argent! Je suis déçue qu'ils (ne rien faire)

_____ pour vous.

Voyez-vous! J'ai bien peur qu'on (me blâmer) _____, mais je vais vous faire

une proposition: j'ai quelques économies qui me viennent d'un héritage d'une vieille

tante. Je serais ravie que vous en (profiter) _____ et que vous (venir)

_____ discuter de mon offre au plus tôt. Comme je serais heureuse que vous

(passer) _____ à nouveau des heures merveilleuses dans ce cadre

magnifique! Comme il serait dommage que vous (perdre) _____ la jouissance

de ce petit coin de paradis! Alors, j'espère avoir bientôt de vos nouvelles ...

---

2. Le sketch de l'admirateur bafoué

Vous préparez pour le spectacle de fin de trimestre un sketch burlesque sur le thème de l'admirateur bafoué. Faites les réponses à l'admirateur en utilisant le subjonctif.

EXEMPLE:　　　　—**Je t'aime à la folie. (c'est idiot)**
　　　　　　　　　　—**C'est idiot que tu m'aimes à la folie!**

1. Je te veux près de moi! (c'est absurde)

   _____

2. Je sais tout de toi! (c'est embarrassant)

   _____

3. Je te connais mieux que moi-même! (ça me gêne)

   _____

4. Je te trouve formidable! (ça m'embête)

   _____

5. Je suis prêt à donner ma vie pour toi! (c'est ridicule)

   _____

6. Pour toi, je peux aller jusqu'au bout de monde! (ça me désole)

   _____

7. J'ai l'intention de dépenser toute ma fortune pour toi! (je suis content[e]).

   _____

3. Commérages

Dans un village, une personne médisante dit du mal des personnalités locales. Vous réagirez comme bon vous semblera, en utilisant les expressions suggérées dans *mécanismes*.

EXEMPLE:　　　　—**Il paraît que la femme du médecin fume!**
　　　　　　　　　　—**Je serais étonné(e) que la femme du médecin fume!**

1. On dit que le vétérinaire boit et se soûle!

   _____

2. Les gens disent que le notaire sort en boîte tous les week-ends!

   _____

3. On raconte que le curé joue au casino!

   _____

4. On dit que le coiffeur y va avec lui!

   _____

5. On murmure que le pharmacien a une maîtresse!

_____

6. Et on raconte qu'ils vont ensemble au cinéma!

_____

7. Il paraît que le maire gaspille l'argent de la commune et qu'il se fait construire une nouvelle maison avec les deniers publics!

_____

_____

... et en route!

1. C'est scandaleux!

Les autorités de votre région viennent de publier leurs projets pour les dix années à venir: vos camarades et vous devez exprimer vos réactions à leurs propositions. Vous devez approuver ou désapprouver, en vous servant de phrases qui exigent le subjonctif.

EXEMPLE: **construire un hypermarché dans des champs agricoles**
—Moi, je trouve incroyable qu'ils fassent ça!
—Il est scandaleux qu'ils engloutissent encore de la terre arable.
—Quant à moi, je serais très content(e) qu'il y ait beaucoup de magasins.
Je voudrais qu'on ait le plus grand choix possible.

Le Conseil Régional propose aussi de:

• faire construire un hôpital neuf sur le terrain de sports.
• attirer la nouvelle ligne du TGV et construire une nouvelle gare aux alentours de la ville.
• détourner le budget des beaux arts vers la construction des routes.
• démolir le vieil hôtel de ville et le remplacer par un édifice «pour le vingt et unième siècle».
• créer une nouvelle zone industrielle, avec les emplois qui en résulteraient.
• hausser les tarifs des parkings au centre-ville.

Maintenant, pensez vous-mêmes à d'autres propositions pour sonder les réactions de vos camarades.

2. Oh! Ce monde!

Prenez un journal américain—de préférence un journal à sensation—pour cette activité. Vous expliquez les titres à un(e) étudiant(e) français(e), qui rend visite aux élèves de votre classe, mais dont la connaissance de l'anglais est très limitée. Tout le monde doit exprimer ses réactions à l'article.

EXEMPLE: —Cet article parle d'un député au Sénat qui a été invité par une femme millionnaire à passer quelques jours chez elle.
               —Il est embarrassant qu'un député se comporte de cette manière.
               —Je ne trouve pas étrange qu'il fasse comme ça.

3. L'inventaire délirant des objets perdus

Vous étudierez le texte suivant et vous en parlerez avec vos camarades en utilisant des expressions qui nécessitent le subjonctif: par exemple, *il est incroyable que, il est effrayant que, il est scandaleux que,* etc.

C'est fou ce que les gens sont distraits! Dans les aéroports, les gens oublient des passeports, des cartes d'identité, des cartes bleues quand ce n'est pas de l'argent. Dans les trains de banlieue, on retrouve les courses du soir et à l'approche de Noël, les cadeaux bien emballés; dans les toilettes des trains des alliances, des rasoirs, des dentiers parfois … Les hommes d'affaire sont tellement stressés qu'ils perdent plus de choses que Monsieur-tout-le-monde qui voyage une fois dans l'année. Mais les plus stupides sont les amoureux qui viennent chercher leur copine à l'aéroport et oublient … leur auto-radio sur le caddie des bagages. Les plus étourdis sont les touristes qui cachent des liasses de billets sous leur matelas ou leur oreiller à l'hôtel et … les oublient en partant. Les plus ignobles sont les propriétaires d'animaux qui les laissent sur le quai de la gare, ou les parents qui oublient le landau chez le boucher ou se trompent de jour et oublient d'aller chercher leur jeune enfant à la gare au retour des vacances.

D'après *Cosmopolitan France,* mai 1994.

subjunctive: emotions

chapter 34

The Subjunctive: Doubt, Disbelief, and Possibility

mécanismes

The subjunctive is used in various situations when there is an element of doubt or uncertainty.

After expressions indicating doubt and uncertainty

douter que	to doubt that/whether
il est douteux que	it's doubtful that/whether
avoir quelques doutes que	to have one's doubts whether
ne pas être certain(e)/sûr(e) que	not to be certain/sure that

• Note that when expressions of certainty are used negatively, they express doubt and therefore require a subjunctive; conversely, when an expression of doubt is used in the negative, it becomes an expression of certainty and requires an indicative.

Compare:

> *Je suis certain qu'il est coupable.* (indicative)
> I'm sure he is guilty.
> *Je ne suis pas certain qu'il soit coupable.* (subjunctive)
> I'm not sure that he is guilty.
>
> *Je doute qu'il soit coupable.* (subjunctive)
> I doubt whether he is guilty.
> *Je ne doute pas qu'il est coupable.* (indicative)
> I don't doubt he is guilty.

Expressions of disbelief and denial

The subjunctive is also used after verbs of saying and thinking in the negative or to ask questions with negative implications. This can be regarded as a further extension of doubt: If you can't say or don't think that something is the case, then that is doubt:

> *Je ne crois pas qu'il comprenne la raison de nos actions.*
> I don't think he will understand the reason for our actions.

> *Je ne peux pas dire de tout mon cœur que vous ayez raison, mais je l'espère.*
> I can't say with all my heart that you are right, but I hope so.

However, if the "not thinking that …" merely expresses an opinion about something that is more or less obvious or certain, the indicative is used:

> *Je ne crois pas qu'il vient.*
> I don't think he's coming. (From the evidence, it's pretty clear he isn't.)

> *Je ne crois pas qu'il vienne.*
> I don't think he'll come. (= *Je doute qu'il vienne.*)

- *Nier que* (to deny that) also takes the subjunctive:

> *Le représentant nie qu'il y ait un problème.*
> The salesman denies that there was a problem.

As usual, if the subjects of the two verbs are the same, the infinitive is used:

> *Le représentant niait avoir laissé l'appareil.*
> The salesman denied having left (that he had left) the machine.

Possibility

Possibility is still closely linked to doubt: it might happen or it might not!

The following "possibility" phrases take the subjunctive:

il est possible que	it's possible that
il se peut que	it's possible that
il existe la possibilité que	there exists the possibility that
il est impossible que	it's impossible that

- *Il se peut que/Il est possible que* provide one way of putting the English "may" or "might" into French, particularly when they are emphasized:

> *Il se peut que ce soit vrai.*   That may be true.
> *Il se peut qu'ils ne le sachent pas.*   They might not know.

- Note that *il est probable que* (it is probable that) takes the indicative, but that *il est improbable que* and *il est peu probable que* (it's unlikely/not very likely that) take the subjunctive:

> *Il est probable que nous recevrons le paquet aujourd'hui.*
> It's likely that we'll receive the package today.

> *Il est peu probable que nous recevions le paquet aujourd'hui.*
> It's not very likely that we'll receive the package today.

mettez-vous au point!

1. Le futur de la planète Terre

Rien n'est plus incertain que le futur de notre planète. Pour l'exprimer, vous compléterez le texte suivant en mettant les verbes au subjonctif.

Il est possible que les écologistes (faire) _____ enfin prendre conscience aux gens qu'il est temps de réagir. Il se peut que les gouvernements (devenir) _____ plus stricts et (punir) _____ les pollueurs des mers et des rivières, mais il n'est pas certain que les individus (s'autodiscipliner) _____ et (comprendre) _____ la nécessité d'utiliser des produits biodégradables et de réduire leur consommation d'énergie. Il est peu probable que nos gouvernements (vouloir) _____ réduire la production d'énergie nucléaire au profit de sources d'énergie moins dangereuses, et pourtant il est impossible que les gens (ne pas réagir) _____, surtout après qu'une catastrophe nucléaire se soit produite. Mais le problème le plus important n'est-il pas la surpopulation? Il se peut qu'enfin les pays pauvres (recevoir) _____ des aides intelligentes des pays riches et (pouvoir) _____ alimenter leur population, et qu'enfin on leur (fournir) _____ une information et les moyens d'une contraception efficace.

2. Vive l'indécision!

Vos amis français vous ont invité(e) à passer le mois d'août dans un petit village de Normandie avec eux. Vous n'êtes pas sûr(e) que ce soit le meilleur moyen d'occuper vos vacances, et vous leur écrivez cette lettre pleine de doute et d'incertitude. Vous la compléterez en mettant les verbes au futur, ou au présent du subjonctif, selon le sens de la phrase.

Chers amis,

Je vous remercie beaucoup pour votre lettre et votre invitation mais il est fort probable que mes parents (vouloir) _____ que j'aille en Provence avec eux. Je ne suis pas certain(e) qu'ils (accepter) _____ que je passe encore un été loin d'eux. Je peux vous dire de tout mon cœur que je (se sentir) _____ très ému(e) de vous retrouver dans votre charmante petite maison de Normandie. Il est possible que mes parents ne (partir) _____ qu'une quinzaine de jours fin août et dans ce cas, je ne doute pas que vous (être) _____ très heureux de m'avoir parmi vous au début du mois. A vrai dire, je ne nie pas le fait que j'(avoir)

_____ une préférence pour la Provence car il y fait plus beau.

Au fond, je ne crois pas que je (pouvoir) _____ accepter votre invitation.

Après cette lettre, je ne doute pas que vous (penser) _____ que je suis

indécis(e), comme les Normands: «Ptêt ben qu'oui, ptêt ben qu'non!» Je vous prie

néanmoins de croire en la sincérité de mon amitié.

. . . et en route!

1. Encore une fois la boule de cristal!

La boule de cristal est un peu nuageuse et vous ne voyez pas clairement ce qui va se produire. Alors il vous faudra parler du futur en utilisant des phrases comme *il est possible que, il est peu probable que,* qui introduisent le doute à vos pronostics! Vous pouvez travailler à deux, ou tous ensemble.

EXEMPLE: **Il est possible que vous vous mariez bientôt. Il est peu probable que vous ayez moins de quatre enfants …**

2. Un(e) partenaire impossible!

Travaillez à deux. L'un(e) fait des suggestions pour les vacances de l'année prochaine, et l'autre y met des obstacles, en utilisant le subjonctif.

EXEMPLES: **—Si nous allions en Islande?**
—Il se peut qu'il fasse très mauvais temps.
—Alors pourquoi ne pas aller faire du bateau sur les canaux du Midi?
—Je doute qu'il y ait suffisamment d'eau à cause de la sécheresse.

Continuez.

doubt, disbelief, possibility

chapter 35

The Subjunctive: After Conjunctions

mécanismes

The subjunctive is used after a number of subordinating conjunctions. A conjunction is a word such as "and," "although," or "unless" that joins two clauses. A subordinating conjunction is one that joins a subordinate clause to the main clause. A subordinate clause is subordinate to the main clause, that is, it can't exist by itself. For example, to make a complete sentence, "although we got there early" needs a main clause to say what did or didn't happen.

Purpose

pour que
afin que
de façon que } in order that, so that
de manière que
de sorte que

> *J'ai apporté mon travail pour que vous puissiez voir ce que j'ai fait.*
> I've brought my work so that you can see what I've done.

> *Afin que tout le monde connaisse le problème, nous allons écrire au journal.*
> So that everyone knows about the problem, we're going to write to the newspaper.

- It is preferable to use *afin que* rather than *pour que* at the beginning of a sentence.

- Note that when the clause indicates **purpose,** *de façon que, de manière que,* and *de sorte que* take the subjunctive; if the clause denotes **result,** they take the indicative.

Compare:

> *J'ai enregistré tout le discours de sorte que vous puissiez écouter ce qu'elle a dit.*
> I recorded the whole speech so (= in order) that you can listen to what she said. (purpose)

J'ai enregistré tout le discours de sorte que vous pouvez écouter ce qu'elle a dit.
I recorded the whole speech, so (= therefore) you can listen to what she said. (result)

Condition

a moins que … ne	unless
à condition que	on condition that, provided that
pourvu que	provided that

    Tu peux y aller à condition que tu reviennes avant dix heures.
    You may go on condition that you come back by 10 o'clock.

    A moins que je ne reçoive le règlement du compte avant la fin du mois, il faudra recourir à la justice.
    Unless I receive settlement of the account by the end of the month, I will have to take the matter to court.

- *A moins que* needs *ne* before the verb.

- *Si* (if) never takes the subjunctive (see Chapter 38).

Time

avant que … ne	before
en attendant que	until
jusqu'à ce que	

- *Avant que* needs *ne* before the verb:

    Avant que vous ne partiez, je voudrais dire quelques mots pour vous remercier.
    Before you go, I would like to say a few words to thank you.

- With *après que* (after) there is a gray area. Some French grammars suggest the use of the indicative, others that the subjunctive is, in practice, frequently used. These examples use the subjunctive:

    Après que tout le monde soit parti, il faudra remettre les chaises en place.
    After everyone has gone, we will have to put the chairs back in place.

    Après qu'il ait fini de dîner, il se rendra sur le lieu de l'accident.
    After he has finished dinner, he will go to the scene of the accident.

Concession

bien que	although
quoique	although
non que	not that
ce n'est pas que	it's not that

    Quoique les freins aient été rigoureusement vérifiés quelque jours avant l'accident, ils ont quand même lâché.
    Although the brakes were carefully checked a few days before the accident, they nevertheless failed.

    Bien qu'il ait fait un temps abominable, tous les concurrents ont terminé le parcours.
    Although the weather was dreadful, all the competitors finished the course.

Ce n'est pas que nous voulions le faire: c'est notre obligation.
It's not that we want to do it: it's our duty.

- *Quoique* is more formal than *bien que*.

Fear

de crainte que … ne …
de peur que … ne …   } for fear that, in case … not

Il est retourné faire les courses de peur qu'il n'y ait pas assez de vin pour tous les invités.
He did some more shopping for fear that (in case) there wouldn't be enough wine for all the guests.

Sans que

Sans que means "without" and sometimes has an optional *ne* before the verb:

J'ai réussi à le faire sans que personne (ne) s'en aperçoive.
I managed to do it without anyone noticing.

Il faudra lui en parler sans qu'il (ne) réagisse d'une façon négative.
It will be necessary to talk to him about it without his reacting in a negative way.

Subjunctive or infinitive?

When the subject of both verbs is the same, the following prepositional forms are used with the infinitive:

afin de *pour* }	in order to
de façon à *de manière à* *en sorte de* }	so as to
à condition de	provided that
à moins de	unless
avant	before
après	after
de crainte de *de peur de* }	for fear of
sans	without
en attendant de *jusqu'à* }	until

Afin de mieux pouvoir vous renseigner, nous augmentons à partir de demain le nombre de pages de notre journal.
To keep you better informed, starting tomorrow, we are increasing the number of pages in our newspaper.

Vous pouvez voyager par ces trains à condition de réserver à l'avance.
You can travel by these trains provided that you book in advance.

Vous devez réserver votre place avant de voyager.
You have to reserve your seat before traveling.

Nous sommes partis de très bonne heure de peur de rater le ferry.
We left very early for fear of missing the ferry.

En attendant de pouvoir passer son permis, Martin s'est résigné à utiliser son vélo.
Until he could get his driver's license, Martin was resigned to using his bike.

Farouk a couru jusqu'à perdre haleine.
Farouk ran until he was out of breath.

- *Après* is followed by the past infinitive (*après avoir/être* + past participle):

    Après être arrivés au port, nous avons eu le temps de prendre un café.
    After arriving at the port, we had time to have coffee.

- *Sans* is used with an infinitive and a negative word without the need for *ne:*

sans rien dire	without saying anything
sans voir personne	without seeing anybody

mettez-vous au point!

1. On part au ski

Votre classe prépare un voyage au ski. Les organisateurs ont pris plusieurs dispositions pour que tout se passe le mieux possible. Combinez les éléments de la colonne A avec ceux de la colonne B afin de retrouver quelles sont ces dispositions.

A

1. Une bourse aux vêtements sera organisée _____

2. Les tarifs seront fixés en fonction des revenus des parents _____

3. Une aide spéciale sera accordée à la demande des parents _____

4. L'assurance-voyage est obligatoire _____

5. Il faudra louer des chaussures et des skis à l'arrivée _____

6. Les élèves pourront sortir jusqu'à minuit _____

7. Des cours de géographie locale seront dispensés le soir _____

8. Les élèves devront participer à toutes les activités sportives _____

9. Il est recommandé de prendre un petit déjeuner très copieux car on restera sur les pistes très longtemps _____

10. Il est recommandé de prendre une douche bien chaude le soir _____

B

a. à condition que les parents en fassent la demande écrite.

b. après que l'on soit rentré des pistes.

c. de manière que tous les élèves puissent participer même si les revenus de leurs parents sont faibles.

d. jusqu'à ce que le soleil se couche.

e. à moins qu'ils n'aient un certificat médical qui les en dispense.

f. pour que les élèves les plus démunis puissent acheter des vêtements de ski d'occasion.

g. de peur que quelqu'un n'ait un accident et qu'il ne faille le/la ramener d'urgence.

h. afin que leur fils/fille aille skier même s'ils sont au chômage.

i. de sorte que les élèves connaissent mieux la région qui les accueille.

j. à moins que vous n'ameniez votre propre matériel.

2. Le métier de professeur

Un de vos amis souhaite devenir professeur. Vous lui donnez quelques conseils que vous modérez en utilisant *sans que* + subjonctif.

EXEMPLE: **Il faudra que vous soyez proche de vos élèves sans être trop familier.**
             Il faudra que vous soyez proche de vos élèves sans que vous soyez trop familier.

1. Il faudra prendre en compte les préoccupations et les problèmes de vos élèves, sans exagérer.

    _____

2. Il faudra que vous parliez d'une façon claire, sans jamais être pédant.

    _____

3. Il faudra que vous plaisantiez avec vos élèves, sans vous laisser dépasser par leurs farces et leurs plaisanteries.

    _____

4. Il faudra que vous fêtiez les anniversaires ou les événements marquants, mais cela ne doit pas prendre plus d'importance que le cours.

    _____

5. Il faudra que vos élèves participent à la classe, mais ils ne doivent pas devenir maîtres du jeu.

    _____

6. Il faudra qu'ils apprécient votre enseignement sans s'attacher à votre personne.

    _____

3. Il faut des enfants!

Vous lisez un rapport sur l'évolution de la population française dans les 20 années à venir. Les conjonctions ont été omises, et il faut le compléter à l'aide de la conjonction qui vous semblera la plus judicieuse.

Choisissez entre: *bien que/quoique/afin que/de peur que/à moins que/avant que.* Vous pouvez utiliser ces conjonctions plus d'une fois.

_____ la France prévoie une hausse du chiffre global de sa population dans les 20 années

à venir, cette hausse sera inégale selon les régions. C'est surtout le sud de la France qui sera affecté par

cette croissance de population. _____ le Sud-est soit traditionnellement plus âgé, il

profitera de ce dynamisme pour rattraper la moyenne d'âge nationale. _____ le Nord,

l'Est et le Massif central profitent également de cette croissance, il faudrait y créer des emplois pour

attirer une population jeune. Il faut aussi souligner le fait que _____ la France envisage de

gagner 6 millions d'habitants d'ici à 2015, ce sont surtout les plus de 60 ans qui bénéficieront de cet

accroissement. _____ ce chiffre se renverse, il faudrait que la moyenne de fécondité passe

de 1,8 enfant par femme à plus de deux enfants par femme. Le gouvernement prend des mesures d'incitation à la naissance _____ les foyers français décident d'avoir davantage d'enfants.

_____ la France ne devienne un pays vieux, on distribue beaucoup d'aide et d'allocations aux familles nombreuses. _____ la tendance ne s'inverse d'ici quelque années, ce sont les familles d'origine maghrébine qui contribueront le plus à l'augmentation du nombre des jeunes en France. La région parisienne qui attire les étudiants et les jeunes actifs sera moins marquée par ce vieillissement général. Néanmoins, dans toute la France, il est bon ton de dire: «Faites des enfants _____ il ne soit trop tard.»

4. Le TGV

Le TGV est rapide et pratique, mais il faut connaître la règle du jeu afin de pouvoir le prendre. Voici quelques indications données à un jeune Américain, concernant le TGV. Vous en simplifierez l'expression en remplaçant le subjonctif par un infinitif à chaque fois que cela est possible.

EXEMPLE: **On ne peut pas prendre le TGV à moins que l'on ait réservé à l'avance.**
On ne peut pas prendre le TGV à moins d'avoir (sans avoir) réservé à l'avance.

1. On peut réserver à condition qu'on aille dans une gare, une agence de voyages, ou qu'on dispose d'un Minitel à la maison.

   _____

   _____

2. Pour réserver, il faut s'y prendre plusieurs jours à l'avance, de peur qu'il n'y ait pas de place.

   _____

   _____

3. A la réservation, il faut spécifier si l'on souhaite un compartiment fumeurs ou non-fumeurs, de sorte qu'on ne soit pas dérangé par la fumée des voisins.

   _____

   _____

4. En tout état de cause, il vous faudra composter votre billet avant que vous ne montiez dans le train.

   _____

   _____

5. Bien que le TGV soit rapide, il faudra quand même un peu moins de deux heures pour que vous alliez de Paris à la frontière belge.

   _____

   _____

... et en route!

1. Au complexe sportif

On vient d'ouvrir un nouveau complexe sportif dans votre ville. Voici une description de ce qu'on y a fait. Vous devez suggérer l'objectif de chaque action. Utilisez *pour que/pour, afin que/afin de*, etc., dans vos réponses.

EXEMPLE: **On a construit une porte d'entrée très large, avec une rampe.**
—C'est pour que les handicapés puissent y entrer facilement en fauteuil roulant.
—C'est afin d'aider les handicapés à entrer.

1. On a mis beaucoup de panneaux indicateurs.
2. On a installé une consigne automatique dans le vestiaire.
3. Tout le personnel a suivi un stage de formation.
4. On a mis la surveillance permanente dans les piscines.
5. Il y a un système de réservation téléphonique pour les terrains de tennis, squash, etc.
6. On a construit un café-restaurant avec une terrasse donnant sur la rivière.
7. Il y a un pont piéton qui unit le parking du complexe au centre-ville.

Continuez à penser à d'autres aspects du complexe qui ne sont pas mentionnés ici, et à en suggérer l'objectif.

2. Oui, mais ...

Travaillez par deux. L'un(e) doit dire ce qu'il/elle voudrait faire ce soir, ce week-end, pendant les vacances, etc., et l'autre doit prendre le rôle de parent, en lui imposant des conditions. Il faut utiliser *à condition que, pourvu que* ou *à moins que.*

EXEMPLE: **—Je voudrais assister au festival de musique pop qui aura lieu en juin.**
—Ah, bon. Tu peux y aller, à condition que tu ne te mêles pas à des histoires de drogue.

3. Malgré les circonstances

Certaines personnes font des prouesses bien qu'elles connaissent des conditions de vie défavorables. Décrivez les circonstances adverses, en utilisant *bien que* ou *quoique.*

EXEMPLE: **Bien qu'il soit dyslexique, Jérôme a gagné un prix pour sa rédaction.**

1. _____, Elsa joue dans l'équipe de hockey.

2. _____, Xavier a sauté par dessus la haie.

3. _____, Amélie représente son pays aux prochains Jeux Olympiques.

4. _____, Sakina est la première de sa classe.

5. _____, Benjamin s'est acheté une voiture neuve.

6. _____, Kader est allé aux Etats-Unis.

7. _____, Danielle vit dans une ferme.

8. _____, Ségolène a décidé d'aller en Espagne en avion.

4. Je te parie ...!

Vous vous lancez des défis, les uns aux autres. Un(e) étudiant(e) en défie un(e) autre, en utilisant *sans* ou *sans que.* Vous pouvez travailler par deux, ou en groupes.

EXEMPLE:　　　**—Mélanie, je te parie que tu ne peux pas te tenir sur un pied pendant cinq minutes sans tomber.**
—Et Thibaut, je te parie que tu ne peux pas dévisager Nina sans qu'elle rie!

5. Attention!

Vous avez loué une salle municipale pour faire une fête avec vos amis. Vous êtes censés «quitter ce lieu dans l'état de propreté dans lequel il était en entrant». Imaginez des consignes précises. Utilisez *avant de/avant que, après/après que.*

EXEMPLE:　　　**Prière de laver la vaisselle avant de la ranger dans le placard!**

chapter 36

The Subjunctive: Other Main Uses

mécanismes

After certain types of antecedents

The subjunctive is used in relative clauses when the antecedent is indefinite, negative, or superlative. The antecedent is the person who, the thing that, the place where, etc.

a) Indefinite antecedent

The antecedent is indefinite if it is not a specific person, thing, or concept, even though it may be required to have certain attributes. For example, in the sentence "We're looking for a teacher who knows Portuguese," the antecedent, "teacher," is indefinite because any teacher will do, as long as he/she meets the requirement of knowing Portuguese. On the other hand, in the sentence "We're looking for that teacher who knows Portuguese," the teacher is a definite, known person:

> *Nous cherchons un professeur qui sache le portugais.* (indefinite: subjunctive)
> *Nous cherchons ce professeur qui sait le portugais.* (definite: indicative)

This construction tends to be used after verbs of wanting, needing, looking for, dreaming of, etc. It is, in fact, a further instance of uncertainty dictating the need for a subjunctive.

Some more examples to compare indefinite with definite:

> *Nous voulons acheter la maison qui est peinte en rose et qui a des volets verts.*
> We want to buy the house that is painted pink and has green shutters. (indicative: a definite, known house—*the* pink house)

> *Nous voudrions acheter une maison qui soit peinte en rose et qui ait des volets verts.*
> We would like to buy a house that is painted pink and has green shutters. (indefinite: *any* house, provided it meets the color requirements, therefore the verb is subjunctive)

Le pays a besoin d'un Président qui sache équilibrer les intérêts nationaux et internationaux.
The country needs a president who can balance national and international interests.
(*any* president who can meet those requirements, so subjunctive)

François Mitterand était un Président qui savait équilibrer les intérêts nationaux et internationaux.
François Mitterand was a president who knew how to balance national and international interests.

b) Negative antecedent

The subjunctive is also required when the antecedent clause is negative, that is, when the antecedent does not exist. This is also an extension of uncertainty and denial of fact:

Je n'ai rien vu qui convienne.
I haven't seen anything (that is) suitable. (As far as the speaker is concerned, nothing suitable exists.)

Il ne reste personne ici qui nous connaisse.
There is no one left here who knows us. (A person who knows the speaker does not exist.)

c) Superlative antecedent

The subjunctive is also required after an antecedent qualified by a superlative or *le dernier, le premier, le seul, l'unique*:

Ce doit être la plus grande glace que tu aies jamais mangée!
That must be the biggest ice cream you've ever eaten!

C'est la seule fois que nous n'ayons pas pu participer au concours.
It's the only time we haven't been able to take part in the competition.

Equivalents of English words ending in "-ever"

There are various ways of expressing words ending in "-ever," depending on the context, and a much longer chapter could be devoted to this topic. However, here are a few examples as general guidelines.

a) Whatever, wherever

quoi que	whatever (pronoun)
quel(le) que	whatever (adjective)
où que	wherever

Quoi qu'on veuille savoir, on le trouvera à l'intérieur.
Whatever you want to know, you will find it inside.

Quelle que soit la difficulté, vous trouverez la solution!
Whatever the difficulty (may be), you will find the solution.

Portez ce petit livre avec vous, où que vous alliez.
Carry this book with you wherever you go.

- Note: When "whatever" refers to a noun, *quel/quels/quelle/quelles que* is used with *être* and has to agree like any adjective.

subjunctive: other uses

- The French equivalent of "whenever" meaning "every time that" is *chaque fois que* or *toutes les fois que* and takes the indicative:

  Chaque fois que nous allons à la librairie nous achetons quelques livres.
  Whenever (= each time that) we go to the bookshop, we buy a few books.

  When "whenever" means "at whatever time," simply use *quand*:

  Vous pouvez le lire quand il vous plaira.
  You can read it whenever you please.

---

b) Whoever

- In the sense of "whatever person":

  Quelle que soit la personne qui lise ce livre, elle le trouvera utile.
  Whoever reads this book will find it useful.

- To express "whoever you are/may be ...," there are a few rather stilted expressions:

  qui que vous soyez   *qui que tu voies*
  whoever you may be   whoever you (may) see

---

c) However

- In the sense of "in whatever way":

  de quelque manière/façon que
  quelle que soit la manière dont ⎫   however (= in whatever way)
  quelque + nom + que + verbe   however much/many + noun + verb
  aussi + adjectif/adverbe + que + verbe   however + adj/adverb + verb

  De quelque manière que/quelle que soit la manière dont vous vous en serviez, nous sommes sûrs qu'il vous sera utile.
  However you use it, we are sure that it will be useful to you.

  Quelque pays que vous visitiez, il sera toujours utile de prendre un dictionnaire avec vous.
  Whatever country you visit, it will always be useful to take a dictionary with you.

  Aussi bien que vous parliez le français, vous y trouverez quelque chose de nouveau.
  However well you speak French, you will find something new in it.

- Do not confuse the equivalents of "however" in this section with the adverbs *cependant*, *quand même*, and *néanmoins* in the sense of "nevertheless."

"Whether ... or ..."

When two alternative actions are expressed with "whether ... or ...," the verbs go in the subjunctive preceded by *que*:

  Qu'il pleuve ou que le soleil brille, nous allons à la pêche demain!
  Whether it rains or is sunny, we're going fishing tomorrow!

  Que cela vous plaise ou non, voilà la réponse!
  Whether you like it or not, that's the answer!

mettez-vous au point!

1. La maison fait peau neuve

Vous disposez d'un peu d'argent et vous rêvez de refaire la décoration de votre maison pour la rendre plus gaie, plus accueillante. Laissez-vous aller à rêver tout en mettant les verbes de votre rêve au subjonctif.

J'achèterais un pot de peinture d'une couleur qui (être) _____ claire et gaie pour rendre le

salon plus lumineux. Je trouverais une moquette qui (aller) _____ avec la couleur des murs.

Je fabriquerais des rideaux à grandes fleurs qui (illuminer) _____ toute la pièce, même en

hiver. Je mettrais des coussins et des tapis afin que personne ne (dire) _____ que ma maison

est froide et peu accueillante. Il faut que rien ne (être) _____ gris ou triste. J'achèterais un

gros poêle à gaz pour chauffer le salon, quoi qu'il m'en (coûter) _____. Par les temps les

plus froids qu'il (pouvoir) _____ faire, je veux que ma maison soit toujours chaude et

accueillante. Je veux que ma maison soit la plus gaie et la plus chaleureuse que mes amis (connaître)

_____.

2. Le rêve s'effondre

Au moment de passer aux actes, les choses sont moins belles. Vous rédigez la suite de cette histoire en utilisant, selon le cas, un présent de l'indicatif ou un présent du subjonctif.

Hélas! j'ai acheté une peinture qui (couler) _____ et qui (faire) _____ des

traînées sur les murs. J'ai cherché un ami qui (savoir) _____ poser les moquettes, mais j'en

ai trouvé un qui (ne pas savoir) _____, et qui a coupé la moquette trop court. Ce doit être

la seule personne qui (vouloir) _____ couper une moquette sans prendre les dimensions

au préalable. Je n'ai jamais vu personne d'autre que moi qui (faire) _____ autant de bêtises

en une seule journée. J'aurais dû appeler mon frère qui (savoir) _____ couper les moquettes

et les rideaux. En ce qui concerne le poêle, l'employé du supermarché m'a fait acheter le meilleur poêle

qu'on (pouvoir) _____ trouver à l'heure actuelle. Une fois arrivé à la maison, il sentait très

fort le gaz et je n'ai trouvé personne qui (pouvoir) _____ le faire fonctionner. Ma maison

est toujours la plus froide que je (connaître) _____ et mes économies se sont envolées.

3. L'amour est aveugle

Marion et Pierre sont deux habitants d'un village, et Marion veut, coûte que coûte, épouser Pierre. Vous tentez de la dissuader, mais elle ne veut rien entendre. Vous la ferez réagir en utilisant soit *aussi que* + adjectif ou adverbe, soit *quel/quels/quelle/quelles que* + subjonctif + nom.

—**Pierre est trop grand pour toi.**
—**Aussi grand que soit Pierre, je veux l'épouser!**
—**Quelle que soit la taille de Pierre, je veux l'épouser!**

1. Pierre est bien trop bête pour toi.

_____

2. Pierre est trop peu soigné.

_____

3. Pierre est mauvais travailleur.

_____

4. Pierre est très maladroit. Il casse tout.

_____

5. Pierre conduit mal la voiture. Il aura des accidents!

_____

6. Pierre s'occupe mal de toi.

_____

7. Pierre a de trop grands pieds!

_____

. . . *et en route!*

1. Un moment de rêverie

Chaque étudiant(e) doit exprimer trois souhaits ou désirs, en utilisant le subjonctif selon l'exemple.

EXEMPLE: **Je voudrais une maison où tout soit neuf.**
J'ai besoin d'un ordinateur qui sache faire mes devoirs!
Je cherche un(e) petit(e) ami(e) avec qui je puisse partager mes intérêts.

(N'oubliez pas que la forme du subjonctif des verbes en *-er* est la même que celle de l'indicatif, sauf avec *nous* et *vous*.)

2. Quel trou!

Imaginez que vous venez de faire un stage dans un foyer délabré d'une ville qui est également en piteux état, en plein hiver. En utilisant beaucoup de phrases à l'antécédent négatif (voir le paragraphe 2 de ce chapitre), racontez vos expériences. Vous pouvez faire une description orale ou écrite.

EXEMPLE: **Dans le foyer, il n'y a aucun ascenseur qui marche.**
            Il n'y a pas non plus une seule chambre où on puisse fermer la porte à clef.
            En ville, je n'ai pas pu trouver un magasin qui vende les cassettes-vidéo.

Vous pouvez parler des repas, des cours, du bar, du personnel, des installations du foyer; des magasins, des distractions, des transports publics de la ville, etc.

3. Un vendeur persuasif

Vous faites un autre stage, cette fois bien organisé, de formation de vendeur/vendeuse. On vous a demandé de vendre un objet, que vous pouvez apporter en classe ou bien dessiner au tableau. Construisez des phrases au subjonctif comme dans l'exemple et persuadez vos camarades d'acheter cet objet.

EXEMPLE: **Voici le vélo le plus efficace que vous ayez jamais vu!**
            Je suis le premier qui le vende dans ce pays!
            C'est la seule occasion où je puisse vous l'offrir à ce prix ridicule!
            C'est le dernier qui me reste aujourd'hui!

4. Comment passer vos moments angoissants ...

Vous êtes descendu(e) un samedi avec vos camarades dans une caverne. Pendant que vous étiez à l'intérieur de la caverne, sans que vous le sachiez, il a beaucoup plu, et l'eau est montée dans la section où vous vous trouviez. Vous avez dû tous monter sur une saillie pour attendre que l'eau descende ou que l'on vienne vous sauver. Pour tuer le temps vous jouez à «Utilisez-le-subjonctif»: chaque participant(e) à son tour doit inventer une phrase qui a un rapport avec la situation et qui contient au moins un subjonctif. Celui ou celle dont la phrase ne contient pas de subjonctif correct est poussé(e) dans l'eau jusqu'à ce qu'il ne reste qu'un(e) participant(e) (qui est sauvé(e), naturellement!). Vous pouvez choisir n'importe quelle phrase qui contienne le subjonctif—dans ce chapitre ou dans les précédents.

EXEMPLE: **—Quelle que soit la personne qui vienne nous sauver, elle ne pourra pas le faire avant que l'eau redescende.**
            —Quoi que nous fassions, il faut que nous restions calmes!
            —A moins que la température de notre corps ne baisse, nous survivrons.

chapter 37

Negatives

mécanismes

The negative—making verbs negative

The verb is made negative by "wrapping" it in *ne (n') … pas,* complete with any object pronouns:

	Negative
Nous comprenons l'allemand. We understand German.	*Nous ne comprenons pas l'allemand.* We don't understand German.
Nous le comprenons. We understand it.	*Nous ne le comprenons pas.* We don't understand it.
Stéphane arrivera aujourd'hui. Stéphane will arrive today.	*Stéphane n'arrivera pas aujourd'hui.* Stéphane won't arrive today.
La monarchie tomba. The monarchy fell.	*La monarchie ne tomba pas.* The monarchy did not fall.
J'en suis sûr(e). I'm sure about it.	*Je n'en suis pas sûr(e).* I'm not sure about it.

- When the verb is inverted in a question, the subject is also enclosed:

  Venez-vous?
  Are you coming?

  Ne venez-vous pas?
  Aren't you coming?

- In the passé composé and other compound tenses, *ne … pas* encloses the auxiliary verb, but not the past participle:

  J'ai compris l'explication.
  I understood the explanation.

  Je n'ai pas compris l'explication.
  I didn't understand the explanation.

Sont-ils allés à Bordeaux?
Did they go to Bordeaux?

Ne sont-ils pas allés à Bordeaux?
Didn't they go to Bordeaux?

Nous nous sommes levés de bonne heure.
We got up early.

Nous ne nous sommes pas levés de bonne heure.
We didn't get up early.

Other negative expressions

All negative expressions require *ne* before the verb.

---

a) *ne ... jamais*   never, not ever

Je ne bois jamais de vin à midi.
I never drink wine at lunch.

- When *jamais* is used without *ne*, it means "ever":

Avez-vous jamais visité la Guadeloupe?
Have you ever visited Guadeloupe?

---

b) *ne ... guère*   hardly

Il ne restait guère de vin.
There was hardly any wine left.

---

c) *ne ... rien/rien ne*   nothing, not anything

Il n'y a rien d'intéressant dans cette ville.
There's nothing of interest in this town.

Rien ne me surprend!
Nothing surprises me.

---

d) *ne ... personne/personne ne*   nobody, no one, not anyone

Nous ne connaissons personne ici.
We don't know anyone here.

Personne n'est venu.
No one came.

---

e) *ne ... plus*   no longer, not any more

Nous n'y allons plus.
We don't go there any more.

negatives

f) *ne ... que*   only

- *Que* precedes the word to which "only" refers:

  > *Ils n'avaient qu'une fille.*
  > They had only one daughter.

  > *Nous n'en avons qu'en bleu.*
  > We have them only in blue.

Strictly speaking, although *ne ... que* is listed under negatives, it is a positive expression and can be made negative by the use of *pas*.

Compare:

  > *Je ne fais que travailler.*
  > I only work. (I do nothing but work.)

  > *Je ne fais pas que travailler.*
  > I don't only work. (I do other things as well.)

- When "only" qualifies a verb, use *ne faire que:*

  > *Il ne fait que dormir toute la journée.*
  > He only sleeps all day.

- Note the useful phrase *n'avoir qu'à* (to have only to):

  > *Vous n'avez qu'à me téléphoner.*
  > You only have to phone me.

g) *ne ... aucun(e)/aucun(e) ne ...*   no, none, not any
    ne ... nul(le)/nul(le) ne ...   no, none, not any

Watch the agreement of both these negatives, of which *aucun(e)* is the more common:

  > *Je n'en ai aucune idée.*
  > I have no idea (about it).

  > *Aucune de ses idées ne me semble acceptable.*
  > None of his ideas seems acceptable to me.

  > *Il n'a connu nul remords.*
  > He knew no remorse.

h) *ne ... nullement*   in no way, not in any way

  > *Nous n'étions nullement convaincus par cet argument.*
  > We were in no way convinced by that argument.

i) *ne ... nulle part*   nowhere, not anywhere

  > *On ne le voit nulle part.*
  > We can't see him anywhere. (He's nowhere to be seen.)

j) *ne … ni … ni …/ni … ni … ne …*   neither … nor …

> *Nous ne voyons ni notre fils ni sa femme.*
> We see neither our son nor his wife.

> *Ni lui ni sa femme ne se préoccupe de nous.*
> Neither he nor his wife worries about us.

(Note the use of the emphatic pronoun as subject—see also Chapter 10, page 60.)

- A single *ni* is used instead of *ou* to join negatives:

> *Non, nous ne l'avons pas vu … ni sa femme.*
> No, we haven't seen him … (n)or his wife.

---

k) *ne … non plus*

- Don't confuse this phrase, which means "neither, not either" as the opposite of *aussi* (also), with *ni … ni …*

Compare:

> *Tu vas en ville? Alors, moi, j'y vais aussi.*
> Are you going to town? Then I'll go too.

> *Tu ne vas pas en ville? Alors, moi, je n'y vais non plus.*
> You're not going to town? Well, I won't go either.

Position of negative words

In many cases the position of the negative word occurs naturally, but note the following points:

---

a) In compound tenses, *personne* and *nulle part* usually come after the past participle, but *pas, guère, jamais,* and *rien* come immediately after the auxiliary verb:

> *Nous n'avons jamais vu cet homme.*
> We've never seen that man.

> *Ils n'avaient guère travaillé quand nous sommes arrivés.*
> They had hardly done any work when we arrived.

> *Nous n'avons reconnu personne.*
> We didn't recognize anybody.

> *Je ne l'ai trouvé nulle part.*
> I didn't find it anywhere.

---

b) With an infinitive, *ne + pas, jamais, plus,* and *rien* come immediately before the verb, and the other negative words come after:

> *Elle m'a demandé de ne rien dire.*
> She asked me not to say anything.

negatives

Prière de ne pas marcher sur les pelouses.
Please do not walk on the grass.

Elle m'a prié de ne rendre visite à personne.
She asked me not to visit anyone.

---

c) Order of negative words

It is perfectly correct in French to have double negatives. The order in which negative words are used when two (or three) are used together is: *plus; jamais; rien; personne; que; nulle part:*

Nous n'y allons plus jamais!
We don't ever go there anymore!

Je n'ai jamais aimé que toi!
I've never loved anyone but you!

On ne voit plus jamais sa mère nulle part dans cette région.
You no longer ever see his mother anywhere in this area.

Negatives without a verb

Most negative words can stand alone, without a verb, in which case *ne* is not required:

Pas encore.
Not yet.

Par ici, pas par là!
This way, not that way!

(*Non* or *non pas* can be used as "not" in this way, but they are a bit more emphatic or literary.)

Qui est arrivé? Personne.
Who has arrived? Nobody.

Qu'as-tu dit? Rien.
What did you say? Nothing.

Où l'as-tu vue? Nulle part.
Where did you see her? Nowhere.

Vous ne savez pas? Moi non plus!
You don't know? I don't either!

Sans + infinitive + negative object

Ne is not required:

Elle est partie sans rien dire.
She left without saying anything.

Si for "yes"

After a negative question or comment, *si,* rather than *oui,* is used for "yes":

Thibaut, tu n'as pas fini tes devoirs! Mais si, maman!
Thibaut, you haven't finished your homework! Oh yes I have, Mom!

Further observations about *ne*

a) *Ne* has no negative meaning when it occurs after certain expressions requiring the subjunctive (see Chapter 35):

> *Nous avons peur qu'ils ne nous trouvent ici.*
> We're afraid they will find us here.

b) In rapid spoken French you will often find that *ne* is omitted, especially after *je* or *tu* and in the phrase *c'est pas*. This is not strictly "legal," and it is a practice you should never adopt in written French. In spoken French, its use would depend on the degree of formality of the conversation. You will nevertheless have to get used to hearing and understanding such phrases as:

> *C'est pas vrai!*
> It's not true!

> *J'sais pas!*
> I don't know! (Compare "Dunno!" in—not good—English.)

> *J'ai pas fini!*
> I haven't finished!

> *T'es pas si bête que ça!*
> You're not as dumb as that!

mettez-vous au point!

1. Ne le faites pas!

Vous êtes moniteur/monitrice dans une colonie de vacances en France. Vous allez faire une excursion en train avec un groupe de jeunes, à qui vous donnez des conseils, car la dernière fois qu'ils ont voyagé un voyageur s'est plaint:

«Dans le train, ils se penchent par la fenêtre, ils jettent des objets par la fenêtre, ils descendent avant l'arrêt complet du train. Dans la rue, ils jettent des détritus, ils traversent en dehors des passage protégés, ils arrachent les affiches, ils font du bruit après dix heures.»

Continuez selon l'exemple. Si vous avez besoin de réviser l'impératif, vous le trouverez au Chapitre 15.

EXEMPLE: **Ne vous penchez pas par la fenêtre!**

_____

_____

_____

_____

_____

negatives

2. Je ne connais pas grand-chose en France

Les parents de votre correspondant(e) français(e) voudraient vous inviter à faire un tour de France des villes historiques ou touristiques. Pour cela, ils cherchent à savoir ce que vous connaissez déjà et vous interrogent. En fait, vous ne connaissez pas encore grand-chose en France. Vous leur répondez au passé composé en utilisant la négation indiquée entre parenthèses.

—Connaissez-vous le val de Loire?
—Ah, non! Je (ne jamais visiter) le val de Loire.

_____

—Avez-vous déjà été à Paris?
—Oh! Je (ne guère aller) à Paris. Je (ne voir que) la tour Eiffel il y a dix ans et je (n'y plus retourner) depuis.

_____

—Avez-vous visité les villes de la côte Atlantique?
—Non, je (ne visiter aucune) de ces villes, sauf Bayonne, naturellement, mais Bayonne, c'est déjà le Pays basque.

_____

—Ah! Vous connaissez le Pays basque?
—Non, je (ne aller nulle part) ailleurs qu'à Bayonne avec mon père, il y a quelques années, pour un voyage d'affaires. Nous (ne rien voir) d'intéressant dans cette ville, sauf la cathédrale et les vieux quartiers. Nous (n'avoir que) une heure pour visiter la ville, car mon père était toujours en réunion. Ensuite, nous avons repris le train pour Paris; nous avons fait escale à Bordeaux, mais nous (ne pas pouvoir ... non plus) visiter cette ville.

_____

_____

_____

3. La panne

Vous avez eu une panne de voiture dans la nuit, sur une petite route de campagne. Racontez ce qui s'est passé et complétez le texte à l'aide des mots négatifs contenus dans la case ci-dessous.

rien	ni ... ni ...	jamais	aucun	personne

Quand j'ai senti que ma voiture chauffait, j'ai mis mon signal de détresse et je me suis arrêté(e) sur

le bas-côté, mais _____ ne s'est arrêté pour me dépanner. Il y avait de grosses voitures, de

petites voitures, un autocar de tourisme même, mais _____ les uns _____ les

autres ne faisaient attention à moi. Alors, j'ai décidé de descendre de la voiture et d'appeler à l'aide.

_____ n'a changé: les voitures défilaient sans s'arrêter. Puis, tout à coup, deux voitures ont

ralenti et se sont arrêtées: _____ des deux chauffeurs ne savait ce qu'il fallait faire pour m'aider. «_____ n'est capable de m'aider,» pensai-je «_____ les hommes,

_____ les femmes, _____ les jeunes, _____ les vieux. Je vais me

débrouiller seul(e). De toute façon, _____ ne s'occupe _____ de moi.» Alors

j'ai pris mon jerrycan d'eau et je l'ai vidé sur le moteur.

4. Le secret

Vous préparez l'anniversaire de votre ami(e) en cachette, mais il/elle se doute de quelque chose et vous harcèle de questions. Répondez à ses questions pressantes en utilisant les mots et expressions contenus dans la colonne B.

A

1. Qui as-tu invité à mon anniversaire? _____
2. As-tu bien tout préparé? _____
3. Où as-tu mis mon cadeau? _____
4. Qu'est-ce que tu m'as acheté? _____
5. Tu m'as préparé un beau gâteau? _____
6. On ira danser le soir de mes 20 ans? _____
7. Je n'aime pas les cachotteries. _____
8. Tu inviteras mes parents? _____

B

a. Jamais.
b. Rien.
c. Pas encore.
d. Pas ce soir-là.
e. Nulle part.
f. Personne.
g. Nullement.
h. Moi non plus.

5. C'est pas possible!

Votre correspondant(e) vous parle un français très familier que vous ne comprenez guère, et vous lui demandez de redire la même chose dans un français plus soutenu. Ensuite, c'est vous qui essayez de transformer ses phrases de façon à ce qu'elles soient correctes.

EXEMPLE: **C'est pas possible. > Ce n'est pas possible.**

1. J'savais pas que tu connaissais pas Paris.

_____

2. Alors t'es jamais monté(e) en haut de la tour Eiffel?

_____

3. Y a rien d'autre qui t'intéresse?

_____

4. Tu veux pas aller au musée Grévin?

_____

5. Moi, la dernière fois que j'y suis allé(e), j'ai pas trouvé ça formidable.

_____

6. Personne trouve ça super dans ma famille.

_____

7. D'ailleurs, mes parents, ils veulent plus y retourner.

_____

... et en route!

1. Les perspectives sont sombres

Ce matin vous vous êtes levé(e) fort déprimé(e). Votre vision du monde est tout à fait négative. Racontez à vos camarades (ou écrivez dans une lettre) au moins dix causes de votre dépression, en utilisant des phrases négatives.

EXEMPLE: **Personne ne m'aime, je n'ai ni amis ni argent ...**

2. On vous accuse ...!

Travaillez par deux. Choisissez une situation conflictuelle, par exemple, un(e) parent et son fils/sa fille, vous et votre petit(e) ami(e), votre prof et vous, etc. Vous vous accusez, l'un l'autre, d'avoir ou de ne pas avoir fait certaines choses. Utilisez beaucoup de phrases négatives dans vos accusations et vos justifications.

EXEMPLES: **—Tu ne ranges jamais tes affaires dans ton placard! Je ne t'en parle plus. Je les jette à la poubelle! Tu ne fais jamais attention à ce que je dis!**
—Mais si, maman. Tu ne fais que me gronder tout le temps. Ça n'a pas d'importance. Personne ne vient dans ma chambre. Il n'y a que toi qui y entres.

—Tu ne m'as pas téléphoné hier soir! Pourquoi! Tu n'as jamais manqué de téléphoner. Que se passe-t-il?
—Mais je n'avais rien à te dire et je n'avais aucune possibilité de trouver un téléphone parce que j'étais en voiture avec mon père et il n'a pas de téléphone de voiture.

3. Attention aux oiseaux!

Travaillez par deux. L'un(e) est représentant(e) du ministère de l'environnement, et l'autre représente une organisation pour la protection de l'environnement. Vous discutez des mesures—ou de l'absence de mesures—qui ont été prises par le gouvernement, soit dans votre région, soit sur un plan national. Utilisez beaucoup de phrases négatives!

EXEMPLE:	—**Vous n'essayez jamais de restreindre la construction de nouvelles autoroutes,
et vous n'écoutez jamais personne qui proteste.**
—**Mais si, monsieur/madame. Par exemple, il y a eu des consultations concernant
la nouvelle route mais aucun membre de votre organisation n'a dit quoi que ce
soit pendant la réunion.**

4. Non, non et non!!

La classe pose des questions qui exigent une réponse négative d'un(e) étudiant(e). Celui-ci/Celle-ci
doit y répondre sans utiliser non. Il/Elle peut utiliser des mots comme *nullement, certainement pas,
ça jamais, c'est pas possible, je ne crois pas,* etc., mais pas *non.* S'il ou si elle répond *non,* c'est le tour
d'un(e) autre étudiant(e), et ainsi de suite.

negatives

chapter 38

If

mécanismes

Conditional sentences containing "if" clauses are fairly straightforward in French if you follow the guidelines set out below. Although the *si* clause is put first in the examples to highlight it, it may of course follow the main clause.

1. With a totally open possibility, use *si* + the present tense, as in English. This is usually combined with a main verb in the present, future, or imperative:

    > *Si je vois Bruno, je lui donnerai votre message.*
    > If I see Bruno, I'll give him your message.

    > *Si tu vois Bruno, donne-lui mon message.*
    > If you see Bruno, give him my message.

2. Where English uses "if" + the simple past with the main verb in the conditional, to express a more hypothetical or remote condition, in French you use *si* + the imperfect, also with the main verb in the conditional:

    > *Si tu voyais Bruno, tu lui donnerais mon message, n'est-ce pas?*
    > If you saw Bruno, you would give him my message, wouldn't you?

3. If the statement is contrary to what actually happened, you use *si* + the pluperfect, with the main verb in the conditional or conditional perfect. Take care with the auxiliary verbs!

    > *Si j'avais vu Bruno, je lui aurais donné ton message.*
    > If I had seen Bruno, I would have given him your message.

    > *Si j'étais arrivé(e) plus tôt, je l'aurais vu.*
    > If I had arrived earlier, I would have seen him.

    > *Si je ne m'étais pas mis(e) en colère, il serait toujours ici.*
    > If I hadn't gotten angry, he would still be here.

4. *Si* is also used in statements of fact in the past. These are not true conditional sentences, and *si* can often have the meaning of *quand* = "when":

S'il (= quand il) pleuvait pendant que nous étions en vacances, nous restions à la maison à lire.
If (= when) it rained while we were on vacation, we stayed inside and read.

5. "What if …?" is rendered by *et si* + the present, imperfect, or pluperfect, according to the sense:

   Et si Bruno vient nous voir?
   What if Bruno comes to see us?

   Et si Bruno venait nous voir?
   What if Bruno came to see us?

   Et si Bruno était venu nous voir?
   What if Bruno had come to see us?

6. *Si* + the imperfect is also used to make suggestions with the meaning "what about …-ing?":

   Si nous allions le voir?
   What about (our) going to see him?

   Si j'allais le voir moi-même?
   What about my going to see him myself?

7. When *si* means "whether" in indirect questions after verbs such as *savoir* (to know), *demander* (to ask), and *se demander* (to wonder), it can be followed by any (indicative) tense according to the sense:

Je me demande	*s'il viendra …*	I wonder if/whether	he will come …
	s'il viendrait …		he would come …
	s'il venait …		he was coming …
	s'il est venu …		he came …
	s'il vient …		he is coming …
	… nous voir.		… to see us.

mettez-vous au point!

1. Journal de vacances

Une dame est en vacances avec son mari sur la Côte d'Azur. Elle note ses pensées au jour le jour. Mettez le verbe entre parenthèses au temps qui convient.

Dimanche—jour d'arrivée

S'il n'y (avoir) _____ pas trop de monde au bar, nous prendrons une bière.

Nous passerons l'après-midi sur la plage s'il (faire) _____ très chaud.

Lundi

Mon mari dit que si nous (passer) _____ tellement de temps au soleil, nous allons

ressembler à une paire de homards.

Je me demande ce qui arriverait si nous (prendre) _____ tous les deux une insolation.

Mardi

Si nous nous (mettre) _____ de l'huile solaire auparavant, nous n'aurions pas eu la peau brûlée.

Si nous (avoir) _____ la peau mate, nous n'aurions pas ces problèmes.

Mercredi

Si mon mari (continuer) _____ à boire et à manger comme ça, il tombera malade.

Quels nuages menaçants! S'il (pleuvoir) _____ cet après-midi, nous resterons à côté de la piscine.

Jeudi

Si je (réussir) _____ à persuader mon mari, nous irons faire des achats en ville.

Si je (trouver) _____ une poupée typique, je l'achèterais pour ma nièce.

Vendredi

Je n'ai pas acheté la poupée, mais si elle (être) _____ moins chère, je l'aurais achetée.

Si je (savoir) _____ quel autre cadeau lui plairait, je le lui achèterais.

Samedi—jour du départ

Si l'avion (avoir) _____ du retard, il faudra attendre à l'aéroport.

S'il (rester) _____ plus de temps, nous aurions voulu visiter l'intérieur de la Provence.

2. Disneyland Paris

Lisez ce reportage sur Disneyland Paris une année après son ouverture, et mettez les verbes entre parenthèses au temps qui convient le mieux.

> Si Disneyland Paris (ne pas être) _____ créé aux portes de Paris, il y aurait beaucoup moins de touristes étrangers dans la capitale. S'il (ne pas exister) _____, les milliers de visiteurs européens de Disneyland Paris iraient à Los Angeles ou Orlando en Amérique; si cela (arriver) _____, la France ne bénéficierait pas de ce nouvel apport de devises étrangères. Néanmoins, tout n'est pas rose pour Paris. Si le nombre de visiteurs (rester) _____ le même l'année prochaine, Disneyland Paris éprouvera de sérieuses difficultés économiques et devra prendre des mesures d'assainissement. Certains disent que si le prix d'entrée (baisser) _____, il y aurait davantage de visiteurs, et les recettes augmenteraient. Si les Français (bouder) _____ Disneyland Paris, c'est à cause du prix,

mais aussi parce que ce type de divertissement «à l'américaine» ne convient pas à l'esprit français. Et si le temps (s'améliorer) _____ en France, peut-être Disneyland Paris pourrait-il être rentable? Et si Disneyland Paris (s'installer) _____ à Marseille? Quoi alors?

. . . et en route!

1. Quels camarades!

Votre ami(e) vous a demandé de l'aider samedi prochain, mais vous n'avez pas très envie de le faire. Inventez beaucoup de conditions qui commencent par *si* avant de consentir à l'aider! Vous aurez un tas de problèmes: le temps qu'il fera, vos autres copains/copines, les travaux ménagers, les achats, les visiteurs, les devoirs du lycée/collège, vous serez fatigué(e), etc.

EXEMPLE:　　　　**—Ben, je t'aiderai si j'ai le temps.**

2. Un premier ministre prudent

Que feriez-vous si vous étiez premier/première ministre? Supposons que vous êtes déjà chef du gouvernement et vous voulez réduire les impôts, mais vous ne pouvez pas encore. Dans une interview pour la radio, vous devez dire dans quelles circonstances vous les réduiriez, selon l'exemple. N'oubliez pas de mentionner: les taux d'intérêt, la valeur du franc, les prochaines élections, les services sociaux, les pensions, l'éducation, les importations, les exportations, la balance des paiements, le chômage.

EXEMPLE:　　　　**Je réduirais les impôts si la productivité industrielle était plus élevée.**

3. L'histoire d'un délinquant

Paul Arcachon, 23 ans, sans emploi, sans adresse fixe, a été condamné hier à trois ans de prison pour avoir agressé à Boulogne-sur-Mer une touriste et lui avoir volé le sac à main. Il semble que ce n'est pas la première fois qu'il comparaît devant le tribunal puisqu'il a un casier judiciaire depuis l'âge de 14 ans.

Avec vos camarades, essayez d'analyser le cas de Paul, pour découvrir comment il est sorti du droit chemin. Combien de raisons pouvez-vous exprimer, en utilisant *si* selon le modèle?

EXEMPLE:　　　　**Si son père ne l'avait pas mis à la porte à l'âge de 14 ans, il ne serait pas devenu délinquant.**

Considérez aussi les problèmes au collège, les mauvaises influences, les disputes à la maison, les vols de voitures, les autres agressions, les problèmes de logement avec les squatters, le chômage et d'autres problèmes auxquels vous pouvez penser.

chapter 39

For How Long?

mécanismes

When you want to say in French how long an activity went on or has been going on, you need to take a number of factors into consideration.

1. Actions that have been going on *and are still in progress* need the present tense in one of the following structures:

> *Nous habitons à Montargis depuis trois ans.*
> *Il y a*
> *Voilà* } *trois ans que nous habitons à Montargis.*
> *Ça fait*
> We have been living in Montargis for three years.

These are all ways of saying the same thing, except that using *ça fait ... que* is a bit more colloquial. The important thing to remember is that French uses the *present* tense where English uses a past:

> *J'apprends le français depuis six ans.*
> *Il y a/Voilà/Ça fait six ans que j'apprends le français.*
> I've been learning French for six years.

> *Mon père travaille en France depuis six mois.*
> *Il y a/Voilà/Ça fait six mois que mon père travaille en France.*
> My father has been working in France for six months.

- To ask how long something has been going on, you would say:

> *Depuis combien de temps habitez-vous ici?*
> *Depuis quand habitez-vous ici?*
> *Il y a/Ça fait combien de temps que vous habitez ici?*
> How long have you been living here?

- If the action had been going on for a period of time and was still going on at the time of reference, you use the above constructions with the imperfect in French. Note that the imperfect may also be used with *il y a* and *ça fait:*

Nous habitions à Montargis depuis trois ans quand ma petite sœur est née.

Il y avait
Voilà } *trois ans que nous habitions à Montargis quand ma petite sœur est née.*
Ça faisait

We had been living in Montargis for three years when my little sister was born.

J'apprenais le français depuis six ans quand je suis allé(e) en France pour la première fois.
Il y avait/Voilà/Ça faisait six ans que j'apprenais le français quand je suis allé(e) en France pour la première fois.
I had been learning French for six years when I went to France for the first time.

Mon père travaillait en France depuis six mois quand nous y sommes allés le rejoindre.
Il y avait/Voilà/Ça faisait six mois que mon père travaillait en France quand nous y sommes allés le rejoindre.
My father had been working in France for six months when we went to join him there.

- The question form would be:

  Depuis combien de temps habitiez-vous ici …
  Depuis quand habitiez-vous ici …
  Il y avait/Ça faisait combien de temps que vous habitiez ici …
  … quand votre sœur est née?
  How long had you been living here when your sister was born?

- You can also use *depuis* meaning "since" + a particular occasion or date, or *depuis que* if a clause is involved. The same rules for tense apply if the action is/was still going on:

  Depuis son enfance il rêve de devenir président.
  Since his childhood he has dreamed of becoming president.

  Depuis qu'il est jeune, il rêve de représenter sa patrie.
  Since he was young, he has dreamed of representing his country.

2. If the past action is completed, you use the passé composé or historic past with *pendant*:

   Mon père a travaillé en France pendant deux ans.
   My father worked in France for two years. (He has now finished.)

   J'ai étudié le français pendant six ans.
   I studied French for six years. (You have now stopped doing so.)

   François Mitterand fut Président de la France pendant 14 ans.
   François Mitterrand was president of France for 14 years. (He completed that term of office.)

- After certain verbs closely associated with time, the completed time span can come directly after the verb with no preposition:

  Au total, nous avons vécu cinq ans à Montargis.
  In all, we lived five years in Montargis.

  Mon père a travaillé deux ans en France.
  My father worked for two years in France.

3. Referring to an intended period of time in the future, you use *pour*:

> *Nous espérons aller en Espagne pour quinze jours.*
> We're hoping to go to Spain for two weeks.

If the duration is to be emphasized, you may use *pendant*:

> *Nous serons en Espagne pendant une quinzaine.*
> We will be in Spain for two weeks.

mettez-vous au point!

1. Basile Boli

Basile Boli est sans conteste le footballeur français le plus aimé des jeunes. Imaginez que vous êtes journaliste et que vous réalisez une interview pour un journal français. Mettez les verbes aux temps qui conviennent dans cette interview.

—Basile, je sais que vous êtes né en Côte-d'Ivoire, mais depuis combien de temps (vivre)

_____-vous en France?

—Je (vivre) _____ en France depuis l'âge de 14 ans.

—Depuis quand (s'intéresser) _____-vous au football?

—Je (s'y intéresser) _____ depuis mon plus jeune âge. C'est pour m'éloigner du football

que mes parents m'ont envoyé en France pour étudier.

—Depuis combien de temps (jouer) _____-vous pour l'Olympique de Marseille?

—Je (jouer) _____ pour l'Olympique depuis 1989.

—Avant ça, pendant combien de temps (jouer) _____-vous pour Auxerre?

—J'y (jouer) _____ pendant trois ans.

—Depuis quand (être) _____-vous une star incontestée?

—Depuis le 29 mai 93, jour de la coupe d'Europe des clubs champions Marseille-Milan.

—Pendant combien de temps vous (s'entraîner) _____ avant de devenir une star?

—Je (s'entraîner) _____ pendant 20 ans.

—Alors ça fait combien d'années que vous (être) _____ célèbre en France?

—Je crois que ça fait 10 années environ que l'on me (connaître) _____ ici en France.

2. Le Minitel

Votre correspondant(e) français(e) vous parle du Minitel, un service de France Télécom. Complétez son discours à l'aide de *pour, pendant* ou *depuis*.

Lorsque j'étais enfant, j'ai vu mes parents attendre _____ des heures au téléphone pour obtenir un renseignement, ou faire la queue _____ des demi-journées au guichet de la gare pour faire une réservation. _____ que nous avons le Minitel, leur vie est changée; pour obtenir un renseignement téléphonique, il suffit de taper le 11 et la consultation est gratuite _____ les trois premières minutes. _____ une dizaine d'années, nous réservons même nos places de train et d'avion par Minitel. Autrefois, mes parents attendaient _____ des heures aux guichets des banques; maintenant, nous consultons nos comptes par Minitel, à l'aide d'un code secret.

Et _____ l'absence de mes parents, je peux faire des jeux sur le Minitel et consulter mon horoscope. Malheureusement, mes parents sont partis en voyage _____ quelques semaines, et, au retour, ils m'ont demandé de les aider à payer la facture Minitel du téléphone. Je crois que je vais me passer de jeux Minitel _____ quelques mois!

3. Depuis quand ...?

Vous avez des amis qui ne parlent pas beaucoup de français, mais qui veulent accueillir chez eux des invités de votre ville jumelle. Pour mieux connaître leurs invités, ils ont préparé une liste de questions que vous leur avez promis de traduire en français. Alors, allez-y!

1. How long have you lived in Jargeau?

   _____

2. How long have you been learning English?

   _____

3. How long have you lived in your present house?

   _____

4. How long have you been a member of your sister city committee (*comité de jumelage*)?

   _____

5. How long have you played football for Jargeau?

   _____

6. How long have you been working in Orléans?

   _____

7. How long have you been coming to the United States?

   _____

8. How long did you stay last time?

   _____

9. How long were you on the plane?

_____

10. How long will you be here?

_____

. . . et en route!

1. Depuis quand ... ? (suite et fin)

Maintenant vous êtes la personne que vos amis vont accueillir dans l'exercice 3. Répondez en français à vos propres questions! Vous pouvez écrire les réponses ou bien les dire à haute voix à votre professeur ou à votre assistant(e).

2. Raconte-moi ta vie

Vous voulez écrire une courte biographie d'un(e) de vos camarades de classe. Alors vous lui posez des questions sur la durée pendant laquelle il/elle a fait certaines choses, et il/elle doit y répondre. Bien sûr, vous vous concentrerez sur ses activités préférées. Quand vous aurez posé toutes vos questions, changez de rôles.

EXEMPLE: **—Depuis combien de temps est-ce que tu vas à ce collège/lycée?**
—Ça fait deux ans que j'y vais.
—Ça fait combien de temps que tu fais de l'équitation?
—J'en fais depuis quatre ans.

3. Encore une vie

Ecrivez la biographie d'un personnage célèbre, en insistant sur la durée pendant laquelle il a fait telle ou telle chose.

chapter 40

Prepositions

mécanismes

Prepositions tell you where somebody or something is in relation to somebody or something else in space or time: "with," "in front of," "before," "after," etc.

Below are the most common prepositions in French. Pay close attention to the notes about their use, since many do not correspond exactly to their apparent English counterparts.

à

The basic meaning of *à* is "to" or "at." Don't forget the contractions *à + le = au, à + les = aux:*

> *Nous avons envoyé le bulletin à tous les parents.*
> We have sent the report to all parents.

> *Nous nous retrouverons au marché à 11 heures, d'accord?*
> We'll meet at the market at 11 o'clock, O.K.?

- *A* is used in prices and distances, although no preposition may be used in English:

> *Les poires sont à 11 francs le kilo.*
> The pears are 11 francs a kilo.

> *Sully-sur-Loire est située à 120 kilomètres de Paris.*
> Sully-sur-Loire is situated 120 kilometers from Paris.

- *A* also means "in" or "on" various locations when no particular emphasis is placed on being "inside" or "on top of":

> *Allons au jardin. Mais, attention! Il fait chaud au soleil. Asseyez-vous à l'ombre.*
> Let's go into the garden. But be careful! It's hot in the sun. Sit in the shade.

- For "to," "at," or "in" a town, use *à:*

> *Nous allons prendre le ferry au Havre. Nous chercherons un hôtel à Portsmouth.*
> We're going to catch the ferry at Le Havre. We'll look for a hotel in Portsmouth.

- *Au* is used to mean "to" or "in" a masculine country (see *en* for feminine countries):

  au Canada, au Japon, aux Etats-Unis
  to/in Canada, to/in Japan, to/in the United States

- Use *à* to refer to features or attributes, often meaning "with":

  Vous voyez là-bas cet homme aux lunettes noires et à l'anorak bleu?
  You see that man over there with the dark glasses and the blue parka?

  Est-ce que vous connaissez la maison aux murs blancs et à la cheminée tordue?
  Do you know the house with the white walls and the twisted chimney?

- *A* is used to describe manner or means:

  à vélo/bicyclette, à cheval, à pied, fait à la machine, un poêle à bois
  by bike/bicycle, on horseback, on foot, machine-made, a wood-burning stove

- *A* is used to denote the use or purpose of an object (see Chapter 26, page 178):

  une cuiller à soupe   *une machine à coudre*
  a soup spoon   a sewing machine

- It is also used to indicate speeds:

  120 kilomètres à l'heure
  120 kilometers an hour

- After verbs involving separation it can mean "from": *acheter qqch à qqn.* (See Chapter 27.)

- It is used to link verbs, nouns, and adjectives to an infinitive. (This is treated fully in Chapter 26.)

Dans and *en*

Both *dans* and *en* mean "in." The following are useful guidelines about which to use, but, if in doubt, seek help in a dictionary!

Dans tends to mean physically in or inside something:

dans la rivière	in the river
dans ma poche	in my pocket
dans le sud	in the south (and all compass points)
dans le Loiret	in the Loiret (and other *départements* or counties)
dans quelques minutes	in a few minutes (that is, at the end of that time)

- Note:

  J'ai pris les tickets dans ma poche.
  I took the tickets out of my pocket. (They were in it when I took hold of them.)

En tends to be used with more abstract concepts:

en juillet	in July (and all months)
en été/automne/hiver	in summer/autumn/winter (but *au printemps,* in spring)
en Allemagne	in Germany (and all feminine countries and continents)

en 1999	in 1999 (and all years)
en espagnol	in Spanish (and all languages)
en avion	by plane (and other modes of transport)
en plastique	(made of) plastic (and other materials)
en rouge	in red (and other colors)
en route	on the way
en face	opposite

… and many other set phrases.

- *En* with a time indicates the time span taken to perform the action:

  J'ai terminé cet exercice en 10 minutes.
  I finished that exercise in 10 minutes.

- *En* is the only preposition that is followed by the present participle, meaning "on/while/by doing": *en faisant.* (See Chapter 28.)

De

Don't forget the contractions *de* + *le* = *du* and *de* + *les* = *des*.

---

a) *De* means "of" and is used to indicate possession:

Par beau temps on peut voir les sommets des montagnes.
In good weather you can see the tops of the mountains (the mountain tops).

«Les vacances de M. Hulot» est un des films les plus célèbres de Jacques Tati.
M. Hulot's Holiday is one of the most famous of Jacques Tati's films.

---

b) *De* means "from" in most senses:

D'où êtes-vous? Nous sommes du Québec.
Where are you from? We're from Quebec.

De Paris à Bordeaux—ça fait à peu près 400 kilomètres.
From Paris to Bordeaux is about 400 kilometers.

- Note certain phrases meaning "from … to …" use *de … en …*:

| de temps en temps | from time to time |
| aller de mal en pis | to go from bad to worse |

---

c) *De* is used to link the agent of certain verbs:

| couvert(e) de poussière | covered with dust |
| suivi(e) d'une foule | followed by a crowd |

prepositions

d) *De* is used to link *quelqu'un* and *quelque chose* and their negatives, *personne* and *rien*, to an adjective:

quelque chose d'amusant	something funny
rien d'intéressant	nothing interesting

e) *De* is used with *façon, manière, air* + an adjective to indicate the manner in which something is done:

d'un air fâché	with an angry look/gesture
d'une façon irrégulière	in an irregular way

Par—by, through, via, per

Ce roman a été écrit par Marcel Proust.
That novel was written by Marcel Proust.

Vous pouvez passer par le centre de Paris ou par le périphérique.
You can go through the center of Paris or by the beltway.

Il faut prendre ce médicament trois fois par jour.
You must take this medicine three times a day.

• *Par* can mean "in" or "on" in such phrases as:

par temps de pluie	in rainy weather
par un beau jour de printemps	on a nice spring day

Pour—for

The main use of *pour* is to indicate destination or intention:

Voici un petit cadeau pour toi.
Here's a little present for you.

Ils sont déjà partis pour les Pyrénées.
They have already left for the Pyrenees.

Ils y vont pour quelques jours.
They are going there for a few days.

• For the use of *pour* + infinitive (in order to), see Chapter 24, and for *pour que* + clause (in order that), see Chapter 35.

Sur—on, about

Ne marchez pas sur la pelouse.
Do not walk on the grass.

Elle a écrit un article très intéressant sur le féminisme en France.
She wrote a very interesting article about feminism in France.

- *Sur* is used in some places where English uses "in" (usually when a flat surface is involved):

  J'ai stationné sur le parking central et je me suis dirigé vers un des cafés qu'il y a sur la place.
  I parked in the central parking lot and went to one of the cafés in the square.

- It is also used to mean "by" in dimensions (see Chapter 12) and "out of" a total:

  Ce travail vaut seize sur vingt.
  This work is worth sixteen points out of twenty.

Other prepositions

à cause de	because of, owing to
à côté de	beside, at the side of, next to, next door to
à droite de	on the right of
à gauche de	on the left of
à la fin de	at the end of (in time)
à l'aide de	by means of, with the help of
après	after
d'après	according to, after = based on (author, etc.)
au bord de	at/on the edge of
au bout de	at the end of (something concrete)
au centre de	at the center of
au-dessous de	under, beneath, below
au-dessus de	above, over the top of
au lieu de	instead of
au milieu de	in the middle of
au moyen de	by means of
au sujet de	about, on the subject of
autour de	around
avant	before (in time)
avec	with
chez	at the house/home/shop of
contre	against
de l'autre côté de	on/from the other side of
depuis	since (See Chapter 39.)
derrière	behind
dès	from (a time)
devant	in front of, before (in place)
du côté de	from the direction of
en face de	opposite
en haut de	at/on the top of
entre	between
envers	toward (attitude, behavior, etc.)
grâce à	thanks to
hors de	outside (of)
jusqu'à	until, as far as
le long de	along, alongside
loin de	a long way from, far from

malgré	in spite of
parmi	among
pendant	during
près de	near (to)
sans	without
sauf	except
selon	according to
sous	under, below
vers	toward (direction), about (a time)

- *Avec* means "with" in the sense of "in the company of" or "by means of":

  Eléonore est venue avec moi.
  Eléonore came with me.

  On mange ça avec une fourchette.
  You eat that with a fork.

  If "with" means "at the house of," use *chez:*

  Nous avons passé Noël chez mes parents.
  We spent Christmas with my parents (that is, at their house).

  Nous avons passé Noël avec mes parents.
  We spent Christmas with my parents (in their company, but not necessarily in their house).

- See also *à* used with attributes on page 272.

- *Vers* means physically "toward":

  vers le pont   toward the bridge

  Vers is also used with times to mean "about":

  Nous sommes arrivés vers 11 heures.
  We arrived about 11 o'clock.

  Envers is used to describe an attitude:

  Leur comportement envers nous a été un peu étrange.
  Their behavior toward us has been a bit strange.

- *Grâce à* (thanks to, owing to) tends to be used with a positive outcome, and *à cause de* (because of, owing to) with a negative one:

  Grâce au tunnel sous la Manche il est possible d'aller de Londres à Paris en trois heures.
  Thanks to/Owing to the Channel Tunnel it is possible to go from London to Paris in three hours.

  A cause du tunnel sous la Manche, les habitants des villages du Kent souffriront d'une intensification de la pollution sonore.
  Because of/Owing to the Channel Tunnel, the inhabitants of villages in Kent will suffer an increase in noise pollution.

- Take care to distinguish between *au-dessous de* and *au-dessus de*. They are not pronounced the same and mean the exact opposite of each other.

- When a preposition is used with a verb, all except *en* take the infinitive (see Chapter 26). *En* is followed by the present participle (see Chapter 28).

- The disjunctive pronoun is used after prepositions: *pour moi, sans eux* (see Chapter 10).

Related adverbs and conjunctions

- Many prepositions, especially compound ones linked to a noun or verb by *de,* can be used as adverbs without the *de:*

    Mettez les valises dessous.
    Put the cases underneath.

    Ils habitent à côté.
    They live next door.

- Some prepositions can be converted to conjunctions by adding *que:*

    pour que   in order that (see Chapter 35)
    avant que   before

mettez-vous au point!

1. La promenade en bateau-mouche

Après avoir fait une promenade en bateau-mouche sur la Seine, vous écrivez à vos amis pour raconter votre aventure. Mais voilà que votre ordinateur devient fou et substitue les prépositions les unes pour les autres. Essayez de reconstituer le texte authentique de la lettre.

Chers amis,

Hier je suis allé(e) faire une promenade *dans* _____ bateau-mouche *selon*

_____ la Seine, *depuis* _____ mes copains. Nous avons pris le bateau

pas loin *contre* _____ la tour Eiffel, *sur* _____ le pont de l'Alma. Puis

nous sommes passés *avec* _____ les ponts des Invalides et Alexandre III. Ensuite,

envers _____ le pont de la Concorde, nous sommes passés *sous* _____

le jardin des Tuileries, *loin du* _____ palais du Louvre, *après* _____

d'apercevoir, au loin, les deux tours *avec* _____ Notre-Dame. Alors que nous

passions *le long du* _____ pont Neuf, nous avons entendu un bruit bizarre. C'était

un des moteurs *hors du* _____ bateau qui nous lâchait. Le pilote a fait appel *envers* _____ un autre bateau qui n'a pas tardé *pour* _____ arriver.

Alors il a fallu changer *en* _____ bateau, et un des touristes américains est tombé

en face de _____ l'eau. *Autour de* _____ nous dédommager, la

compagnie *parmi* _____ bateau nous a invités *devant* _____ prendre

un verre *en* _____ un bistrot *sans* _____ l'Ile Saint-Louis.

2. La Corse, ou l'île qui en a assez d'être belle

Voici un article de journal concernant la Corse et ses habitants. Le rédacteur a omis les prépositions. Vous le compléterez à l'aide des prépositions et articles suivants: *dans, pour, avec, du, sur, en, des, de, à.* Vous pouvez utiliser un mot plus d'une fois.

Les habitants _____ l'île _____ beauté réclament un niveau _____ vie égal _____

celui _____ continentaux. Ils ont _____ leur avantage le soleil; mais le soleil, ça ne fait

pas tout. Leurs salaires sont _____ moyenne inférieurs _____ 25% _____ ceux des

continentaux et pourtant les prix sont _____ environ 10% plus élevés qu'_____

Marseille. Bon nombre _____ ménagères vont faire leurs courses _____ le continent,

mais le coût _____ voyage s'élève _____ 3 500 francs _____ une famille _____

deux enfants. Les Corses sont toujours _____ négociation _____ le gouvernement

français _____ obtenir primes et subventions. Mais l'argent n'arrive pas _____ ses vrais

destinataires, et il est impossible _____ savoir où vont les subventions. Alors, cherchez

l'erreur! Qui se met l'argent _____ la poche?

. . . *et en route!*

1. Plan de la ville

Travaillez par deux. Vous êtes architecte, et vous avez conçu le plan d'un nouveau quartier d'une ville. Vous voulez communiquer tout de suite vos idées à votre associé(e), mais malheureusement son fax est en panne. Alors vous lui décrivez votre plan au téléphone. Dessinez d'abord votre plan, et votre partenaire doit essayer de dessiner ce que vous lui décrivez.

EXEMPLE: **Sur la place, du côté nord, j'ai mis l'hôtel de ville. Au centre de la façade, il y a une grande arcade. Au-dessus de l'arcade il y a une statue. De chaque côté de l'arcade il y a une grande fenêtre avec un balcon. Les fenêtres sont très simples, sans décoration. En face de ce bâtiment, devant l'entrée de la gare ...**

2. Le lunch de mariage

Imaginez-vous dans sept ou huit ans. Vous allez vous marier et le mariage va avoir lieu en France. Dans cet exercice vous téléphonez ou vous écrivez à la famille de votre fiancé(e), en expliquant où vous voulez que les membres de votre famille et vos invités américains s'asseyent pour le repas de noces. Donnez au moins 10 instructions, en utilisant les prépositions.

EXEMPLE: **Mon oncle Mike ne doit pas s'asseoir à côté de l'oncle Paul, parce qu'ils ne s'entendent pas bien. Mettez la cousine Abigail en face du cousin Rod, car ils s'aiment bien. Comme elle parle bien le français, ma tante Julia aimerait bien se trouver parmi des Français, ou bien elle pourrait être interprète si vous la mettiez entre les Français et les Américains ...**

_____

_____

_____

_____

_____

_____

_____

_____

_____

_____

3. L'appartement neuf

Vous voilà mariés! Vous venez d'acheter votre premier appartement ensemble, et vous discutez de la façon d'arranger les meubles de la salle de séjour. Dessinez la salle de séjour. Placez d'abord les portes et les fenêtres, puis travaillez à deux, en discutant de l'endroit où vous allez mettre les fauteuils, le canapé, la grande table, les tableaux, le miroir, les petites tables à café, les plantes, les petits tapis, la chaîne stéréo et ses baffles, l'aquarium, etc.

EXEMPLE: **—Moi, je pense que les fauteuils vont mieux au coins de la salle.
—Mais non! Ils doivent être devant la cheminée, en face l'un de l'autre, et le canapé sous la grande fenêtre.**

chapter 41

Relative Pronouns

mécanismes

A relative pronoun or adjective is one that joins two clauses to give more information about a noun or pronoun: for example, the house in which I was born, the woman who left her gloves on the bus, the person whose photo was in the paper, the one that got away. In other words, "who," "whom," "which," "that," and "whose," and also the conjunctions "where" and "when" can be used as relatives.

It is important to differentiate between **relative** pronouns, which are link words, and **interrogative** pronouns, which ask questions. In English, words such as "who," "what," and "which" have both a relative and an interrogative function, and the same is true of *qui, que,* and the various forms of *lequel* in French. However, the usage of these words differs according to their function, and their function as interrogative (question) words is dealt with in Chapter 42.

Remember: **Relative pronouns do not ask questions.**

Qui

- *Qui* means "who," "which," or "that" when it is the subject of its clause:

    La femme qui a laissé ses gants dans le car est venue les chercher à la gare routière.
    The woman who left her gloves on the bus came to look for them at the bus station.

    Le car qui part à 17h30 arrive à Bonnée vers 19h.
    The bus that leaves at 5:30 P.M. arrives at Bonnée around 7:00 P.M.

    (The woman and the bus perform the action of the relative clause—*elle a laissé* and *il part.*)

- *Qui* is also used to mean "who(m)" after a preposition:

    Connaissez-vous les étudiants avec qui nous sommes allés en Suisse?
    Do you know the students we went to Switzerland with (with whom we went to Switzerland)?

Que

Que (*qu'* before a vowel or mute *h*) means "who(m)," "which," or "that" when it is the direct object of its clause:

La femme que nous avons vue dans la gare routière cherchait les gants qu'elle avait laissés dans le car.
The woman (whom) we saw at the bus station was looking for the gloves that she had left on the bus.

(The woman and the gloves are both objects of their clauses: we saw *her*, and she left *them*, and therefore *que* is used for "that/whom/which.")

C'est un nom que je ne reconnais pas.
It's a name (that) I don't recognize.

- This is one of the circumstances where agreement with a preceding direct object may be necessary in compound tenses. See Chapter 19.

- Note that in English the relative "who(m)," "which," "that" is often omitted. You cannot omit the relative pronoun in French.

Dont

Dont means "whose," "of whom," "of which":

Voilà la femme dont on a trouvé les gants.
There's the woman whose gloves have been found.

- *Dont* is the word you use to link *de* with a relative. Be prepared to use it in constructions that are linked to a noun with *de*, such as *parler de, avoir besoin de,* and so on. (See Chapter 27.)

- *Dont* must always immediately follow the word it refers to (its antecedent):

C'est un sujet dont nous parlions hier soir.
It's a subject we were talking about last night.

- In English you can end the clause with the preposition: "the subject we were talking *about*." You must not do this in French: The preposition must always precede the relative at the beginning of the clause.

- You can't use *dont* in expressions such as "the driver in whose car" or "the car in whose trunk," because *dont* would be separated from its antecedent. It would be better to simplify the sentence:

Le chauffeur de la voiture dans laquelle nous voyagions était très jeune.
The driver in whose car we were traveling was very young.

On avait placé le cadavre dans le coffre d'une voiture. C'était une Renault.
The car in whose trunk the corpse had been placed was a Renault.

Lequel/laquelle/lesquels/lesquelles

This form is used to refer to things and concepts after a preposition. It is also sometimes used to refer to people, though this is regarded as less correct. Note the four forms, which indicate the gender and number of the antecedent:

Mon ordinateur est un appareil sans lequel il serait très difficile de travailler.
My computer is a piece of equipment without which it would be very difficult to work.

C'est une idée pour laquelle il a lutté toute sa vie.
It's an idea for which he has fought (he has fought for) all his life.

relative pronouns

- Note the forms when *lequel* is linked to *à* and *de*:

    auquel/à laquelle/auxquels/auxquelles
    duquel/de laquelle/desquels/desquelles

    C'est une femme à laquelle j'ai toujours voué une grande admiration.
    She's a woman for whom I've always had great admiration.

- *Duquel* is used mainly after compound prepositions ending with *de*:

    Il est naturel que les propriétaires des maisons en face desquelles on propose de construire un hypermarché y soient opposés.
    It's natural that the owners of the houses opposite which they are proposing to build a superstore are opposed to it.

- If there is no great emphasis on being in or on something, *où* is often used instead of *dans/sur lequel*:

    Voici la maison où Victor Hugo vécut pendant son exil au Luxembourg.
    This is the house in which Victor Hugo lived during his exile in Luxembourg.

- "The day/month/season/year when" = *le jour/le mois/la saison/l'année où*:

    Août est le mois où toute la France part en vacances.
    August is the month when all of France goes on vacation.

Ce qui, ce que, ce dont, ce à quoi

These forms mean "what," in the sense of "that which." The form depends on the grammatical function as described above:

    Ce qui m'embête, c'est son attitude.
    What annoys me is his attitude.

    Moi, je ne comprends pas ce qu'il dit.
    I can't understand what he says.

    Je prendrai ce dont vous n'avez pas besoin.
    I'll take what you don't need.

    Ce à quoi je me réfère, c'est à son discours d'inauguration.
    What I'm referring to is his inauguration speech.

- *Ce qui/ce que/ce dont* are also used to mean "which" when referring to a previously stated idea or sentence, not a particular noun:

    Les invités sont arrivés avec une heure de retard, ce qui n'a pas beaucoup plu à leurs hôtes.
    The guests arrived an hour late, which didn't please their hosts very much.

- See also the use of *ce qui/ce que/ce dont* in indirect speech (Chapter 44).

Celui qui/celui que/celui dont

These forms mean "the one who(m)/that" or "the ones (those) who(m)/that" and refer to a specific noun or nouns. Don't forget that *celui* has four forms, depending on the number and gender of the noun(s) it represents: *celui/ceux/celle/celles*. It is followed by *qui, que,* or *dont* according to the rules outlined above:

J'aime tous ces chiens, mais j'adore celui qui agite la queue quand je le caresse.
I like all these dogs, but I love the one who wags his tail when I stroke him.

Ceux que nous avons vus dans l'autre chenil étaient plus grands.
Those/The ones (that) we saw in the other kennel were larger.

Vous aviez aussi deux chattes. Il y avait Sophie et celle dont j'ai oublié le nom.
You also had two cats. There was Sophie and the one whose name I've forgotten.

- *Celui qui/que/dont* can also mean just "anyone who," and *ceux qui/que/dont* = "those who," "anyone who" in a general sense:

  Il y a un ascenseur pour ceux qui ne veulent pas monter par l'escalier.
  There is an elevator for those who don't want to climb the stairs.

For other uses of *celui,* see Chapters 8 and 9.

mettez-vous au point!

1. La traversée de l'Atlantique à la nage

Guy Delage défraya la chronique début 95, parce qu'il avait traversé l'Atlantique à la nage en solitaire. Dans le récit de ses exploits, vous remplacerez les blancs par les pronoms relatifs *qui, que, dont, auquel, lequel.*

> Guy Delage, c'est l'homme (1) _____ la France entière salua l'exploit sportif à son
>
> arrivée aux Barbades. C'est lui (2) _____ avait fait le pari fou de traverser l'Atlantique
>
> à la nage, et (3) _____ y parvint en trois mois. C'est lui (4) _____ s'était
>
> volontairement fait grossir d'une vingtaine de kilos et (5) _____ les perdit pendant les
>
> trois mois (6) _____ dura sa traversée. C'est lui (7) _____ les journalistes
>
> rêvaient d'interviewer pendant son parcours et (8) _____ les requins rêvaient de
>
> dévorer. Sa traversée fut un exploit pour (9) _____ il s'était préparé pendant huit mois,
>
> et grâce (10) _____ il devint célèbre.

2. Qui était Guy Delage?

Répondez maintenant à la question «Qui était Guy Delage?» en utilisant *celui qui, celui que, celui dont* et les éléments donnés dans le texte de l'exercice 1.

EXEMPLE: **Guy Delage, c'est celui qui défraya la chronique début 95.**

_____

_____

_____

_____

_____

_____

_____

_____

3. Le bal masqué

C'est le Carnaval en France. Vous allez au bal masqué avec votre correspondant(e). Celui-ci/Celle-ci vous donne des indications pour reconnaître les gens, ou mieux, les personnes cachées derrière les masques. Essayez de retrouver ces indications en faisant correspondre un début de phrase de la colonne A avec une fin de phrase de la colonne B.

A

1. Le loup c'est celui _____

2. L'agneau c'est la petite blonde habillée en blanc _____

3. C'est ma sœur _____

4. Mais je ne sais pas où elle a trouvé cette fourrure rousse _____

5. Je ne reconnais pas le grand brun avec un bec jaune. C'est _____

6. Et mon cousin c'est ce garçon _____

7. Regarde bien ce jeune en face _____

8. Je pense bien que c'est celui _____

9. Il y a vraiment des gens _____

B

a. dont elle est couverte.
b. avec lequel tu as longuement discuté, et qui est déguisé en Indien.
c. duquel nous sommes assis.
d. dont il faut se méfier.
e. qui a les grandes dents blanches.
f. que tu vois là-bas déguisée en renard.
g. ce qui m'embête le plus.
h. avec qui danse le loup.
i. auquel j'ai prêté mon disque favori la semaine dernière et qui ne me l'a pas rendu.

4. Le cours d'EPS

C'est le début du cours d'EPS (éducation physique et sportive). Le professeur vous donne les consignes pour ranger le matériel à la fin du cours. Transformez les instructions du professeur afin de faire une seule phrase comme dans l'exemple.

EXEMPLE: **Vous pouvez jouer avec les ballons, mais après le cours, rangez-les.**
Rangez les ballons avec lesquels vous aurez joué.

1. Vous pouvez utiliser les balles, mais après le cours, rangez-les.

   _____

2. Vous pouvez faire vos exercices sur la poutre, mais après le cours, rangez-la.

   _____

3. Vous pouvez grimper à la corde, mais après le cours, donnez-la-moi.

   _____

4. Vous pouvez faire des abdominaux sur les tapis de sol, mais après le cours, rangez-les.

   _____

5. Vous pouvez mettre le filet pour jouer au volley-ball, mais après le cours, enlevez-le.

   _____

6. Vous pouvez prendre des douches dans les cabines, mais après le cours, nettoyez-les.

   _____

... et en route!

1. C'est un personnage qui ...

Chaque étudiant(e) doit décrire un personnage bien connu ou même quelqu'un du collège/lycée, et les autres doivent deviner son identité. Il faut utiliser au moins un pronom relatif dans votre description.

EXEMPLES: —**C'est un Français qui joue au football pour une équipe anglaise. (Eric Cantona)**

—**C'est un prof dont la fille est en 3ᵉ et qui enseigne la biologie. (Mme X)**

2. Définitions

Travaillez par deux. L'un(e) d'entre vous est un(e) étudiant(e) de français qui a des problèmes de vocabulaire, et veut savoir le mot français pour ce qu'il/elle décrit. L'autre lui donne une définition ou une explication où il faut utiliser des pronoms relatifs. Choisissez un domaine spécifique de vocabulaire (les animaux, la maison, l'environnement, la santé, etc.).

EXEMPLE: —**Comment appelle-t-on en français l'action qui cause une hausse mondiale de la température et qui va causer des inondations dans certaines régions si l'on n'y trouve pas une solution?**
—**C'est l'effet de serre.**

relative pronouns

3. Descriptions

Apportez en classe une peinture ou une photo où se trouvent un bon nombre de personnes, et décrivez-la à vos camarades. Vous emploierez naturellement beaucoup des pronoms relatifs que vous venez d'étudier. Par ailleurs vous pourriez en faire une description écrite.

EXEMPLE: —**Cette peinture représente une scène d'hiver, où les habitants du village jouent dans la neige. Ceux qui se promènent sur la glace ... Celui qui se trouve au coin ... L'édifice que vous voyez à gauche ... Ce qui me plaît dans cette peinture c'est ...**

chapter 42

Questions: The Interrogative

mécanismes

Yes/no questions

There are several ways of asking a question requiring the answer "yes" or "no," to some extent depending on the degree of formality or familiarity required.

a) Inversion

You can invert (reverse) the subject pronoun and verb:

> *Allez-vous en ville cet après-midi?*
> Are you going to town this afternoon?

- There is always a hyphen between verb and subject, and don't forget that third person singular forms ending in *-e* or *-a* need *-t-* between the verb and the subject pronoun *il, elle,* or *on:*

> *Y va-t-elle aujourd'hui ou ira-t-elle demain?*
> Is she going today or will she go tomorrow?

> *Chante-t-il en français ou en anglais?*
> Does he sing in French or English?

- In the passé composé and other compound tenses, only the auxiliary verb is inverted; the past participle remains last (see also Chapter 19, page 125):

> *N'as-tu pas encore terminé?*
> Haven't you finished yet?

- Note that this form is more often used in written French. In speech it is used mainly with some very common verbs, including auxiliaries (*être, avoir, aller, faire, devoir, pouvoir, savoir, vouloir*). Used with other verbs it can sound rather formal. It is probably true to say that it is more usually used in the second person forms:

  > *Savez-vous faire du deltaplane? Voulez-vous apprendre? N'avez-vous pas peur?*
  > Can you hang glide? Would you like to learn? Aren't you afraid?

- When the subject is a noun, the subject is stated first and the verb is inverted with the corresponding subject pronoun:

  > *Ce musicien chante-t-il en français ou en anglais?*
  > Does this musician sing in French or English?

  You cannot just invert the subject and verb.

---

b) *Est-ce que/qu'...?*

A useful device to convert a statement to a question, and probably the most commonly used question form, is simply to place *est-ce que/qu'* before the subject and verb. It is also easy to use, since you do not have to invert the verb:

> *Est-ce qu'elle va en ville aujourd'hui?*
> Is she going to town today?

> *Est-ce que ce musicien chante en français ou en anglais?*
> Does this musician sing in French or English?

---

c) Intonation

In familiar spoken French it is a common practice to ask a yes/no question by leaving the subject and verb in "statement" order and giving the sentence a question intonation by raising the pitch of your voice at the end. This method cannot of course be used in formal written French:

> *Vous allez en ville aujourd'hui?*
> Are you going to town today?

> *Tu vas m'aider?*
> Are you going to help me?

> *Il chante en français ou en anglais?*
> Does he sing in French or English?

> *Il chante en français ou en anglais, ce musicien?*
> Does this musician sing in French or English?

Interrogative (question) words

Not all questions require "yes/no" as an answer. You may need more specific information, such as "who?," "what?," "when?," "where?" Basically you can add the relevant question words to methods (a) and (b), and to a certain extent (c) above, but there are some points to watch.

a) Who(m)?

- As the subject of the verb, you can use *qui* or *qui est-ce qui*. Because they are the subject, there is no inversion of the verb:

  > *Qui/Qui est-ce qui sait la réponse?*
  > Who knows the answer?

- As the direct object of the verb, use *qui* with inversion or *qui est-ce que* (*qui est-ce qu'*before a vowel or mute *h*) without inversion:

  > *Qui connaissez-vous ici?/Qui est-ce que vous connaissez ici?*
  > Who(m) do you know here?

  > *Qui a-t-il vu?/Qui est-ce qu'il a vu?*
  > Who(m) did he see?

- After a preposition, use *qui* with inversion or (in speech only) *qui est-ce que/qu'*without inversion:

  > *Chez qui avez-vous logé?/Chez qui est-ce que vous avez logé?*
  > Who did you stay with?

  Note: You can't put the preposition at the end in French as you can in English!

- "Whose" in a question is *à qui est/sont ...*

  > *A qui est ce parapluie?*
  > Whose umbrella is this?

  > *A qui est le parapluie que vous avez trouvé?*
  > Whose umbrella did you find?

- You cannot ask a question with *dont:* It is a relative, not an interrogative (see Chapter 41).

b) What?

- As the subject, use *qu'est-ce qui* + uninverted verb:

  > *Qu'est-ce qui vous préoccupe?*
  > What is worrying you?

- As the direct object, use *que/qu'* + inverted verb, or *qu'est-ce que* without inversion:

  > *Qu'allez-vous faire?/Qu'est-ce que vous allez faire?*
  > What are you going to do?

- After a preposition, use *quoi* with inverted verb. It is also possible to use *est-ce que* with an uninverted verb:

  > *Avec quoi allez-vous le faire?/Avec quoi est-ce que vous allez le faire?*
  > What are you going to do it with?

c) Further use of *est-ce que*

In principle, *est-ce que/qu'* can be used with any of the question words described below, thus avoiding the inversion of the verb. This use tends to be more prevalent in spoken than written French, however.

d) Which?

- When "which" is followed by a noun, use the adjective *quel/quels/quelle/quelles*:

    Quelle jupe as-tu choisie?/Quelle jupe est-ce que tu as choisie?
    Which skirt did you choose?

    (Note past participle agreement—see Chapter 19, page 123.)

- When you mean "which one(s)" as a pronoun, in place of a noun, use *lequel/lesquels/laquelle/lesquelles* and make agreement with the noun replaced:

    Alors, tu as le choix entre trois jupes. Laquelle est-ce que tu préfères?
    Well, you have a choice of three skirts. Which (one) do you prefer?

e) *Qu'est-ce que c'est* or *quel(le) est* for "what is …?"

You use *qu'est-ce que c'est* when you don't know what something is and wish to identify it:

    Qu'est-ce que c'est que ce machin-là? C'est un modem.
    What's that gadget? It's a modem.

You use *quel(le) est* (what is) or *quels/quelles sont* (what are) when you know what object(s) you are talking about, but you need to identify which one(s). Because you know the gender of the word in question, you make *quel* agree with it:

    Quelle est la capitale de Belgique? C'est Bruxelles.
    What is the capital of Belgium? It's Brussels.

    Quels sont les prix des billets? Ils sont à 80 et à 100 francs.
    What are the ticket prices? They are 80 and 100 francs.

f) Other common question words

Quand?	When?
Où?	Where?
D'où?	Where from?
Comment?	How?
Combien de?	How much/How many?
Pourquoi?	Why?
A quelle heure?	At what time?

Quand est-ce que vous partez aux Etats-Unis?
When are you leaving for the United States?

Quand le général de Gaulle mourut-il? (formal)
Quand est-ce que le général de Gaulle est mort? (normal conversational)
When did General de Gaulle die?

D'où sont-ils venus?/D'où est-ce qu'ils sont venus?
Where did they come from?

- After these question words, it is permissible to invert the verb and a noun subject:

  Quand mourut le général de Gaulle?
  When did General de Gaulle die?

  A quelle heure arrive le car?
  What time does the bus arrive?

g) Colloquial usage—some further points

- In conversation, it is quite common to change the word order to achieve a specific emphasis:

Ils sont d'où?	They're from *where?*
Vous le faites comment?	*How* do you do it?
Vous en avez vu combien?	You saw *how many?*

- In casual French, you may hear question words followed by an uninverted verb but no *est-ce que*. This is regarded as very familiar and is best not imitated.

  A quelle heure le car arrive? would be better as *A quelle heure est-ce que le car arrive?*

  Comment tu t'appelles? is very common, however.

mettez-vous au point!

1. Curiosité

Vous allez passer une semaine au Futuroscope avec votre correspondant(e). Votre professeur de français, très surpris(e), vous interroge.

—Quand partirez-vous?

_____

—Où logerez-vous?

_____

—Où mangerez-vous?

_____

—Avec qui voyagerez-vous?

_____

—A quelle heure arriverez-vous?

_____

—Irez-vous au cinéma Dynamique?

_____

—Ferez-vous la promenade des paysages d'Europe? …

_____

Et voilà que chez votre correspondant(e), on vous demande les mêmes choses, mais en langue plus familière. Imaginez les questions de la famille de votre correspondant(e). Utilisez les tournures avec *est-ce que,* puis—encore plus familièrement—vous soulignez la question en mettant le mot interrogatif au bout de la phrase.

EXEMPLE: **Quand est-ce que vous partirez?**
Vous partirez quand?

2. Des copains envieux

Au Futuroscope, vous avez vu le Cinéautomate, le Tapis Magique, le Cinéma Dynamique, le Cinéma 360°, l'Omnimax, le Kinémax, le Cinéma en Relief, le Solido, etc. A votre retour, les camarades de votre correspondant(e) vous pressent de questions.

EXEMPLE: **Et le Cinémax, c'était bien?**

Imaginez d'autres questions du même genre. Faites-les porter sur les mots suivants: *comment?, super, génial, sympa, quand?, agréable, impressionnant,* ou d'autres qui vous viendront à l'esprit.

3. Encore des questions!

Imaginez maintenant les questions de votre prof de français à votre retour. Vous poserez ces questions en langue plus soutenue cette fois. Transformez les questions posées ci-dessous en langue moins familière, comme le ferait votre professeur de français.

EXEMPLE: **L'entrée, ça coûtait combien?**
             Combien l'entrée coûtait-elle?

1. Vous avez vu le Kinémax?

   _____

2. Le Solido, c'était quoi?

   _____

3. L'Omnimax, c'était comment?

   _____

4. Le Cinéma Dynamique, ça faisait quelle impression?

   _____

5. Le Cinéma en Relief, c'était surprenant?

   _____

6. Les salles de projection, elles étaient grandes?

   _____

7. Les restaurants, ils vendaient des produits du terroir?

   _____

8. Et moi, j'aurais aimé si j'y étais allé(e)?

   _____

. . . et en route!

1. Sortir avec une personne que vous n'avez jamais vue

Vous participez à la version française du programme de télévision «Blind Date». Chaque étudiant(e) prépare trois questions qu'il/elle va poser à trois étudiant(e)s du sexe opposé—et auxquelles ils/elles doivent répondre, naturellement. Si votre prof/assistant(e) peut s'organiser pour que vous ne voyiez pas la personne à qui vous parlez—ce serait mieux!

2. A l'agence pour l'emploi

Travaillez par deux. Vous êtes à l'agence pour l'emploi: l'un(e) d'entre vous est l'employé(e), l'autre, c'est vous! Pour se faire une bonne idée de vous, l'employé(e) vous pose beaucoup de questions sur votre vie, vos intérêts et votre carrière jusqu'ici. Vous répondez (en disant la vérité ou non).

3. Au tribunal

Toute la classe prépare le procès d'un(e) étudiant(e)—ou même du professeur. Il faut d'abord décider entre vous quel a été le délit (un hold-up, un vol …), puis établir qui sont les avocats de l'accusation et de la défense, et les témoins. Bien sûr, les avocats doivent poser beaucoup de questions (*ou? qui? avec qui? quand? comment? pourquoi?* etc.). Si la classe est assez grande, il pourrait y avoir aussi un jury, qui se réunira (mais en public!) à la fin du procès et se posera encore des questions avant de se prononcer sur la culpabilité du criminel présumé.

chapter 43

Exclamations

mécanismes

The following are common types of exclamations. You will notice that some of the words used are also used as interrogatives (see Chapter 42).

Quel/Quels/Quelle/Quelles!

This is the equivalent of "What (a) …!" The indefinite article *un/une* is not used with it:

Quelle réponse!	What an answer!
Quels enfants!	What children!
Quel film amusant!	What a funny film!

Que/qu' + verb (usually *être*) + adjective/adverb

This means "How …!" or a more colloquial equivalent in English:

Que c'est facile!	How easy it is! It's so easy!
Que c'est bien!	How great that is! That's really great!

Qu'est-ce que can also be used, which is more colloquial:

Qu'est-ce que c'est rapide, cette voiture!
What a fast car that is!

Comme + verb is used in a similar way, but is more formal in style:

Comme il pleut!	Look how it's raining!
Comme tu as grandi!	(Look) how you've grown!

Que de …!

This means "What a lot of …!"

Que de légumes tu as mangés!	What a lot of vegetables you've eaten!

(Note the past participle agreement: See Chapter 19, page 123.)

mettez-vous au point!

1. Quelles expressions!

Pendant son séjour aux Etats-Unis, votre correspondant(e) français(e) a entendu vos camarades utiliser les expressions ci-dessous. Suggérez-lui une expression française équivalente à chacune des phrases suivantes.

1. *Isn't it hot here!*

   _____

2. *What a lot of kids!*

   _____

3. *What a rainstorm last night!*

   _____

4. *What a disaster!*

   _____

5. *What a way to speak!*

   _____

6. *How stupid you are!*

   _____

7. *What a lot of things you've bought!*

   _____

8. *What a present!*

   _____

9. *That was some party!*

   _____

10. *Am I tired!*

   _____

. . . et en route!

1. C'est mieux chez moi!

Travaillez par deux. L'un(e) d'entre vous montre votre collège/lycée à l'autre, qui va dans un collège très luxueux en Suisse. Chaque fois que le premier/la première lui signale quelque chose, l'autre répond avec une exclamation peu flatteuse.

EXEMPLE: —**Voici la bibliothèque.**
—**Qu'elle est petite!**
—**Ceci est notre salle de classe.**
—**Quel trou! Quel boucan! Que d'étudiants!**
—**Je vous présente à mon prof de français.**
—**Qu'il est vieux/Qu'elle est vieille!**

exclamations

chapter 44

Direct and Indirect Speech

mécanismes

Direct speech

Direct speech is what people actually say—verbatim. Its use is identical in English and French, except that French either uses a long dash (*le tiret* —) or *les guillemets* («…»), where English uses quotation marks:

> *Paul parle à sa mère:*
> *—Ce matin je ne vais pas au collège.*
> *—Tu te sens malade?*
> Paul is talking with his mother:
> "I'm not going to school this morning."
> "Do you feel sick?"

> *«Alors, il faut que tu ailles chez le médecin,» a répondu sa mère. «Ça peut être quelque chose de grave.»*
> "Well, you'd better go to the doctor," replied his mother. "It might be something serious."

• Note that the verb (*a dit Paul, a répondu sa mère*) is always inverted after direct speech.

Indirect (or reported) speech

In indirect speech, quotation marks are not used, and what was said is, indeed, reported:

> *Ce matin, Paul a dit qu'il n'allait pas au collège. Sa mère a demandé s'il se sentait malade.*
> This morning, Paul said (that) he was not going to school. His mother asked if he was feeling sick.

Sa mère a répondu qu'il faudrait qu'il aille chez le médecin et que ça pourrait être quelque chose de grave.
His mother replied that he would have to go to the doctor and that it might be something serious.

- There are three things to notice:

a) What was said, stated, or answered is introduced by *que* in French; you cannot omit it the way you can omit "that" in English.

b) The subject pronouns change. In the example, *je ne vais pas* becomes *qu'il n'allait pas.*

c) The tense may need to move back from present to past (present to imperfect in this case), passé composé to pluperfect, future to conditional.

The sequence of tenses reflects English usage fairly closely:

«J'irai demain», a dit Paul.
Paul a dit qu'il irait demain.
"I'll go tomorrow," said Paul.
Paul said (that) he would go tomorrow.

«Tu ne fais jamais ce que je te dis», a dit sa mère.
Sa mère a dit qu'il ne faisait jamais ce qu'elle disait.
"You never do what I tell you," said his mother.
His mother said (that) he never did what she told him.

However, in time clauses beginning with conjunctions such as *quand, lorsque,* and *aussitôt que* (see Chapter 16, page 105), a future also needs to change to a conditional (where English uses a past tense):

Paul a dit: «Je retournerai au collège aussitôt que je me sentirai mieux.»
Paul said, "As soon as I feel better, I'll go back to school."

Paul a dit qu'il retournerait au collège aussitôt qu'il se sentirait mieux.
Paul said (that) he would go back to school as soon as he felt better.

Indirect questions

Indirect questions occur after verbs such as *savoir, demander, dire, renseigner.* There is little problem with these. Tense usage is much as in English, although the verb and noun subject are sometimes inverted:

Savez-vous où se trouve le musée de Peinture?
Do you know where the Museum of Painting is?

Demandez-leur quand ils vont partir.
Ask them when they are going to leave.

(The "direct" questions would have been *Où se trouve le musée de Peinture?* and *Quand allez-vous partir?*)

direct and indirect speech

"What" in an indirect question is *ce qui/ce que* (see Chapter 41, page 282):

> *Je ne sais pas ce qui la préoccupe ni ce que je peux faire pour l'aider.*
> I don't know what is bothering her or what I can do to help her.

mettez-vous au point!

1. La conduite accompagnée

Vous apprenez qu'en France on peut maintenant conduire dès l'âge de 16 ans, et vous posez des questions à ce sujet à votre correspondant(e). Ensuite vous rapportez la conversation à votre classe au style indirect: *Je lui ai demandé si … et il/elle m'a dit que …* N'oubliez pas les changements de personne et les concordances de temps.

—Comment s'appelle la conduite à 16 ans?
—Ça s'appelle la conduite accompagnée.
—Quand passeras-tu la conduite accompagnée?
—Dès que j'aurai 16 ans, mais d'abord il faut que je passe le code.
—Est-ce que tu dois toujours être accompagné(e) par la même personne?
—Non, mais il faut que toutes ces personnes suivent quelques cours avec le moniteur et moi.
—Quels sont les avantages de la conduite accompagnée?
—C'est de ne pas avoir à payer de nombreuses leçons de conduite très chères et de ne pas être seul(e) au volant d'une voiture sans expérience.
—Est-ce que ce sont tes parents qui t'offrent la conduite accompagnée?
—Non, j'ai travaillé pendant les vacances. C'est moi qui paierai.
—A quel signe reconnaît-on qu'une voiture est conduite par un jeune chauffeur, en conduite accompagnée?
—Il faut mettre un A à l'arrière du véhicule.

Commencez: **Je lui ai demandé comment s'appelait la conduite à 16 ans, et il/elle a répondu que …**

_____

_____

_____

_____

_____

_____

_____

_____

. . . et en route!

1. Ne fais pas le/la timide!

Travaillez par trois. Le premier/La première d'entre vous est très timide, et chuchote des observations à l'oreille du/de la deuxième, qui doit répéter au/à la troisième ce qu'il/elle a dit. Changez souvent de rôle.

EXEMPLES: A: *(chuchote à C)* **Tu veux aller à la discothèque ce soir?**
                  B: **Qu'est-ce qu'il/elle a dit?**
                  C: **Il/Elle m'a demandé si je voulais aller à la discothèque ce soir.**

                  B: *(chuchote à C)* **«A» n'a pas fini ses devoirs.**
                  C: **Que dit-il/elle?**
                  A: **Il/Elle dit que je n'avais pas fini mes devoirs.**

Et ainsi de suite.

2. Autobiographie = biographie

Travaillez par deux. L'un(e) raconte les événements principaux de sa vie, pendant que l'autre prend des notes. Puis vous changez de rôle, et finalement, chacun(e) écrit la biographie de l'autre en utilisant des phrases comme *il/elle m'a dit que, il/elle a ajouté que, il/elle a demandé si . . .*

3. Les interprètes

Travaillez par trois. L'étudiant(e) A ne parle pas français, et C ne parle que le français. A pose à C beaucoup de questions dans sa langue, qui peut être n'importe quelle langue que les étudiants A et B ont en commun (l'allemand, l'espagnol, l'ourdou, l'anglais, etc.). B doit les interpréter pour C. Préparez les questions avec soin avant de commencer, et alternez fréquemment les rôles.

EXEMPLE: A: **Does he/she study sciences?**
                B: *(à C)* **Il/Elle veut savoir si vous étudiez les sciences.**
                C: **Oui, je fais de la physique./Non, toutes mes matières sont des matières littéraires.**

4. Il existe d'autres matières que le français ...

Prenez des notes d'un cours d'une autre matière que vous étudiez, et faites-en un rapport à vos camarades de classe. Vous utiliserez des phrases comme *le prof a expliqué que, il/elle a continué en disant que, il/elle a maintenu que, il/elle a souligné que, il/elle nous a avertis que, il/elle nous a demandé si . . .*

    direct and indirect speech

chapter 45

Time, Days, Dates

mécanismes

Here is a brief reminder of how to tell time, days, and dates, with some observations.

Time of day

a) In French, as in English, there are two ways of telling time: a conversational way:

Quelle heure est-il?
What time is it/What's the time?

Avez-vous l'heure, s'il vous plaît?
Have you got the time, please?

And a more formal—digital—way:

Il est huit heures et quart.
It's a quarter past eight.

Il est huit heures quinze.
It's eight fifteen.

When telling time, use *Il est …*

Il est une heure.	It's one o'clock
Il est cinq heures.	It's five o'clock.
Il est six heures et quart.	It's a quarter past six.
Il est sept heures et demie.	It's half past seven.
Il est huit heures moins le quart.	It's a quarter to eight.
Il est sept heures quarante.	It's 7:40.
Il est neuf heures dix.	It's 9:10.
Il est dix heures moins vingt.	It's 9:40.
Il est midi.	It's 12 noon.
Il est minuit.	It's 12 midnight.
Il est douze heures zéro sept. } *Il est douze heures et sept minutes.*	It's 12:07.

- A.M. and P.M. are expressed by *du matin, de l'après-midi, du soir*:

  huit heures du matin   *huit heures du soir*
  8 A.M.   8 P.M.

- Remember that in timetables, in opening hours, on TV and radio, and even in ordinary conversation, for clarity, the 24-hour clock is used in French-speaking countries:

  Il est treize heures quinze.   It's 13:15.
  Il est vingt-trois heures cinquante-neuf.   It's 23:59.

- *Douze heures* is only used in timetables. You normally say *midi* for 12 noon, and *minuit* for 12 midnight:

  Il est midi/minuit et demi.   It's half past twelve.

  (Note the spelling of *demi!*)

---

b) "At" a time is *à*, and the question is *à quelle heure*:

  A quelle heure part le car pour Briare?
  At what time does the bus leave for Briare?

Vers is often used to give an approximate time:

  Il était vers midi.
  It was about noon.

- When the time is written in figures, it is usual to insert *h* after the hour: *2h10, 17h47*.

---

c) "In the morning/afternoon/evening" and "at night," when no time is expressed, are simply: *le matin, l'après-midi, le soir, la nuit* (no word for "in/at").

Days of the week

lundi	Monday
mardi	Tuesday
mercredi	Wednesday
jeudi	Thursday
vendredi	Friday
samedi	Saturday
dimanche	Sunday

- Days and months begin with a small letter.

- Note: (a) there is no word for "on" a day in French and (b) the use of *le* to indicate "every" Saturday, etc.:

samedi	(on) Saturday (next Saturday)
le samedi	(on) Saturdays (every Saturday)
vendredi soir	(next) Friday evening
le dimanche matin	(all) Sunday mornings

time, days, dates

Months and dates

janvier	January
février	February
mars	March
avril	April
mai	May
juin	June
juillet	July
août	August
septembre	September
octobre	October
novembre	November
décembre	December

- You use *le premier* for the first of the month, and thereafter the cardinal numbers *le deux, le trois,* etc.:

le premier août/le 1er août	August 1
le vingt-sept/le 27 janvier	January 27
le mercredi 18 septembre	Wednesday, September 18

- You can't put the number after the month, as in English (May 21).

- There is no word for "on" a date:

le 26 avril	on April 26

- "In" a month is *en: en janvier* (in January).

Years

Years are said in full, with the "teen" centuries expressed, for example, either *dix-neuf cent* or *mil(le) neuf cent*. You will not need to write dates out very often, but you will frequently need to say them:

mil(le) neuf cent/dix-neuf cent quarante-cinq	1945
mil(le) sept cent/dix-sept cent quatre-vingt-neuf	1789
deux mil(le) quinze	2015

The year is often shortened to *en 98* (in '98), if the century is known.

- "In" a year is *en: en 1999.*

Année, journée, matinée, soirée

The long forms *année* (year), *journée* (day), *matinée* (morning), and *soirée* (evening) are used to emphasize the duration of the period of time:

Nous avons passé toute la matinée en ville.
We spent the whole morning in town.

Année also occurs in set phrases:

Bonne année!	Happy New Year!
l'année dernière/prochaine	last/next year

Time

- *Le temps* = the general concept of time:

  Nous avons mis beaucoup de temps à faire ce travail.
  We put a lot of time into this work.

  Otherwise, it usually means "weather": *Il fait beau temps.*

- *Une fois* = a time, an occasion:

une fois	once	*quelquefois*	sometimes
deux fois	twice	*combien de fois?*	how many times?/how often?
beaucoup de fois	lots of times		

- *L'époque* = period of history:

  à l'époque de Napoléon   in Napoleon's time

- "To have a good time" is usually *s'amuser bien.*

mettez-vous au point!

1. Avez-vous l'heure, s'il vous plaît?

Dites les heures suivantes à haute voix d'abord d'une manière formelle, puis en utilisant la langue de tous les jours.

EXEMPLE: 20h15
                Vingt heures quinze/Huit heures et quart (du soir)

a. 16h10	b. 11h45	c. 12h07	d. 13h55	e. 15h15
f. 23h50	g. 01h10	h. 00h30	i. 21h25	j. 14h35
k. 07h01	l. 03h17	m. 08h00	n. 19h20	

2. Quelle est la date?

Dictez les dates de la première colonne à un(e) camarade de classe sans qu'il/elle les voie. Il/Elle doit les écrire en chiffres. Puis il/elle vous dicte la seconde colonne.

a. le 6.4.1983	b. le 21.9.1996
c. le 1.6.1941	d. le 31.8.1898
e. le 14.7.1789	f. le 8.5.1945
g. le 15.1.1875	h. le 11.2.1552
i. le 5.3.2000	j. le 18.11.2021
k. le 25.12.2003	l. le 1.10.1999

... *et en route!*

1. Qu'est-ce qu'on va regarder?

Regardez la liste des programmes de télévision qui figure dans le journal ou dans le *TV Guide.* Discutez entre vous des programmes que vous voudriez voir cette semaine et à quelle heure il faut mettre le magnétoscope pour que ça ne gêne pas vos devoirs!

2. L'année scolaire

Regardez le calendrier du collège/lycée ou de votre club des jeunes et expliquez à votre camarade de classe les événements qui y sont projetés.

chapter 46

C'est, il est, il y a

mécanismes

Il est and *c'est* were discussed earlier, especially in Chapters 8 (Demonstratives) and 30 (Impersonal verbs). You should review those chapters in conjunction with this one, which is intended to provide further guidance in an area where there is often confusion.

Identification and description

a) *C'est* is used when the complement is a noun or an adjective + noun:

> *M. Duvallier? C'est un avocat. C'est un avocat très connu dans cette région.*
> M. Duvallier? He's a lawyer. He's a very well-known lawyer in this area.

> *Ce n'était pas la réponse que je désirais. En effet, c'était une réponse assez stupide.*
> That wasn't the answer I wanted. In fact, it was a pretty stupid answer.

b) *Il/Elle est* is used when the complement is an adjective without a noun:

> *M. Duvallier? Il est très connu dans cette région.*
> M. Duvallier? He's very well known in this area.

> *Elle était stupide, cette réponse!*
> That answer was stupid!

c) *Il/Elle est* is also used to indicate someone's occupation. In this case the noun occurs alone, with no article or adjective:

> *M. Duvallier? Il est avocat.*

Il est ... que or *C'est ... que?*

Il est should be used before an adjective when the subject pronoun has no antecedent (see also Chapter 30 on impersonal verbs):

> *Il est évident que vous n'avez aucune idée pour améliorer la situation.*
> It's obvious that you have no ideas to improve the situation.

But when you are referring to an idea that was previously expressed, you use *C'est*:

> *Vous n'en avez aucune idée? C'est évident!*
> You've no idea? That's obvious!

In practice, however, in spoken French, *C'est* is often used for *Il est*:

> *C'est évident que nous n'en avez aucune idée.*

Il est ... de + infinitive or *C'est ... à* + infinitive?

If a phrase is impersonal—that is, if "it" does not refer to a previously expressed idea or object, use *Il est ... de ...*:

> *Il est impossible de faire cet exercice.*
> It's impossible to do this exercise.

> *Cet exercice! C'est impossible à faire.*
> This exercise! It's impossible to do.

Note the use of different prepositions: *Il est ... de* + infinitive, BUT *C'est ... à* + infinitive. Again, in familiar French, *C'est ... à* tends to be used.

Branching out

It is useful to learn some other tenses and constructions using *Il/Elle* and *C'est*.

a) Other tenses/forms of *C'est/Ce n'est pas*:

Ça a été/Ça n'a pas été	That was/wasn't
Ce fut/Ce ne fut pas	That was/wasn't (*formal, historic past*)
Ce sera/Ce ne sera pas	That will be/won't be
Ce serait/Ce ne serait pas	That would be/wouldn't be
Ça aurait été/Ça n'aurait pas été	That would/wouldn't have been
Ce doit être/ne doit pas être	That must/mustn't be
Ce devrait/ne devrait pas être	That ought/ought not to be
Ce peut/ne peut pas être	That can or may (not) be
Ce pourrait/ne pourrait pas être	That could or might (not) be

b) Other tenses/forms of *Il y a* (there is, there are):

Il y avait/Il n'y avait pas	There was/were (not) (*descriptive*)
Il y a eu/Il n'y a pas eu	There has/have (not) been; there was/were (not) (*one-time*)
Il y eut/Il n'y eut pas	There was/were (not) (*one-time*)
Il y avait eu/Il n'y avait pas eu	There had (not) been
Il y aura/Il n'y aura pas	There will/won't be
Il y aurait/Il n'y aurait pas	There would/wouldn't be
Il y aurait eu/Il n'y aurait pas eu	There would/wouldn't have been
Il peut y avoir	There can/may be
Il est possible qu'il y ait	(It's possible) there may be
Il doit y avoir	There must be
Il devrait y avoir	There ought to be

- Note the difference between the imperfect *il y avait*, which is descriptive, and the passé composé, *il y a eu*, or historic past, *il y eut*, which describe a one-time event (see also Chapter 22):

  Il y avait peu de monde au marché ce jour-là; mais vers midi, après la sortie de l'usine, il y eut un accroissement soudain du nombre des badauds.
  There were few people in the market that day; but around noon, when the factory let out, there was a sudden increase in the number of browsers.

- *Il n'y a que* (there is/are only) is a useful phrase that can be adapted to most of these forms:

  Il ne peut y avoir qu'une douzaine de cinéastes de ce type.
  There can only be a dozen film makers of that sort.

  Il n'y a que trois sandwichs qui restent.
  There are only three sandwiches left.

mettez-vous au point!

1. Le permis de conduire à points

Lisez cette propagande concernant le permis de conduire à points et remplacez les blancs par *il est* ou *c'est,* en fonction du sens des phrases.

_____ difficile d'éviter les accidents de la route dans un pays; néanmoins _____ possible

d'en réduire le nombre en essayant de faire peur aux conducteurs. Le permis à points, _____

le moyen inventé par la Sécurité Routière Française pour changer leur attitude au volant. _____

évident que le comportement des gens ne change pas du jour au lendemain, mais depuis le premier

décembre 1992 que le permis à 12 points existe, le nombre des accidents mortels a diminué, et

_____ encourageant. Pour la conduite en état d'ivresse, _____ très dur, on perd six points. _____ conseillé de suivre un stage pour récupérer des points lorsqu'on en a perdu, mais _____ payant et _____ très cher. On peut aussi repasser le permis six mois après avoir perdu tous ses points, mais les examens préalables sont si pointilleux que _____ un vrai cauchemar.

2. Le bulletin

Vous travaillez pour une société qui exporte ses produits à des pays francophones. Votre patron vient d'écrire un bulletin sur les activités de la société qu'il veut traduire en français. Alors, aidez-le à le mettre en français!

1. *There has been a recession in the United States in recent years.*

   _____

2. *There will be an increase in exports this year.*

   _____

3. *There was an important conference last year.*

   _____

4. *There may be another conference next year.*

   _____

5. *There must be some new opportunities.*

   _____

6. *It was difficult to find new markets.*

   _____

7. *That will never be easy.*

   _____

8. *It must be our main aim. (aim = le but)*

   _____

... et en route!

1. Réclamations à l'hôtel!

a. Version orale.

Travaillez par deux. L'un(e) est représentant(e) d'une agence de voyages aux Etats-Unis, qui rend visite à l'autre qui est le gérant/la gérante de l'hôtel en Suisse. Vous discutez des problèmes qu'il y a eu dans l'hôtel, d'après les réclamations de vos clients. Utilisez les expressions que vous venez d'étudier dans ce chapitre.

EXEMPLE:
> **—Mes clients me disent que quelquefois il n'y avait pas de savon dans la salle de bains ou, peut-être, qu'il n'y avait qu'une petite serviette.**
> **—C'est vrai, mais l'année dernière, il y a eu des problèmes de personnel. Je vous assure qu'il n'y aura pas de difficultés cette année. De temps en temps il est difficile d'obtenir le personnel nécessaire, mais c'est un problème que nous avons résolu ...**

b. Version écrite.

Vous jouez les mêmes rôles, mais d'une façon différente. D'abord, chaque étudiant(e) écrit une lettre de réclamation au gérant de l'hôtel. Il doit y avoir cinq ou six réclamations. Puis vous changez vos lettres au hasard avec un(e) camarade de classe, vous prenez le rôle du gérant/de la gérante et vous répondez à la lettre que vous avez reçue! Utilisez dans les deux lettres une sélection des phrases que vous venez d'étudier.

chapter 47

French Pronunciation and Spelling

mécanismes

This chapter highlights some of the areas that are known to give problems to English speakers learning French.

Because it is impossible to convey sounds on paper, these notes on pronunciation should be studied and practiced with your teacher or French *assistant(e)*.

Vowels

The written vowels are *a, e, i, o, u,* but French has quite a few more vowel sounds, achieved by combinations of these letters or by the use of accents.

---

a) Accents

There are three main accents used on vowels in French: the acute, *accent aigu* (´); the grave, *accent grave* (`); and the circumflex, *accent circonflexe* (^).

The main effect of these accents is on the letter *e* (see point b, "Three e sounds," below).

- Acute: This only occurs on *é.*

- Grave: On vowels other than *e,* this accent is used only to distinguish words of different meaning that would otherwise be spelled the same:

    ou (or) and *où* (where), *a* (has) and *à* (to), *la* (the) and *là* (there), and in *voilà*

- Circumflex: This can occur on any vowel, and often indicates that at some time in the past the syllable contained an *s: théâtre, être, abîmer, hôte, flûte.* It occurs in the *nous/vous* form of the historic past, whatever the vowel: *mangeâmes/mangeâtes, finîmes/finîtes, fûmes/fûtes, vînmes/vîntes.* It has the effect of lengthening the vowel.

- There is also the *tréma* (¨), which is used to separate vowels, so that each has its full value:

  haïr, égoïste, coïncidence

- The *cédille* (cedilla) is placed below a *-c* to soften it. See section a under "Consonants," below.

---

b) Three *e* sounds

- Closed *e:* This is the sound of *-é, -er, -ez,* as well as *-ai* and *-ay.* It is a fairly "tight" sound. You will find it in such words as:

  danser, dansez, dansé, danserai

- Open *e:* As the name suggests, this is pronounced with the mouth open a bit wider. It is the sound of *è, ê, e* before a double consonant (*ell-, enn-, epp-, err-, ess-, ett-*), or in a final syllable *-et, -ais, -ait, -aient* (imperfect and conditional endings), and *-el:*

  guère, crème, crêpe, être, guerre, Mitterrand, elle, messe, rillette, volet, français, travaillais, travaillait, travaillaient, officiel

- Mute *e* is the sound in the definite article *le.*

  This *e* never has an accent. It occurs in several common one-syllable words, in the middle of a word before a single consonant, and at the end of a word, where it is only very lightly pronounced, if at all:

  retrouver, je mange, je mangerai, je me lave, appeler, genou

---

c) *Ou* and *u*

Great care is needed here, as nothing quite like the second sound exists in English, and these are two completely different sounds to a French speaker.

Compare:

boue/bu	*d'où/du*	*loue/lu*	*mou/mû*	*nous/nus*	*pouce/puce*	*roue/rue*
sous/sur	*dessous/dessus*	*tout/tu*	*vous/vu*	*ou/eu*	*oui/huit*	

---

d) *O*

There are two *o* sounds, as in:

    i)   *homme, gomme, cognac, Languedoc, note, vote*
    ii) *hôte, rose, Rhône, chose, pose; au, eau, château, principaux*

(The *ô* is always pronounced as in ii, but in some words *o* without a circumflex also has this more rounded sound: You just have to learn which are which.)

---

e) Nasal vowels

As the name suggests, nasal vowels are pronounced through the nose. There are four:

- *an* or *en,* as in *en, dans, comment, Caen, heureusement, sentir*

- *on,* as in *dont, allons, monter, on, vont*

pronunciation and spelling

English speakers often confuse these two sounds. Compare:

en/on   dans/dont   sent/sont   (ils) sentiront   mangeons   content

- *in, ain, ein,* as in *fin, vin, intérêt, international, vilain, métropolitain, hein, peintre,* and also *en* in the combination *-ien: italien, bien, mien*

- *un,* as in *un, chacun, Melun*

---

f) Diphthongs: two vowels that partially combine to make a sound

- The main one to watch out for in French is *-oi (-oy),* as in *moi, roi, boire, boisson, croissant, voyons, envoyer.*

If the *o* and *i* are to be pronounced separately, a *tréma* (¨) is used on the *i: héroïne.*

Consonants

---

a) *c/ç* and *g/ge:* These are pronounced "soft" (like *s* or *j* respectively) after *e* or *i.* If "soft" pronunciation occurs before the other vowels, *ç* and *ge* are used:

lancez/lançons	*français*	*garçon*	*cela/ça*
mangez/mangeons	*(je) partageais*	*paysage*	

---

b) *h:* This can be mute or aspirated. In practice, neither *h* is sounded, but mute *h* is treated as if it were not there, and the word is treated as beginning with a vowel: *l'homme, de l'histoire, s'habiller, ses habits.*

The aspirated *h* forms a barrier between the preceding vowel and the word, and is treated as a consonant, so there is no elision or liaison (that is, you don't sound the last consonant of the preceding word): *la haie, en haut, au hasard.*

Dictionaries will tell you which type of *h* a word contains: You just have to learn them.

---

c) *l* and *ll:* These are usually sounded as *y* in the combinations *aill-, eill-, ill-, euill-, ouill-,* and also in *-ail, -eil,* and *-euil* at the end of a word:

> *(ils) aillent, réveiller, fille, rillette, veuillez, mouillé, ail, réveil, écureuil*

Exceptions: *village, ville*

---

d) *qu* = k, and *th* = t, always: *qui, que, querelle, (il) remarqua; Thérèse, pathologie, thon*

---

e) *gn* as in *espagnol, signe, oignon*

---

f) Final consonants are usually silent:

- *d, g, s, t, x, z: lourd(s), vieillard(s), bourg(s), cas, lit(s), volet(s), heureux, aux, époux, nez*

- *r* in the combination *-er: boulanger, plancher, monter,* and all *-er* infinitives

Exceptions: *amer, cher, fier, mer*

- *n:* Usually forms a nasal vowel, see note e in the section about vowels.

- Other final consonants tend to be sounded: *lac, cognac, chef* (but not *clef*), *partiel, stop, coq.*

---

g) Liaison occurs when a final consonant that is normally silent is carried to the beginning of a closely associated word beginning with a vowel:

finit-il, les enfants, des amis, six hommes, j'en ai, viens ici.

- *s* and *x* sound as *z* when liaison occurs.

mettez-vous au point!

1. Prononcez!

Pratiquez avec votre professeur ou votre assistant(e) français(e) les groupes de mots suivants.

le jour/le jus	l'amour/la mûre	il est pour/il est pur
la roue/la rue	le cou/le cul	le bout/il a bu
la poulpe/la pulpe	la moule/la mule	la poule/le pull
il est soûl/il l'a su	il est mou/il est ému	il est doux/c'est un dû
nous/nu	c'est la toux/il s'est tu	ci-dessous/ci-dessus
tu sues/des sous	il pue/des poux	

2. Journal intime

Vous retrouvez le journal intime d'une Américaine vivant en France au XIXe siècle. Ce qu'elle y raconte est très intéressant. Malheureusement, elle prononce mal le français et l'écrit phonétiquement: vous corrigerez ses fautes dans le texte ci-dessous (pas ci-dessus!).

«Je jour que je dis la pour vérité. Mon amie rousse, Natacha, est venue de Moscou à dos de moule. La moule avait tant courroux que Natacha avait mal au cou. Elle était très fâchée mais elle s'est toux, car en chemin, elle avait trouvé la mûre, tout près de chez nu.»

_____

_____

_____

_____

3. Prononcez!

A l'aide de votre professeur ou de votre assistant(e) français(e), prononcez les groupes de mots suivants.

ton/tant	son/le sang	long/lent
blond/blanc	qu'on/quand	un pont/il pend
une fonte/une fente	nous pendons/pendant	on/en
dont/dans/une dent	un torchon/en torchant	rond/rang
un pinson/en pinçant	l'ombre/l'ambre	Simon/du ciment
nous devons/le devant	marron/marrant	un bâton/en battant
du limon/en limant	bon/un banc	

4. Simon va chez le dentiste

Un(e) de vos camarades a mal entendu cet extrait d'une histoire à la radio. Lisez le texte à haute voix. Cinq erreurs s'y sont glissées. Retrouvez-les.

Simon s'avança d'un bon pas vers la maison du dentiste. Il s'allongea sur un bon en attendons l'heure de la consultation. Mais ce n'était pas marron. Le banc n'était pas assez lent et Simon avait mal aux dons.

_____

_____

5. Sans accent!

La personne qui a tapé ce texte n'avait pas d'accent sur sa machine. Vous le lirez à haute voix et vous y mettrez les accents quand cela vous semblera nécessaire.

Benoit a ete a la peche dans une riviere des Ardennes. Il n'a pas peche de bremes, mais alors qu'il traversait la foret de chenes qui menait a la riviere, il a ete tres emu d'observer une ribambelle de lievres qui s'ebrouaient dans la clairiere au cœur de la foret. Il a jete sa canne a peche et s'est precipite derriere les lievres qu'il n'a meme pas pu effrayer. Enfin, il s'est arrete au pied d'un frene et il a devore un epais casse-croute de pain beurre que lui avait prepare sa grand-mere.

... et en route!

1. Maintenant—c'est à vous de prononcer tout seul!

En travaillant par deux, essayez de vous dicter les phrases des exercices 1 et 3. Bon courage!

2. Transcrivez!

Demandez à votre professeur n'importe quel texte de français enregistré et faites-en une transcription. Quand vous aurez terminé, comparez votre transcription avec la transcription imprimée.

Verb Tables

Remember that the endings of the following tenses are the same for *all* verbs, regardless of the stem, and therefore only the first person singular is given in the tables:

Imperfect:	-ais	-ais	-ait	-ions	-iez	-aient
Future:	-ai	-as	-a	-ons	-ez	-ont
Conditional:	-ais	-ais	-ait	-ions	-iez	-aient

The imperative is the same as the *tu, nous,* and *vous* forms of the present indicative, unless otherwise stated.

In all sections but the first (Regular verbs), only the verb forms that are irregular are given. All other forms may be assumed to be regular.

Regular verbs

	Present indicative	Present subjunctive	Present participle	Imperative
-er verbs: **donner**	donne donnes donne donnons donnez donnent	donne donnes donne donnions donniez donnent	donnant	donne donnons donnez
-ir verbs: **remplir**	remplis remplis remplit remplissons remplissez remplissent	remplisse remplisses remplisse remplissions remplissiez remplissent	remplissant	remplis remplissons remplissez
-re verbs: **vendre**	vends vends vend vendons vendez vendent	vende vendes vende vendions vendiez vendent	vendant	vends vendons vendez

-er verbs with spelling changes

(For full treatment of present, see Chapter 14.)

verbs in *-éder*, *-érer, -éter:* **céder**	cède cèdes cède cédons cédez cèdent	cède cèdes cède cédions cédiez cèdent

- The future and conditional stem of these verbs does not change its (acute) accent.

- Some verbs ending in *-eler, -eter* double the consonant.

jeter	jette jettes jette jetons jetez jettent	jette jettes jette jetions jetiez jettent

Future	Conditional	Imperfect	Passé composé	Historic past
donnerai	donnerais	donnais	ai donné	donnai
donneras	donnerais	donnais	as donné	donnas
donnera	donnerait	donnait	a donné	donna
donnerons	donnerions	donnions	avons donné	donnâmes
donnerez	donneriez	donniez	avez donné	donnâtes
donneront	donneraient	donnaient	ont donné	donnèrent
remplirai	remplirais	remplissais	ai rempli	remplis
rempliras	remplirais	remplissais	as rempli	remplis
remplira	remplirait	remplissait	a rempli	replit
remplirons	remplirions	remplissions	avons rempli	remplîmes
remplirez	rempliriez	remplissiez	avez rempli	remplîtes
rempliront	rempliraient	remplissaient	ont rempli	remplirent
vendrai	vendrais	vendais	ai vendu	vendis
vendras	vendrais	vendais	as vendu	vendis
vendra	vendrait	vendait	a vendu	vendit
vendrons	vendrions	vendions	avons vendu	vendîmes
vendrez	vendriez	vendiez	avez vendu	vendîtes
vendront	vendraient	vendaient	ont vendu	vendirent

jetterai …   jetterais …

	Present indicative	Present subjunctive	Present participle	Imperative
some verbs in *-eler,* *-eter* and those in *-emer, -ener, -ever:* **acheter**	achète achètes achète achetons achetez achètent	achète achètes achète achetions achetiez achètent		
verbs ending in *-oyer* and *-uyer:* **employer**	emploie emploies emploie employons employez emploient	emploie emploies emploie employions employiez emploient		

- **Payer** and other verbs in *-ayer* can have *-ai-* or *-ay-* where the above verbs change.
- All verbs (there are a lot of them!) ending in *-cer* and *-ger* need *-ç-* and *-g-*.

lancer	(nous) lançons		lançant	
manger	(nous) mangeons		mangeant	

Other groupable irregular verbs

ouvrir	ouvre ouvres ouvre ouvrons ouvrez ouvrent	ouvre ouvres ouvre ouvrions ouvriez ouvrent	ouvrant	

Also: couvrir, découvrir, offrir, souffrir

Future	Conditional	Imperfect	Passé composé	Historic past
achèterai …	achèterais …			
emploierai …	emploierais …			
		lançais		lançai
		lançais		lanças
		lançait		lança
		lancions		lançâmes
		lanciez		lançâtes
		lançaient		lancèrent
		mangeais		mangeai
		mangeais		mangeas
		mangeait		mangea
		mangions		mangeâmes
		mangiez		mangeâtes
		mangeaient		mangèrent
		ouvrais …	ai ouvert …	ouvris
				ouvris
				ouvrit
				ouvrîmes
				ouvrîtes
				ouvrirent

	Present indicative	Present subjunctive	Present participle	Imperative
sortir	sors	sorte	sortant	
	sors	sortes		
	sort	sorte		
	sortons	sortions		
	sortez	sortiez		
	sortent	sortent		

Also (with *être*): partir, s'endormir, se repentir; (with *avoir*) dormir, mentir, sentir, ressentir, servir, desservir

peindre	peins	peigne	peignant	
	peins	peignes		
	peint	peigne		
	peignons	peignions		
	peignez	peigniez		
	peignent	peignent		

Also: repeindre, éteindre, restreindre; craindre, plaindre; joindre, rejoindre

traduire	traduis	traduise	traduisant	
	traduis	traduises		
	traduit	traduise		
	traduisons	traduisions		
	traduisez	traduisiez		
	traduisent	traduisent		

Also: conduire, déduire, produire, réproduire, séduire; détruire, luire, nuire

Unpredictably irregular verbs

acquérir	acquiers	acquière	acquérant	
	acquiers	acquières		
	acquiert	acquière		
	acquérons	acquérions		
	acquérez	acquériez		
	acquièrent	acquièrent		

Also: conquérir, requérir

aller	vais	aille	allant	va (vas-y)
	vas	ailles		allons
	va	aille		allez
	allons	allions		
	allez	alliez		
	vont	aillent		

Future	Conditional	Imperfect	Passé composé	Historic past
		sortais …	suis sorti(e) …	sortis
				sortis
				sortit
				sortîmes
				sortîtes
				sortirent
		peignais …	ai peint …	peignis
				peignis
				peignit
				peignîmes
				peignîtes
				peignirent
		traduisais …	ai traduit …	traduisis
				traduisis
				traduisit
				traduisîmes
				traduisîtes
				traduisirent
acquerrai …	acquerrais …	acquérais …	ai acquis …	acquis
				acquis
				acquit
				acquîmes
				acquîtes
				acquirent
irai …	irais …	allais …	suis allé(e) …	

verb tables

	Present indicative	Present subjunctive	Present participle	Imperative
s'asseoir (two alternative forms in some tenses)	m'assieds t'assieds s'assied nous asseyons vous asseyez s'asseyent	m'asseye t'asseyes s'asseye nous asseyions vous asseyiez s'asseyent	s'asseyant/s'assoyant	
	m'assois t'assois s'assoit nous assoyons vous assoyez s'assoient	m'assoie t'assoies s'assoie nous assoyions vous assoyiez s'assoient		
avoir	ai as a avons avez ont	aie aies ait ayons ayez aient	ayant	aie ayons ayez
boire	bois bois boit buvons buvez boivent	boive boives boive buvions buviez boivent	buvant	
cueillir	cueille cueilles cueille cueillons cueillez cueillent	cueille cueilles cueilles cueillions cueilliez cueillent	cueillant	

Also: accueillir, recueillir

conclure	conclus conclus conclut concluons concluez concluent	conclue conclues conclue concluions concluiez concluent	concluant	

Also: exclure, inclure (*passé composé:* ai inclus)

Future	Conditional	Imperfect	Passé composé	Historic past
m'assiérai/ m'assoirai …	m'assiérais/ m'assoirais …	m'asseyais/ m'assoyais …	me suis assis(e) …	m'assis t'assis s'assit nous assîmes vous assîtes s'assirent
aurai …	aurais …	avais …	ai eu …	eus eus eut eûmes eûtes eurent
		buvais …	ai bu …	bus bus but bûmes bûtes burent
cueillerai …	cueillerais …	cueillais …		
		concluais …	ai conclu …	conclus conclus conclut conclûmes conclûtes conclurent

	Present indicative	Present subjunctive	Present participle	Imperative
connaître	connais	connaisse	connaissant	
	connais	connaisses		
	connaît	connaisse		
	connaissons	connaissions		
	connaissez	connaissiez		
	connaissent	connaissent		

Also: reconnaître, paraître, apparaître, comparaître, reparaître

	Present indicative	Present subjunctive	Present participle	Imperative
coudre	couds	couse	cousant	
	couds	couses		
	coud	couse		
	cousons	cousions		
	cousez	cousiez		
	cousent	cousent		

	Present indicative	Present subjunctive	Present participle	Imperative
croire	crois	croie	croyant	
	crois	croies		
	croit	croie		
	croyons	croyions		
	croyez	croyiez		
	croient	croient		

	Present indicative	Present subjunctive	Present participle	Imperative
croître	crois	croisse	croissant	
	crois	croisses		
	croît	croisse		
	croissons	croissions		
	croissez	croissiez		
	croissent	croissent		

Also: accroître (*passé composé:* ai accru)

	Present indicative	Present subjunctive	Present participle	Imperative
courir	cours	coure	courant	
	cours	coures		
	court	coure		
	courons	courions		
	courez	couriez		
	courent	courent		

Also: accourir, recourir

	Present indicative	Present subjunctive	Present participle	Imperative
devoir	dois	doive	devant	
	dois	doives		
	doit	doive		
	devons	devions		
	devez	deviez		
	doivent	doivent		

Future	Conditional	Imperfect	Passé composé	Historic past
		connaissais …	ai connu …	connus connus connut connûmes connûtes connurent
		cousais …	ai cousu …	cousis cousis cousit cousîmes cousîtes cousirent
		croyais …	ai cru …	crus crus crut crûmes crûtes crurent
		croissais …	ai crû … (*past participle forms:* crû/crus/crue/ crues)	crûs crûs crût crûmes crûtes crûrent
courrai …	courrais …	courais …	ai couru …	courus courus courut courûmes courûtes coururent
devrai …	devrais …	devais …	ai dû … (*past participle forms:* dû/due/ dus/dues)	dus dus dut dûmes dûtes durent

	Present indicative	Present subjunctive	Present participle	Imperative
dire	dis	dise	disant	
	dis	dises		
	dit	dise		
	disons	disions		
	dites	disiez		
	disent	disent		

Also: contredire, interdire, prédire (but *vous* form of present ends in *-disez*)

	Present indicative	Present subjunctive	Present participle	Imperative
écrire	écris	écrive	écrivant	
	écris	écrives		
	écrit	écrive		
	écrivons	écrivions		
	écrivez	écriviez		
	écrivent	écrivent		

Also: décrire, inscrire, prescrire, souscrire

	Present indicative	Present subjunctive	Present participle	Imperative
envoyer	envoie	envoie	envoyant	
	envoies	envoies		
	envoie	envoie		
	envoyons	envoyions		
	envoyez	envoyiez		
	envoient	envoient		

	Present indicative	Present subjunctive	Present participle	Imperative
être	suis	sois	étant	sois
	es	sois		soyons
	est	soit		soyez
	sommes	soyons		
	êtes	soyez		
	sont	soient		

	Present indicative	Present subjunctive	Present participle	Imperative
faire	fais	fasse	faisant	
	fais	fasses		
	fait	fasse		
	faisons	fassions		
	faites	fassiez		
	font	fassent		

Also: défaire, refaire, satisfaire

	Present indicative	Present subjunctive	Present participle	Imperative
falloir (impersonal— third person singular only)	il faut	il faille		

Future	Conditional	Imperfect	Passé composé	Historic past
		disais …	ai dit …	dis dis dit dîmes dîtes dirent
		écrivais …	ai écrit …	écrivis écrivis écrivit écrivîmes écrivîtes écrivirent
enverrai …	enverrais …			
serai …	serais …	étais …	ai été …	fus fus fut fûmes fûtes furent
ferai …	ferais …	faisais …	ai fait …	fis fis fit fîmes fîtes firent
il faudra	il faudrait	il fallait	il a fallu	il fallut

	Present indicative	Present subjunctive	Present participle	Imperative
fuir	fuis	fuie	fuyant	
	fuis	fuies		
	fuit	fuie		
	fuyons	fuyions		
	fuyez	fuyiez		
	fuient	fuient		

Also: s'enfuir (*passé composé:* me suis enfui[e])

	Present indicative	Present subjunctive	Present participle	Imperative
haïr	hais	haïsse	haïssant	
	hais	haïsses		
	hait	haïsse		
	haïssons	haïssions		
	haïssez	haïssiez		
	haïssent	haïssent		

Note: The initial *h* is aspirated and *je* is written in full before it: *je hais.*

	Present indicative	Present subjunctive	Present participle	Imperative
lire	lis	lise	lisant	
	lis	lises		
	lit	lise		
	lisons	lisions		
	lisez	lisiez		
	lisent	lisent		

	Present indicative	Present subjunctive	Present participle	Imperative
mettre	mets	mette	mettant	
	mets	mettes		
	met	mette		
	mettons	mettions		
	mettez	mettiez		
	mettent	mettent		

Also: admettre, émettre, commettre, remettre, omettre, soumettre

	Present indicative	Present subjunctive	Present participle	Imperative
mourir	meurs	meure	mourant	
	meurs	meures		
	meurt	meure		
	mourons	mourions		
	mourez	mouriez		
	meurent	meurent		

	Present indicative	Present subjunctive	Present participle	Imperative
mouvoir	meus	meuve	mouvant	
	meus	meuves		
	meut	meuve		
	mouvons	mouvions		
	mouvez	mouviez		
	meuvent	meuvent		

Also: émouvoir, promouvoir (*passé composé:* ému/promu)

Future	Conditional	Imperfect	Passé composé	Historic past
		fuyais …	ai fui …	fuis
				fuis
				fuit
				fuîmes
				fuîtes
				fuirent
haïrai …	haïrais …	haïssais …	ai haï …	haïs
				haïs
				haït
				haïmes
				haïtes
				haïrent
		lisais …	ai lu …	lus
				lus
				lut
				lûmes
				lûtes
				lurent
		mettais …	ai mis …	mis
				mis
				mit
				mîmes
				mîtes
				mirent
mourrai …	mourrais …	mourais …	suis mort(e) …	mourus
				mourus
				mourut
				mourûmes
				mourûtes
				moururent
mouvrai …	mouvrais …	mouvais …	ai mû … (*past participle forms:* mû/mus/ mue/mues)	mus
				mus
				mut
				mûmes
				mûtes
				murent

	Present indicative	Present subjunctive	Present participle	Imperative
naître	nais	naisse		
	nais	naisses		
	naît	naisse		
	naissons	naissions		
	naissez	naissiez		
	naissent	naissent		
plaire	plais	plaise	plaisant	
	plais	plaises		
	plaît	plaise		
	plaisons	plaisions		
	plaisez	plaisiez		
	plaisent	plaisent		

Also: déplaire

pleuvoir (impersonal— third person singular only)	il pleut	il pleuve	pleuvant	
pouvoir	peux (puis-je?)	puisse	pouvant	
	peux	puisses		
	peut	puisse		
	pouvons	puissions		
	pouvez	puissiez		
	peuvent	puissent		
prendre	prends	prenne	prenant	
	prends	prennes		
	prend	prenne		
	prenons	prenions		
	prenez	preniez		
	prennent	prennent		

Also: apprendre, comprendre, reprendre

recevoir	reçois	reçoive	recevant	
	reçois	reçoives		
	reçoit	reçoive		
	recevons	recevions		
	recevez	receviez		
	reçoivent	reçoivent		

Also: apercevoir, décevoir, concevoir, percevoir

Future	Conditional	Imperfect	Passé composé	Historic past
				naquis
				naquis
				naquit
				naquîmes
				naquîtes
				naquirent
		plaisais …	ai plu …	plus
				plus
				plut
				plûmes
				plûtes
				plurent
il pleuvra	il pleuvrait	il pleuvait	il a plu	il plut
pourrai …	pourrais …	pouvais …	ai pu …	pus
				pus
				put
				pûmes
				pûtes
				purent
		prenais …	ai pris …	pris
				pris
				prit
				prîmes
				prîtes
				prirent
recevrai …	recevrais …	recevais …	ai reçu …	reçus
				reçus
				reçut
				reçûmes
				reçûtes
				reçurent

	Present indicative	Present subjunctive	Present participle	Imperative
résoudre	résous	résolve	résolvant	
	résous	résolves		
	résout	résolve		
	résolvons	résolvions		
	résolvez	résolviez		
	résolvent	résolvent		

Also: absoudre, dissoudre

	Present indicative	Present subjunctive	Present participle	Imperative
rire	ris	rie	riant	
	ris	ries		
	rit	rie		
	rions	riions		
	riez	riiez		
	rient	rient		

Also: sourire

	Present indicative	Present subjunctive	Present participle	Imperative
rompre (otherwise a regular *-re* verb)	romps			
	romps			
	rompt			
	rompons			
	rompez			
	rompent			

Also: corrompre, interrompre

	Present indicative	Present subjunctive	Present participle	Imperative
savoir	sais	sache	sachant	sache
	sais	saches		sachons
	sait	sache		sachez
	savons	sachions		
	savez	sachiez		
	savent	sachent		

	Present indicative	Present subjunctive	Present participle	Imperative
suffire	suffis	suffise	suffisant	
	suffis	suffises		
	suffit	suffise		
	suffisons	suffisions		
	suffisez	suffusiez		
	suffisent	suffisent		

	Present indicative	Present subjunctive	Present participle	Imperative
suivre	suis	suive	suivant	
	suis	suives		
	suit	suive		
	suivons	suivions		
	suivez	suiviez		
	suivent	suivent		

Also: poursuivre

Future	Conditional	Imperfect	Passé composé	Historic past
		résolvais …	ai résolu …	résolus résolus résolut résolûmes résolûtes résolurent
		riais …	ai ri …	ris ris rit rîmes rîtes rirent
saurai …	saurais …	savais …	ai su …	sus sus sut sûmes sûtes surent
		suffisais …	ai suffi …	suffis suffis suffit suffîmes suffîtes suffirent
		suivais …	ai suivi …	suivis suivis suivit suivîmes suivîtes suivirent

verb tables

	Present indicative	Present subjunctive	Present participle	Imperative
se taire	me tais	me taise	se taisant	
	te tais	te taises		
	se tait	se taise		
	nous taisons	nous taisions		
	vous taisez	vous taisiez		
	se taisent	se taisent		
vaincre	vaincs	vainque	vainquant	
	vaincs	vainques		
	vainc	vainque		
	vainquons	vainquions		
	vainquez	vainquiez		
	vainquent	vainquent		

Also: convaincre

	Present indicative	Present subjunctive	Present participle	Imperative
valoir	vaux	vaille	valant	
	vaux	vailles		
	vaut	vaille		
	valons	valions		
	valez	valiez		
	valent	vaillent		
venir	viens	vienne	venant	
	viens	viennes		
	vient	vienne		
	venons	venions		
	venez	veniez		
	viennent	viennent		

Also: (compound tenses with *être*) devenir, intervenir, revenir, se souvenir;
(compound tenses with *avoir*) convenir, prévenir, tenir, contenir, maintenir, obtenir, retenir

	Present indicative	Present subjunctive	Present participle	Imperative
vêtir	vêts	vête	vêtant	
	vêts	vêtes		
	vêt	vête		
	vêtons	vêtions		
	vêtez	vêtiez		
	vêtent	vêtent		

Also: (se) revêtir

Future	Conditional	Imperfect	Passé composé	Historic past
		me taisais …	me suis tu(e) …	me tus te tus se tut nous tûmes vous tûtes se turent
		vainquais …	ai vaincu …	vainquis vainquis vainquit vainquîmes vainquîtes vainquirent
vaudrai …	vaudrais …	valais …	ai valu …	valus valus valut valûmes valûtes valurent
viendrai …	viendrais …	venais …	suis venu(e) …	vins vins vint vînmes vîntes vinrent
		vêtais …	ai vêtu … (*but:* je me suis vêtu(e) …)	vêtis vêtis vêtit vêtîmes vêtîtes vêtirent

	Present indicative	Present subjunctive	Present participle	Imperative
vivre	vis	vive	vivant	
	vis	vives		
	vit	vive		
	vivons	vivions		
	vivez	viviez		
	vivent	vivent		

Also: revivre, survivre

	Present indicative	Present subjunctive	Present participle	Imperative
voir	vois	voie	voyant	
	vois	voies		
	voit	voie		
	voyons	voyions		
	voyez	voyiez		
	voient	voient		

Also: prévoir, pourvoir (*future:* prévoirai; *conditional:* prévoirais; *historic past:* prévis, *but* pourvus)

	Present indicative	Present subjunctive	Present participle	Imperative
vouloir	veux	veuille	voulant	
	veux	veuilles		
	veut	veuille		
	voulons	voulions		
	voulez	vouliez		
	veulent	veuillent		

Future	Conditional	Imperfect	Passé composé	Historic past
		vivais …	ai vécu …	vécus
				vécus
				vécut
				vécûmes
				vécûtes
				vécurent
verrai …	verrais …	voyais …	ai vu …	vis
				vis
				vit
				vîmes
				vîtes
				virent
voudrai …	voudrais …	voulais …	ai voulu …	voulus
				voulus
				voulut
				voulûmes
				voulûtes
				voulurent

verb tables